U0877861

普华文化

PUHUA BOOKS

我们一起解决问题

绩效管理实践与考核工具

韦 祎◎著

人 民 邮 电 出 版 社
北 京

图书在版编目（CIP）数据

绩效管理实践与考核工具 / 韦祎著. -- 北京 : 人民邮电出版社，2021.12（2023.7重印）
ISBN 978-7-115-57501-2

Ⅰ. ①绩… Ⅱ. ①韦… Ⅲ. ①企业绩效－企业管理 Ⅳ. ①F272.5

中国版本图书馆CIP数据核字(2021)第196644号

内容提要

作为人力资源管理的六大模块之一，绩效管理的目的在于使管理者与员工针对业绩目标达成共识，通过激励手段激发员工的工作热情，提高员工能力，改善企业绩效水平，合理调整员工岗位和薪酬结构。

本书作者基于其20多年的世界500强、国内100强上市企业的绩效管理实践经验，在书中详细介绍了优秀企业的绩效管理实践及相关理论精髓，分享了MBO、PBC、BSC、OKR等绩效考核工具的操作技巧，以帮助读者快速掌握绩效管理的相关知识。

本书适合企业高层管理者、人力资源管理者特别是绩效考核专员，以及高等院校相关专业的师生阅读。

◆ 著 韦 祎
责任编辑 刘 盈
责任印制 胡 南
◆人民邮电出版社出版发行 北京市丰台区成寿寺路11号
邮编 100164 电子邮件 315@ptpress.com.cn
网址 https://www.ptpress.com.cn
固安县铭成印刷有限公司印刷
◆开本：787×1092 1/16
印张：17 2021年12月第1版
字数：300千字 2023年7月河北第9次印刷

定 价：79.00元

读者服务热线：（010）81055656 印装质量热线：（010）81055316

反盗版热线：（010）81055315

广告经营许可证：京东市监广登字20170147号

前言

最佳实践来源于不断求证

彼得·德鲁克说："管理是一种实践，其本质不在于'知'而在于'行'；其验证不在于逻辑，而在于成果。"随着管理工具、管理模式的日新月异，企业的"行"变得困难重重。只有找到工具、模式的内在思维和价值，企业才能走向成功。每一家企业的绩效管理都是独一无二的，无论是设计还是实施，都应该基于企业的实际情况，而非一律采用最先进的方法。

多年的管理实践经验告诉笔者以下两点。

（1）很多管理者并不缺乏理论知识，而是缺乏实践经验。

（2）经营是抓机会，解决方向问题；管理是降成本，解决效率问题；经营与管理的问题必须在发展中解决。企业管理者要想适应这个变化的时代，就必须改变既有的思维模式。

面对始终变化的内外部环境，没有人可以依靠以往的经验持续成功。善于随时发现并解决问题很重要，有的企业可以吃一堑长一智，而有的企业却一直在"撞南墙"。

优秀的管理者都是能迅速发现问题本质的人。只有正确地解决问题，解决方案才是有效的。

杰克·韦尔奇说："你可以拒绝学习，但你的竞争对手不会。"不能运用知识解决问题，不是因为知识过时，而是因为你仅触摸到了知识的表层，并没有把握知识的内在思想。而没有总结，就没有真正的学习。总结不仅是记录所思所想的过程，更是自我分析、自我反思、改进提高的过程。陈春花说："这是一个颠覆、被颠覆的时代，我们不颠覆自己，别人就会颠覆我们，帮助我们与这个时代共处的有效的方式，就是开放学习，分享价值。"冯仑说："如果不想被市场和时代淘汰，最重要的就是自我反省、不断学习、改变自己，让自己成为永远的'当下'，这样你才有可能走向未来。"

管理是一门经验科学。在管理过程中，最佳实践的观点很受欢迎，但每一个最佳实践都必须经过不断求证以达到最优匹配，即最佳实践必须在一定的背景和环境下才能发挥作用。

最佳实践来源于不断求证！将他人的成功实践转化为适合自身实际情况的最佳实践，才是真正的最佳实践。

本书旨在帮助广大读者明白一个道理：无论最佳实践是源于企业内部，还是源于同行业或其他行业，都值得借鉴、研究和学习，只有这样，企业绩效水平才能实现持续提高。需要注意的是，这里提到的“借鉴、研究和学习”，是指进行不断的求证，因为最佳实践本身就是一个不断求证的过程！

韦祎

2020 年 10 月于郑州

目 录

第一章

绩效管理诊断实践

绩效管理以企业战略为起点，支撑着企业战略的实现。如果一个企业的绩效管理和战略之间没有建立有效的联系，就无法提高组织绩效。企业要想实现战略目标和运营目标，就要从客户满意度方面入手，要做到比竞争对手更有效率、效力、效果，并使客户感到满意，只有这样才能产生更大的效益。在实践中，企业的情况千差万别，只有因企建制、因地制宜、因势利导，才能实现绩效目标。企业的发展离不开不断激励和高效利用员工的知识、技能，并通过赋能促使员工能力持续提升的激励机制。

要构建符合企业实际情况的绩效管理机制，就必须对现有企业战略、企业文化、组织架构、团队士气、员工诉求、员工满意度、客户满意度、相关利益者满意度、制度建设、流程与标准体系建设、人员整体素质、薪酬激励管理系统、绩效管理系统等进行诊断、分析、评估和复盘。这个过程被称为绩效管理诊断分析，是指通过对绩效管理诸环节的运行状况、匹配度情况和管理效果进行调查、分析、评估，结合企业战略及绩效管理实际情况提出切实可行、合理有效的调整方案，从而实现“人事相宜”的动态适应。

第一节　绩效管理诊断

一、绩效管理诊断内容

管理诊断是有目的、有组织、有计划、有步骤地查找并整治经营管理弊病的活动。管理诊断的目标有以下两种。

（1）诊断性目标：通过诊查判断弊病的症状及性质。

（2）治理性目标：根治企业弊病，改善经营管理现状，提高管理效率和经济效益。该目标是从企业未来发展的角度出发，针对确认的弊病及其表现提出的解决方案。

绩效管理是人力资源管理的核心系统之一，是指为实现组织目标而进行的绩效计划、绩效辅导、绩效评价、绩效运用、绩效改进的持续动态循环过程。绩效管理诊断是为绩效管理系统、人力资源相关系统及资源现状找出客观事实，为绩效管理自我诊断、分析工作流程找到合适的判断标准；寻找客观存在的事实与环境糅合的程度，为绩效管理诊断和改进做出切实可行的数据支持和铺垫；通过调查问卷、座谈访谈、专题研讨、战略认知、组织结构、管理系统等态势评估，对与绩效管理相关的综合资料进行调研和判断，找到现状所在的位置和状态，从组织现状、资源条件等出发，对绩效管理现状进行诊断分析。

1. 绩效管理诊断分析信息表

绩效管理诊断分析的相关要素主要包括组织战略、绩效定位、流程体系、主体权责、指标标准、信息来源、沟通宣贯、过程控制、结果应用、绩效改进及其他方面。同时，针对各要素的内容、现状、要求、趋势、问题、评价、措施等进行分析，并做出综合说明，最终形成绩效诊断分析报告。

【管理实践】

某制造企业绩效管理诊断分析矩阵

分析要素	内容	现状	要求	趋势	问题	评价	措施	备注
组织战略								
绩效定位								
流程体系								
主体权责								

（续表）

分析要素	内容	现状	要求	趋势	问题	评价	措施	备注
指标标准								
信息来源								
沟通宣贯								
过程控制								
结果应用								
绩效改进								
其他方面								
综合说明								
分析人				审核人				

【实践点评】

在应用矩阵法进行绩效管理诊断分析时，应尽量将相关要素的现状和问题进行量化或细化，并运用复盘思维进行评价和措施选择，其结果可以采用图表的方式分别进行诠释。

2. 绩效管理调查问卷

绩效管理调查问卷通常从绩效管理满意度、绩效管理能力两个方面进行设计，其中绩效管理能力包括绩效管理激励能力、绩效管理沟通能力、绩效管理评价能力等。在实践中，多采取封闭性和开放性问题相结合的方式设计绩效管理调查问卷。

设计绩效管理调查问卷时需要注意以下各点。

（1）先明确调查问卷的内容，再设计表格，保证表格满足其使用目的。

（2）确定相关问题、格式和内容。

（3）测试并优化，请个别受调查者填写表格样本，倾听反馈意见。

（4）语言规范，问题简单明确，把相关的问题放在一起。

（5）控制时长，确保填写调查问卷的时间不超过 1 个小时。

（6）尽量用封闭式问题，减少开放式问题。

（7）对于开放式问题，应保证留有充分的填写空间。

（8）采用书面调查时，要使用简单的打印样式；采用电子调查时，要进行多次测试和分析。

（9）注明问卷的填写须知、示例及答谢词。

（10）必须考虑信息处理的简便性和正确性，比如借助问卷星等实施问卷调查。

【管理实践】

绩效管理调查问卷（摘要）

一、绩效管理满意度方面

问卷说明：

……

（3）本调查问卷中的任何信息都将被严格保密，你可以放心作答；

（4）当有超过 50% 的题目不做回答时，本问卷将做无效处理；

……

2. 你认为公司绩效管理系统对员工的激励作用是

A. 非常强的激励　　B. 较强的激励

C. 不确定　　D. 激励性不够

E. 激励性非常差

……

6. 你觉得公司目前的绩效管理系统

A. 非常简洁且易懂　　B. 比较简洁

C. 不确定　　D. 有些繁复

E. 非常晦涩难懂

……

11. 当上级领导对你进行绩效考核时，你的感受是

A. 非常愉快　　B. 比较开心

C. 不确定　　D. 有些失落

E. 心情非常糟糕

12. 你对公司过去一年内在绩效管理方面开展工作的看法是

A. 卓有成效　　B. 基本可以

C. 不确定　　D. 较差

E. 非常差

……

16. 你觉得公司大部分辞职员工的辞职原因

A. 绝对与绩效管理问题无关　　B. 与绩效管理没有什么关系

C. 不确定　　D. 与绩效管理有一定的关系

E. 因绩效管理的不合理而直接导致员工辞职

……

21. 员工认为绩效考核不合理，以一定的理由向公司提出申诉时，公司的态度是

A. 核实情况后决定如何处理

B. 以各种理由敷衍

C. 不确定

D. 任凭员工反复努力申诉

E. 绝对不会处理

……

30. 你是否相信公司目前的绩效管理系统有助于改进员工的生产效率

A. 完全相信

B. 基本相信

C. 不确定

D. 不太相信

E. 完全不相信

……

34. 你认为管理者在对员工进行绩效评价时

A. 非常客观公正，评价建立在大量的数据和信息基础之上

B. 比较客观和公正，有一定的数据和信息作为依据

C. 不确定

D. 比较主观，凭印象和感觉进行评价

E. 非常主观，对实际状况知之甚少

……

38. 关于绩效成绩反馈工作，公司管理人员的做法是

A. 每次都进行反馈

B. 有时进行反馈

C. 不确定

D. 基本不反馈

E. 完全不反馈

……

43. 通过定期的绩效考核，员工与管理者进行交流与沟通

A. 员工每次都能清楚地从管理者那里知道自己的长处与短处

B. 员工能获得一些有用的改进工作的信息

C. 不确定

D. 只是为了考核需要进行的例行谈话

E. 完全没有任何价值

……

49. 你觉得公司的绩效管理系统实施一年后，员工的素质会变得

A. 非常好　　B. 较好

C. 不确定　　D. 较差

E. 非常差

……

非常感谢你完成了这份调查问卷！

不知你是否有一些我们未在调查问卷中列出的观点需要表达。如果有，请写出来。你的想法、观点是：

二、绩效管理能力方面

问卷说明：

（1）当有超过 50% 的题目不做回答时，本问卷将做无效处理；

（2）请你按实际情况作答，否则将影响调查结果。

第一部分　绩效管理激励能力测试

（一）薪酬激励能力

1. 我们的薪酬与绩效管理的关系是

A. 强相关　　B. 一般相关

C. 弱相关　　D. 不相关

2. 薪酬在多大程度上由绩效管理系统决定

A. 超过 50%　　B. 30% 左右

C. 10% 左右　　D. 没有太大关系

……

（二）机会激励能力

1. 员工的工作内容既明确又富有挑战性

A. 是　　B. 基本是

C. 不完全是　　D. 完全不是

2. 发挥才能并得以成长的机会在多大程度上由绩效管理系统创造和决定

A. 超过 50%　　B. 30% 左右

C.10% 左右　　D. 没有太大关系

……

（三）责任激励能力

1. 我们的工作责任感和使命感与企业优秀绩效的关系是

A. 强相关　　B. 一般相关

C. 弱相关　　D. 不相关

第二部分　绩效管理沟通能力测试

（一）纵向沟通能力

……

2. 良好的工作绩效在多大程度上是由上下级之间的良好沟通来保持的

A. 超过 50%　　B. 30% 左右

C. 10% 左右　　D. 没有太大关系

……

（二）横向沟通能力

1. 依照绩效管理的沟通原则

A. 经常与其他部门的同事进行沟通

B. 偶尔与其他部门的同事进行简单的沟通

C. 基本没有认真沟通过

D. 完全没有沟通

……

（三）内外部沟通能力

1. 公司与外部市场、客户、竞争者、相关企业的沟通

A. 是全面和充分的沟通　　B. 偶尔有简单的沟通

C. 基本没有沟通过　　D. 完全没有沟通

……

第三部分　绩效管理评价能力测试

（一）对公司的评价能力

1. 目前公司的绩效管理系统在多大程度上能准确地评价出公司的业绩

A. 超过 90% 的准确性

B. 大约只有 50% 的准确性

C. 大约只有 30% 的准确性

D. 完全没有评价公司业绩的能力

……

（二）对团队的评价能力

1. 公司目前的绩效管理系统在多大程度上能准确地评价出一个部门、团队的业绩

A. 超过 90% 的准确性

B. 大约只有 50% 的准确性

C. 大约只有 30% 的准确性

D. 完全没有评价部门、团队业绩的能力

……

（三）对个人的评价能力

1. 公司目前的绩效管理系统在多大程度上能准确地评价出个人的业绩

A. 超过 90% 的准确性

B. 大约只有 50% 的准确性

C. 大约只有 30% 的准确性

D. 完全没有评价个人业绩的能力

……

非常感谢你完成了这份调查问卷！

不知你是否有一些我们未在调查问卷中列出的观点需要表达。如果有，请把它们写出来。你的想法、观点是：

【实践点评】

调查问卷是绩效管理过程中较常用的工具，在采用调查问卷时，一定要进行历史数据分析和相关资料分析，并结合部分关键岗位人员的访谈沟通结果，有针对性地设计相关问题，在设计上要尽可能覆盖需要调查的内容，并进行必要的测试和优化。

二、绩效管理诊断工具

星巴克创始人霍华德·舒尔茨（Howard Schultz）曾提出，如果你想实施企业变革，就不能粉饰现状。这一点很重要。你不能仅对某些事坦诚，你必须事事坦诚。只有提出正确的问题，企业才能另辟蹊径，找到创新的解决之道。绩效管理的目标是做到“人尽其才，才尽其用”，而绩效管理诊断分析是实现该目标的前提。绩效管理诊断分析涉及“人”的管理和“事”的管理，采用的方法与一般经营分析的侧重点略有不同。除了问卷调查法，还可以借辅助量表法、面谈法、统计分析法、个案分析法、专家调查法、功能测评法、观察法、层次分析测评法、人力资源指数法等进行绩效管理诊断分析。

绩效管理系统不是一成不变的，应对其进行动态的诊断、复盘，只有坚持复盘并持续地进行改进，才能确保绩效管理有效落地并支撑企业绩效的实现。在对绩效管理进行复盘时，可邀请外部行业专家和管理咨询专家，采取内外相结合的形式，通过诊断、分析等一系列动作，形成客观的绩效诊断报告，以改进绩效管理机制、绩效管理文化和绩效管理环境，形成符合企业实际的绩效管理系统。在实践中，可借鉴标杆企业绩效管理的最佳实践，但要切记：在借鉴标杆企业的时候不要过于追求“高大上”，应根据发展阶段、发展规模择机选择标杆企业，只有这样才是最有效的，才能助推绩效管理能力提升和组织绩效提升。

【管理知识】

在开展绩效管理诊断时，识别绩效管理中的关键业务问题至关重要，它是成功识别绩效管理体系的机会，同时也是挑战。绩效管理中的关键业务问题往往不是某个特定的流程、数据或指标，而是与组织战略相关的销售额、利润、市场占有率、客户满意度、人效等关键因素。

第二节　绩效管理诊断分析

一、绩效管理的三个阶段

绩效管理诊断是分析引起各种绩效问题的原因，通过沟通寻求支持与了解的过程，其作用在于帮助企业和员工制订绩效改进计划，连接整个绩效管理循环，使之不断持续改进。在实践中，为实现战略目标，企业需要建立一套有效的绩效管理系统，并进行不定期的绩效管理诊断，实现吸引、保持、激励的“选、用、育、留”人力资源管理价值机制。

目前，有关绩效管理的理论、工具和方案都比较成熟，决定绩效管理成败的关键在于落地执行。不要一味地追求最新、最好的技术；在导入绩效管理系统初期需要投入大量的时间和精力来熟悉、适应新的流程与标准，短期内绩效可能不升反降，如果不预先说明，可能到时会引起管理层及员工的惊讶和不解；同时，不可低估出现反对声音、抵触心理，甚至是形式主义的影响，一个优秀的绩效管理方案应该能预见变革冲突并通过有效措施进行控制。

绩效管理系统要基于企业发展的不同阶段，由易到难、由粗到细地分步实施，每个阶段之间应有周期间隔，让企业有时间充分消化和吸收；每一阶段都应设定合理的目标与标准，最终建立起一个适应企业发展、基于最佳实践的全面绩效管理系统，如图 1-1 所示。

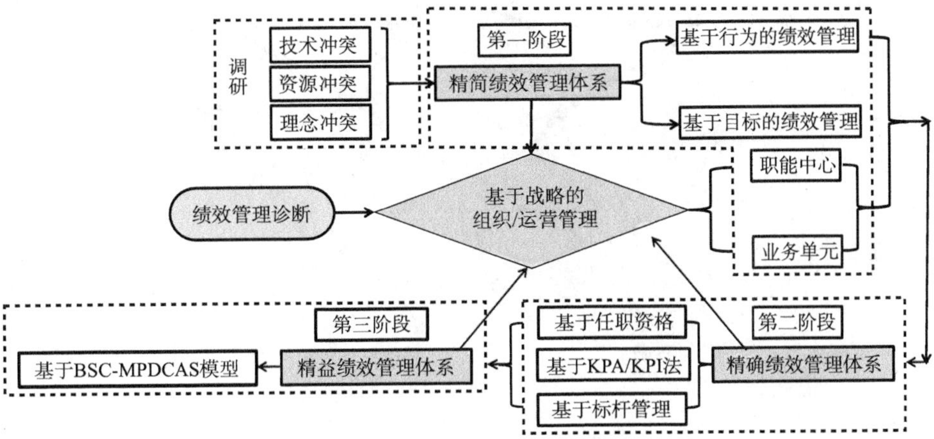

图 1-1　企业不同阶段的绩效管理

绩效管理的方式有很多，如工作计划、工作总结、周例会及工作汇报，不是必须使用一个表和几个指标才是绩效管理。无论采取什么样的管理方式、引进什么样的思想、建立什么样的制度，企业的一切活动最终都应体现在财务数据上。凡是无法知道投入产出比的活动，不论看起来多么吸引人，对企业而言都是无意义的。德鲁克说："管理是一种实践，其本质不在于'知'而在于'行'；其验证不在于逻辑，而在于成果"。绩效管理需要所有管理者思考、实践、总结、提炼、设计出符合企业实际、驱动战略目标的最佳实践系统，这样做才是最有效的和最适合的。

二、绩效管理诊断模型

BSC-MPDCAS 模型（见图 1-2）是一个战略控制体系模型，是进行绩效管理诊断的重点。该模型是笔者融合管理工具的优点进行综合运用而形成的，其中，BSC 表示平衡计分卡；M 表示目标管理（MBO）；PDCA 表示 PDCA 循环，即戴明环；S 表示标准化（Standardization）。

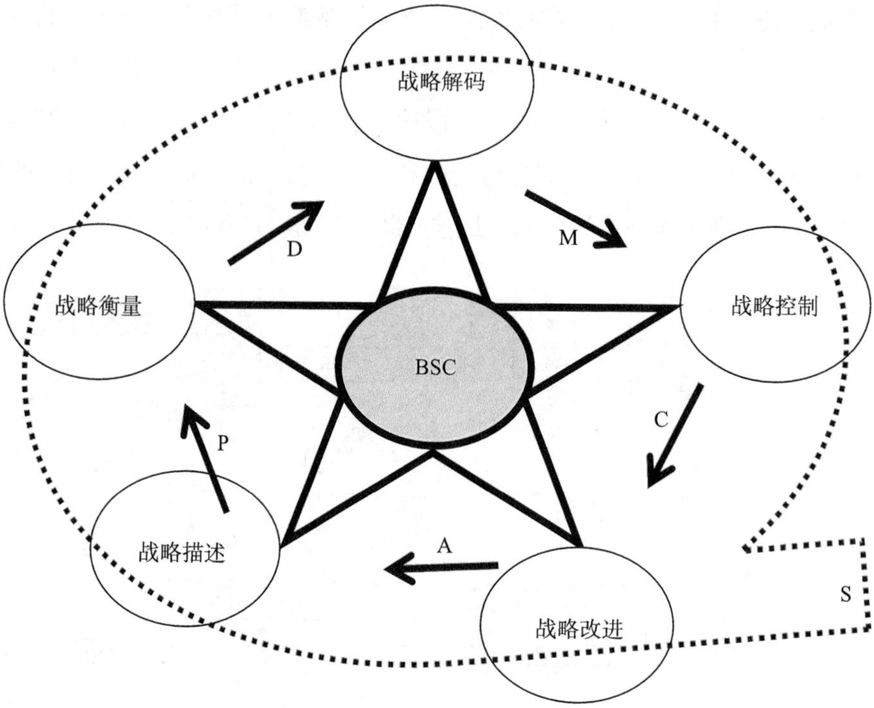

图 1-2　BSC-MPDCAS 模型

任何类型的企业都必须开展绩效管理，而管理阶段不同，管理重点也有所不同：在管理初期，多定性，轻结果，重行为；在管理后期，多定量，重结果，轻行为。另外，考勤也是绩效管理的一种方式，只是这种方式是以结果为导向的。当然，在进行绩效管理诊断的过程中，会遇到各种各样对绩效管理有质疑的声音，甚至出现“做绩效找死，不做绩效等死”的悲观思维。从杜邦分析法到经济增加值，再到平衡计分卡、绩效棱柱模型、目标管理以及备受推崇的目标和关键成果等，绩效管理的理念、方法、工具及技术为组织绩效的提升做出了应有的贡献。但到底哪一种理念、方法、工具及技术更适合企业用于提升组织绩效呢？对此仁者见仁，智者见智，因此也有了“绩效主义毁了索尼”等论调。借 KPI 刷存在感的人越来越多，似乎所有运营管理的不善都可以归罪于 KPI。这些刷存在感的言论让许多管理者陷入迷茫：还要不要进行绩效管理？企业管理者要知道，没有绩效管理，靠什么来驱动战略落地，靠什么来实现企业战略。

在进行绩效管理诊断时，企业要从战略管理、运营管理等大思维、大格局上去思考和研判，如果仅基于绩效管理而进行分析，很容易忽视绩效管理是否能支撑组织战略、绩效管理运行是否匹配运营管理、绩效管理数据是否能真实反映运营状况、绩效管理是否匹配全面预算管理、绩效管理是否实现了降本增效和提质升级……进行绩效管理诊断时一定要有变革思维，这里的变革并不必须是不破不立的变革，实现绩效改进、实现流程优化、实现人才发展等都是组织变革。

OLSS 模型理论（见图 1-3）是基于运营管理，从绩效、问题、经营、观念、体制、机制等方面分析输入到输出过程中存在的问题及其原因，进而推出改善方案的理论，其是组织管理变革核心能力的理论基础。决策系统、管理控制和管理效率是企业管理系统的三大管理要点。在决策正确的前提下，依靠计划—考核—激励体系及规范的制度、流程，辅以控制手段保证执行系统正确地执行决策。流程优化、架构合理、层级适当、控制有度都可有效提高执行系统的效率。决策系统及其子系统要解决的是“做正确的事”；执行系统及其子系统要解决的是“正确地做事”；控制系统及其子系统要解决的是“正确地做正确的事”。绩效管理诊断分析最终要实现在绩效管理体系上不断改进，驱动组织逐步建立起一整套科学合理的人力资源管理体系和管理方法，吸引、留住、激励人才，实现战略目标和组织绩效。

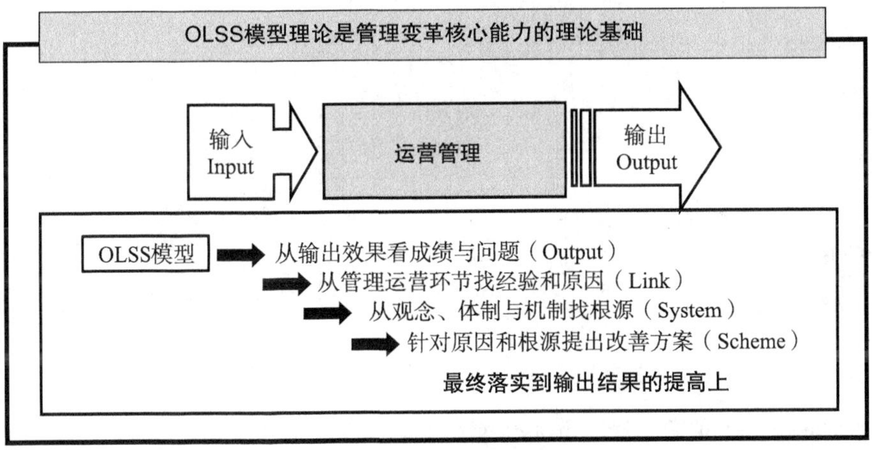

图 1-3　OLSS 模型理论

【实践点评】

进行绩效管理诊断时，一定要进行相关分析，在分析时可采用柱状图、饼状图或折线图等形式进行呈现，针对每个问题的调研情况予以相应的总结分析。

【管理实践】

某建筑企业集团绩效管理诊断分析报告（摘要）

3.6绩效管理部分

问题15

15.考核过程：考核缺少必要的数据支撑，考核关系不够科学，考核过程还需更加透明，公开

4.18 过去一年中，你认为管理者在对员工进行业绩评价时【　】（单选）

选项	小计	比例
A非常客观公正，评价建立在大量的数据和信息基础之上	81	7.61%
B比较客观和公正，有一定的数据和信息作为依据	529	49.72%
C非常主观，缺少数据和信息	172	16.17%
D比较主观，凭印象和感觉进行评价	282	26.5%
本题有效填写人次	1064	

来自访谈中的声音：

“……机关定性为主……”

“……以考核子公司领导班子为主……”

“……项目考核一刀切，不合理，应该采取递增或减亏以及结合项目实际考核……”

“……项目考核应该标价分离……”

信息来源：高中基层访谈

问题16

16.理念认知：理念认知不足，把绩效管理视为关系评价及发奖金的工具，忽视绩效改进，考核流于形式

4.19对于绩效考核的结果应用，你认为目前公司的做法是【　】（单选）

选项	小计	比例
A考核仅仅是为了发奖金	239	22.46%
B考核结果与薪酬、岗位晋升与淘汰、培训等多个方面进行了结合	324	30.45%
C考核结果与薪酬、岗位晋升与淘汰、培训等多个方面结合不足，需要有效挂钩	501	47.09%
本题有效填写人次	1064	

来自访谈中的声音：

“……就是为了补发一点工资吧……”

“……我觉得就是主管打分，谁的人缘好谁得分就高……”

“……就是搞形式主义……”

“……意义不大，没有激励性，结果运用不科学……”

“……每个分（子）公司都是不一样的，偏差太大，不能一刀切……”

信息来源：高中基层访谈

5.4对绩效管理的优化思路：激励价值创造，优化健全绩效管理体系

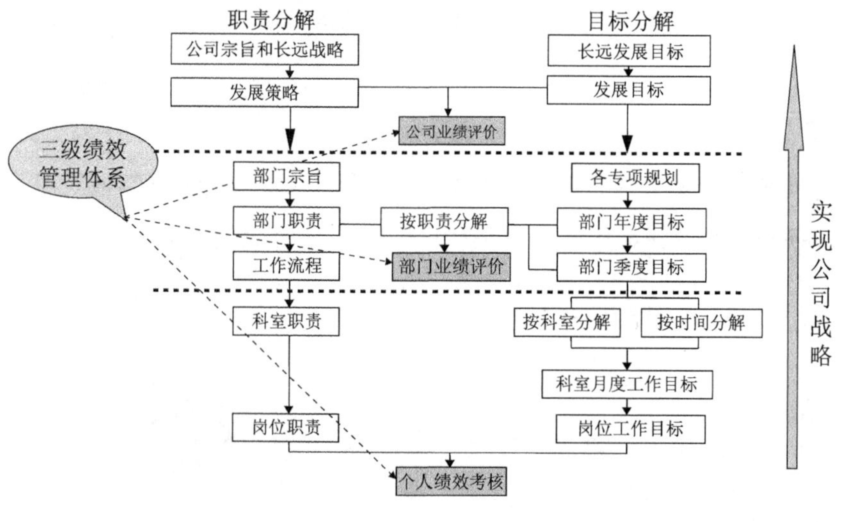

通过绩效管理诊断分析，可以清楚地发现被诊断分析的企业在绩效管理方面存在哪些

问题，并通过“寻根溯源”找出问题背后的原因，如机制问题、思维问题、工具问题、流程问题或文化问题等。埃德加·沙因指出，所有组织无论规模和类型如何，都会面临两类问题：面对迅速变化的环境，如何不断适应外部环境；为帮助组织顺利适应外部环境，怎样相应地整合内部。

在实践中，管理工作都是从不成熟走向成熟的。在绩效管理初级阶段，应尽量不使用相关工具并试行一定时期，此时转变员工对绩效管理的认识并固化企业绩效文化才是重中之重。管理无定式，不能因为某些知名企业家说他们的企业不进行绩效管理或企业在某个阶段不能实施绩效管理，就学着不实施绩效管理了。在绩效管理实践中出现各种问题都是正常的，任何事情都不可能一蹴而就。小目标可以带来小胜利，小胜利可以带来一系列的积极改变，由小改变去实现大改变。

对于绩效不佳的员工，不但要扣其绩效工资，还要降低其工资标准，甚至予以辞退。没有管理数据积累，无论等多久，都没法进行绩效管理，企业战略实现将依然是空话。当然，许多企业进行绩效管理的目的就是为了扣点绩效工资，这样做的目的是通过正负激励机制的实施，提升人效！通常情况下，短周期绩效结果主要用于发放绩效工资；长周期绩效结果主要用于薪酬调整、职务调整、奖金分配、培训发展、职业生涯、高潜人才甄选等。唯有实施绩效管理才能积累数据，这是绩效管理具有导向作用的体现。

萧伯纳曾说：“你在被一个崇高伟大的志向和目标所利用，你就成为自然之力”。绩效管理的形式和工具多种多样，企业应结合自身实际进行组织分析、工作分析、流程分析，设计出符合企业实际的绩效管理及绩效考核实施方案。绩效管理的源头是人，包括人的价值观、工作态度、工作方法、能力及所展示的行为。当企业的愿景、价值观和行为方式被员工认同、接受时，企业战略目标就会转化为一种激励的力量。

【管理知识】

绩效管理是组织运营的指挥棒。要想激励尽可能多的员工，管理者就一定要清楚，绩效管理的第一作用绝对不是约束而是引导和改进。

第二章

绩效管理体系实践

绩效管理是以战略为导向，连接计划、目标、组织、控制、激励等企业管理活动，并促使企业对其适时进行监控的管理体系。

企业要想实现战略目标，就必须强调绩效管理在企业管理中的重要性，在企业中建立以绩效为核心的企业文化。为确保绩效管理制度和系统的有效性与可行性，企业应“抓住两头，吃透中间”。所谓“抓住两头”就是得到高层管理者的支持和基层员工的认可；“吃透中间”就是得到中层管理者的协助和认可。绩效管理的核心是管理，其涵盖管理的所有职能，包括战略、计划、组织、体系、监督、指导、协调、控制、成本和合适的人。绩效管理体系设计得再好，如果没有高层管理者的参与、支持和基层员工带头作用、指导作用，也会变得形同虚设。

第一节 工作分析实践

一、工作分析侧重点

工作分析是系统全面地确认工作整体，以便为管理活动提供各种相关信息所进行的一系列的工作信息收集、分析和汇总的过程，即通过对工作内容与工作责任等资料的汇集、研究和分析，确定该项工作的任务、性质和相对价值，以及哪种类型的人适合从事这一工作。工作分析主要是分析完成工作的要求、周期和范围，着眼于工作本身的特点，而不是工作者的状况。

工作分析的内容包含三个部分：对工作内容的分析；对岗位、部门和组织结构的分析；对工作主体员工的分析。

对工作内容的分析是指对产品（或服务）实现全过程及重要的辅助过程进行分析，包括工作步骤、工作流程、工作规则、工作环境、工作设备、辅助手段等。

工作的复杂性、多样性以及劳动分工制度造成了不同的岗位、部门和组织结构，不同的行业和不同的业务也影响岗位、部门和组织结构的设置。对岗位、部门和组织结构的分析包括对岗位名称、岗位内容、部门名称、部门职能、工作量及相互关系等的分析。

对工作主体员工的分析包括对员工年龄、性别、爱好、经验、知识和技能等方面的分析，以把握和了解员工的知识结构、兴趣爱好和职业倾向等内容。在此基础上，企业可以根据员工特点将其安排到最适合的工作岗位上，达到人尽其才的目的。

在实施工作分析时，要提出既有前瞻性又符合企业实际的工作分析初步方案或设想，该方案或设想应包括内部访谈信息、具体情况的详细分析、内部及外部客户的沟通信息、基于事实的数据分析、过去的经验、管理工具的创造性运用、切实可行的评价建议等内容。工作分析初步方案或设想只是进行工作分析的起点，在进行工作分析的过程中，要不断检验、修正甚至推翻开始的判断，并逐渐形成切实可行的适合企业的管理体系。

工作分析的主要目标是通过对管理及核心岗位进行工作分析和建立素质模型，以建立高效、切实可行的人力资源管理体系。工作分析基于不同的目标导向，其收集信息的侧重点和主要应用是有所区别的（见表 2-1）：通过对工作职责进行分析，建立岗位工作内容的要求及标准；通过对工作关系进行分析，建立人员晋升的基本通道；通过对人员任职资格进行分析，建立人员招聘、晋升的基本标准，等等。这些标准主要是针对基本资格项目的。

表 2-1 不同目标导向的工作分析信息收集侧重点

目标导向	收集信息侧重点	主要应用
基于组织优化	1. 工作目标与职责；2. 职责细分；3. 职责分配合理性；4. 工作流程；5. 职位在流程中的角色；6. 工作权限	职位设置、工作目标、职责、履行程序的归理
基于招聘配置	1. 工作目标与职责；2. 职责的重要程度；3. 任职资格条件要求	招聘要求、甄选标准
基于培训开发	1. 工作职责；2. 职责的难度；3. 工作内容的难度；4. 关键工作行为；5. 任职资格条件要求	培训需求、难点、重点
基于绩效管理	1. 工作目标与职责；2. 职责的重要程度；3. 职责的执行难度；4. 工作难点、要点；5. 绩效标准	绩效评价指标与标准
基于薪酬管理	1. 工作目标与职责；2. 工作管理范围；3. 职责的复杂程度；4. 职责的执行难度；5. 职位在组织中的重要程度；6. 任职资格条件要求；7. 工作联系的对象、频率、内容	与职位、薪酬有关的

通过对工作输入、工作转换过程、工作输出、工作的关联特征、工作资源、工作环境等进行分析，形成工作分析的结果——岗位说明书。企业要定期对岗位说明书进行评审，看其是否符合实际的工作变化，同时应让员工参与工作分析的每个过程，一起探讨每个阶段的结果，共同分析原因。只有亲身体验才能加强员工对工作分析的认识和认同，从而在实践中有效实施。工作分析的内容如图 2-1 所示。

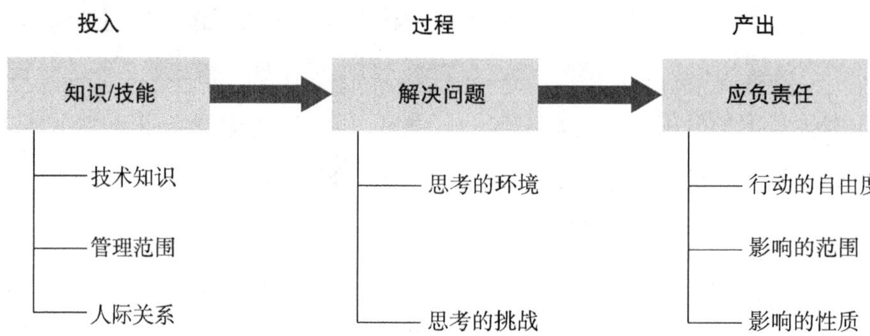

图 2-1 工作分析的内容

【管理实践】

工作分析调查问卷（摘要）

填写说明：请注意，本工作分析调查问卷收集的信息是岗位的实际情况，而非有关个人的情况，不是针对您工作表现的评价。在您填写时，请根据岗位实际情况填写岗位的主要职责、权限、要求、标准等，而非您本人所做每一项工作的记录。您可以把这个问卷当成公司对新员工介绍本岗位，让新员工尽快融入公司的一个文字资料。

感谢您的配合和付出！再次提醒：

（1）描述您的岗位，而不是您本人！

（2）填写时，不要有所保留或夸大其词！

（3）描述您岗位的典型情况，而非临时性情况！

1. 工作时间

（1）正常的工作时间：每日____时至____时。

（2）每日午休时间为____小时。

（3）每周平均加班时间为____小时。

（4）实际上下班时间是否随业务情况经常变化：

□总是　　□有时是　　□偶尔　　□否

（5）所从事的工作是否忙闲不定：

□是　　□不是

（6）若忙闲不定，最忙的时间段经常是____。

（7）每周外出的时间占正常工作时间的____%。

（8）到外地出差的情况，每月平均____次，每次平均____天。

（9）到外地出差时所使用的交通工具排序（按使用频率）：

（10）其他需说明的方面：

2. 工作目标

主要目标：　　次要目标：

3. 工作概要（用简练的语言描述您从事的工作）

---

4. 工作活动顺序

工作名称：　　顺序：　　依据：

5. 工作活动内容

工作名称：　　结果：

占全部工作时间的____%　　权限：

（权限分为三类：承办、需报审、全权负责）

6. 工作失误的影响

（1）若您工作出现失误，会发生哪些损害？

□经济损失　　□经营管理损害

□公司形象损害　　□其他损害

（损害程度按轻、较轻、一般、较重、重来分类）

（2）若您工作出现失误，会出现哪些情况？

□不影响他人的正常工作

□只影响本部门其他人员的工作

□影响整个部门

□影响其他部门

□影响整个工作

（如出现多种情况，请按影响程度由高到低排序：____________）

7. 内部接触

□在工作中不与他人接触

□只与本部门的其他人员接触

□需要与其他部门的人员接触

□需要与其他部门的主管接触

□需要同所有主管接触

（频率按偶尔、经常、频繁三个等级填写）

8. 外部接触

□不与公司以外的人员接触

□与其他公司或部门的人员接触

（频率按偶尔、经常、频繁三个等级填写）

9. 工作监督

（1）监督人员：

□直接或间接监督的人员　　　　□被监督的管理人员

□直接监督人员的层次：

△普通员工　△基层管理者　△中层管理者　△高层管理者

（2）监督责任：

□只对自己负责（无监督他人的权利和义务）

□对员工有监督指导的责任

□对员工有分配工作、监督指导的责任

□对员工有分配工作、监督指导与考核的责任

10. 工作性质

（1）负责范围：

□只对自己的工作结果负责　　□对整个部门的工作负责

□对自己部门和其他部门负责　　□对整个公司负责

（2）工作影响：

□不影响他人

□在工作中的决定，对有关人员有影响

□在工作中的决定，对自己的部门有影响

□在工作中的决定，对自己和关联部门有影响

□在工作中的决定，对整个公司有影响

（3）工作自主性：

□工作方法和程序按主管的安排开展，遇到问题可以向主管请示解决，工作结果必须上报

□工作开展时主管仅指示相关要点，工作中不经常指导，但遇到问题时仍可以向主管请示解决，工作结果基本由主管审核

□上级对工作只要结果或目标，仅对结果或目标进行原则上的审核

（4）工作变化性：

□完成本职工作的方法和步骤完全相同

□完成本职工作的方法和步骤大部分相同

□完成本职工作的方法和步骤有一半相同

□完成本职工作的方法和步骤大部分不同

□完成本职工作的方法和步骤完全不同

（5）在工作中您接触到的信息经常是：

□原始的、未经过加工处理的信息

□经过初步加工的信息

□经过高度综合的信息

（6）您在做决定时一般依据哪种资料：

□事实资料　　□事实和背景资料

□事实、背景和其他资料　　□事实、背景、其他和难以确定的资料

（7）在工作中，您需要做计划的程度：

□不需要做计划

□需要做一些小计划

□需要做部门计划

□需要做公司整体计划

（8）在您的工作中接触资料的公开程度：

□公开性的资料

□不公开的资料

□公司机密性资料，仅对中层领导公开

□公司绝密性资料，仅对高层领导公开

（9）您在工作中所使用的资料属于哪类？所占比例为？

□口头资料（______%）

□内部文字与电子资料（______%）

□外部文字与电子资料（______%）

□各类相关资料（______%）

11. 工作压力

（1）在每天的工作中是否经常要迅速做出决定？

□没有　　□很少　　□偶尔

□很多　　□非常频繁

（2）您手头的工作是否经常被打断？

□没有　　□很少　　□偶尔

□很多　　□非常频繁

（3）您的工作是否经常需要注意细节？

□没有　　□很少　　□偶尔

□很多　　□非常频繁

（4）您所处理的各项任务彼此是否相关？

□完全不相关　　□大部分不相关　　□一半相关

□大部分相关　　□完全相关

（5）您在工作中是否要高度集中精力，如果是，占工作时间的比例是多少？

□ 20%　　□ 40%　　□ 60%

□ 80%　　□ 100%

（6）您在工作中是否需要运用不同方面的专业知识和技能？

□否　□很少　□部分

□很多　□非常多

（7）在工作中是否存在一些令人不愉快、不舒服的感觉（非人为的）？

□没有　□很少　□能明显感觉到

□很多　□非常多

（8）在工作中是否需要灵活地处理问题？

□不需要　□很少　□偶尔

□很多　□非常需要

（9）您的工作是否需要创造性？

□不需要　□很少　□偶尔

□需要　□非常频繁

（10）您在履行工作职责时是否会与同事发生冲突？

□不会　□很少　□偶尔

12. 任职资格要求

（1）您经常起草或撰写的文字资料有哪些？比例是多少？

□通知、便条（______%）　□简报（______%）

□信函（______%）　□汇报文件或报告（______%）

□工作总结（______%）

□公司文件、行业或内部研究报告（______%）

□合同或法律文件（______%）

（2）您常用的数学知识有哪些？

□基本的混合运算　□高等数学　□计算机程序语言

（3）学历和经验要求：

□高中或中专及以下　□专科　□本科　□本科以上

□不限制经验　□3年以下　□3～5年　□5年以上

（4）专业要求：

□直属专业　□相关专业　□不要求

（5）为顺利履行工作，应进行哪些培训？时间需要多久？

培训科目：　培训内容：　培训时间：

（6）对于一个新人，要多久才能胜任您所从事的工作？

（7）为顺利履行您所从事的工作，需要具备哪些方面的工作经历？大约要多久？

工作经历或经验要求：　　　　　　　　　　　最低时间要求：

（8）在工作中您认为最困难的事情是什么？您是如何处理的？

难点问题	重要性	解决方法	效果

（9）在工作中您认为最重要的工作是什么？您是如何处理的？

工作要点	难度	处理程序或流程	效果

（10）在工作中您认为最容易疏忽的事情是什么？您是如何处理的？

疏忽点	重要性	解决方法	效果

（11）您所从事的工作对体力方面的要求如何？

□轻　　□较轻　　□一般

□较重　　□重　　□其他

（12）其他能力要求：

□领导能力　　□指导能力

□激励能力　　□授权能力

□创新能力　　□计划能力

□管理能力　　□资源分配能力

□组织能力　　□时间管理能力

□协调能力　　□谈判能力

□冲突管理能力　　□说服能力

□公关能力　　□写作能力

□分析能力　　□实施能力

□信息管理能力　　□逻辑思维能力

□其他能力

（13）请您详细填写从事本职工作所需要的知识及所占比例和要求程度：

知识内容：　　　要求程度（按低、一般、高分类）：　　　所占比例：

13. 对于您所从事的工作，您认为应该从哪些方面进行考核？标准是什么？

考核角度 / 方面：　　　　　　　　考核标准：

14. 您认为您所从事的工作有哪些不合理的方面？如何改进？

不合理的方面：　　　　　　　　　改进建议：

15. 您还需要说明的方面（与工作有关的）：

---

16. 主管审核确认

（1）基本意见：

（2）认为与事实不符的方面：

【实践点评】

进行工作分析时有三个基本原则一定要遵守：工作分析针对的是“岗位”，而不是“人”；着重分析那些“应该”做的工作，而不是“目前正在”做的工作；工作分析的重点是岗位职责，而不是岗位任务明细。

在设计工作分析调查问卷之前，一定要编制工作分析方案。工作分析方案要针对工作分析目的、分析对象、分析方法、人员分工、时间进度安排、工作分析宣讲等进行明确，特别是在进行分析方法选择时，要针对每一种方法进行技术分析和工作方式分析，并对参加工作分析的人员进行培训，同时对每一种方法都要提前进行路演，通过路演来找出方案设计的瑕疵，进行优化改进，确保方案的实施效果。当然，一定要注意，工作分析不能采用单一方法进行。将多种方法相结合，有助于更客观、真实地进行工作分析，所获取的信息也更科学、真实和客观。例如，在采用观察法时，很多人力资源管理者通常会未设计好观察方案就直接进入观察，结果导致观察失败或获取的信息匮乏。在进行工作分析时，专业的观察方案设计主要从两个方面着手。

（1）确定观察内容。企业应确保观察内容能准确反映工作分析的目的。另外，企业还应明确观察方案是以招聘配置为目的还是以绩效管理为目的的，目的不同，观察的侧重点和内容不同。

（2）设计观察提纲或观察记录表。观察提纲或观察记录表是提高观察效率的重要工具和必要技术手段。在设计时，可以把观察对象的一些行为、动作等用代码来代替，尽可能做到简单易行。

【管理实践】

工作分析观察提纲（摘要）

（1）什么时候开始工作的？

（2）工作之前都做了哪些准备工作？准备工作用时多久？

（3）每次休息时间是多久？

（4）上午共完成了多少产品？平均多长时间完成一件产品？

（5）在工作中主要与哪些同事配合？配合一次所用时长是多少？

（6）在工作中是否与同事有交谈？每次交谈时长是多少？

（7）工作场所的温度是多少？

（8）员工上午喝多少次水？

（9）员工一上午出了多少次品？

（10）员工共搬运了多少原材料 / 半成品？

（11）工作场所的噪声为多少分贝？

（12）什么时候开始午休？午休前做了哪些收尾工作？上午的有效工作时间是多少？

（13）被观察岗位人均完成多少产品？合格率是多少？

……

【实践点评】

观察提纲或面谈提纲是指导员工工作的纲领性文件，必须提前确定好相关提纲，并征求相关岗位的上级主管或资深从业人员的意见或建议，只有这样才能针对相关数据和信息进行收集，否则，会出现不知道如何观察或如何询问的尴尬局面，影响工作效率。

无论采用什么方法，进行工作分析时都要有相关岗位直接主管或资深员工参与，以有助于对相关信息进行确认。必要时，需要借助企业外部专家，以提高工作分析的认可度和科学性。在编制岗位说明书时，一定要让工作分析目标岗位相关人员参与进来，因此需要对相关人员进行岗位说明书的编制培训，防止格式、语言、用词规范不一致、不统一的情况，要规范和统一岗位说明书模板和岗位说明书撰写要求。

【管理实践】

（一）岗位说明书模板

<table>
<tr><td colspan="2">岗位名称</td><td></td><td>岗位编号</td><td>—</td></tr>
<tr><td colspan="2">所在部门</td><td></td><td>岗位定员</td><td>—</td></tr>
<tr><td colspan="2">直接上级</td><td></td><td>职系</td><td>—</td></tr>
<tr><td colspan="2">直接下级</td><td></td><td>—</td><td>—</td></tr>
<tr><td colspan="2">所辖人员</td><td></td><td>填写日期</td><td></td></tr>
<tr><td colspan="5">职责概述：</td></tr>
<tr><td rowspan="3">职责一</td><td colspan="2">职责表述：</td><td>工作时间百分比：</td><td>频次：</td></tr>
<tr><td rowspan="2">工作任务</td><td colspan="3"></td></tr>
<tr><td colspan="3"></td></tr>
<tr><td rowspan="3">职责二</td><td colspan="2">职责表述：</td><td>工作时间百分比：</td><td>频次：</td></tr>
<tr><td rowspan="2">工作任务</td><td colspan="3"></td></tr>
<tr><td colspan="3"></td></tr>
<tr><td colspan="5">岗位权力：</td></tr>
<tr><td colspan="5">工作协作关系：</td></tr>
<tr><td colspan="2">内部协调关系</td><td colspan="3"></td></tr>
<tr><td colspan="2">外部协调关系</td><td colspan="3"></td></tr>
<tr><td colspan="5">任职资格：</td></tr>
<tr><td colspan="2">教育水平</td><td colspan="3"></td></tr>
<tr><td colspan="2">专业知识</td><td colspan="3"></td></tr>
<tr><td colspan="2">培训经历</td><td colspan="3"></td></tr>
<tr><td colspan="2">经验 / 业绩</td><td colspan="3"></td></tr>
<tr><td colspan="2">技能 / 技巧</td><td colspan="3"></td></tr>
<tr><td colspan="5">其他：</td></tr>
<tr><td colspan="2">工具设备</td><td colspan="3"></td></tr>
<tr><td colspan="2">工作环境</td><td colspan="3"></td></tr>
<tr><td colspan="2">工作时间特征</td><td colspan="3"></td></tr>
<tr><td colspan="2">所需记录文档</td><td colspan="3"></td></tr>
<tr><td colspan="5">备注：</td></tr>
</table>

（二）岗位说明书撰写说明

1. 工作关系填写

工作关系是完成该岗位的职责所需要协调的内外部工作关系，“内部工作关系”为在公司内部所要协调的关系，“外部工作关系”为与公司外部（政府部门、其他企业等）所要协调的关系。

2. 岗位概要描述

对岗位最核心职责的高度概括，可以理解为设置该岗位的目的。岗位概要准确、客观、精炼，用 1 ~ 2 句话概括岗位的主要功能，简短而准确地说明为什么设置该岗位。

可以从以下角度通俗地进行理解。

（1）组织（公司或部门）的整体目标的哪一部分由该岗位完成？

（2）该岗位对公司的主要或独特贡献是什么？

（3）如果该岗位不存在，会有什么工作完不成？

（4）我们究竟为什么需要该岗位？

3. 岗位职责描述方式和方法

（1）岗位职责要分层次

在描述岗位职责时，应明确部门负责人承担主管业务的职责，并详细描述部门员工的工作内容。从结构上可以按照工作对象划分，或者按照工作程序划分，如计划、组织、协调（执行）、控制。

（2）岗位职责的描述方法

在编写岗位职责时，首先应明确本岗位职责的几个大版块，即本岗位主要负责哪几个方面的事情，并对每个版块的事情进行具体描述，然后列出承担这一职责所要完成的任务。在具体描述时，每项职责和任务都应尽量以流程的形式描述，讲清楚每件事的输入与输出，一般的描述格式为“动词＋名词＋进一步描述任务的词语”。

例如，对某办公室主任来说，其职责包括文秘管理、档案管理、日常行政管理、部门管理四大版块。在具体描述时，对文秘管理职责中的第一条任务为“依据公司的相关制度和要求，组织拟定并审核公司各种公文、报告和会议文件的行文规范、签发程序制度，提出意见，批准后督导实施”。其中，前半部分“依据公司的相关制度和要求”为“输入”，即开展该项工作的依据、前提、投入、条件、约束等；后半部分内容为“输出”。在表述上，“动词”是“组织拟定并审核”，“名词”是“公司各种公文、报告和会议文件的行文规范、签发程序制度”，而“进一步描述任务的词语”则是“提出意见，批准后督导实施”。

（3）用语规范化的常用词

在描述岗位职责时，重要的是清楚地界定每一个职责的权限，并用精心选择的动词恰当地描述权限范围。

① 岗位职责描述常用动词如下。

内容或扮演角色	可采用的动词
针对制度、方案、计划、文件等	编制、制定、起草、拟定、审核、审定、转呈、提交、下达、备案、存档、提出意见等
针对信息、资料	调查、收集、整理、分析、研究、总结、提供、汇报、反馈、转达、通知、发布、维护管理等
关于某项工作（上级）	主持、组织、指导、安排、协调、监督、管理、会同、审批、审定、签发、批准、评估等
思考行为	研究、分析、评估、建议、参与、推荐、计划等
直接行动	组织、执行、指导、控制、监管、采用、参加、阐明、解释、提供、协助等
上级行为	批准、指导、确立、规划、监督等
下级行为	收集、提交、办理等
管理行为	达到、评估、控制、协调、确保、鉴定、保持、监督等
专家行为	分析、协助、促使、联络、建议、推荐、支持、评估、评价等

② 与目的或预期结果相关的常用动词如下。

正向目标	反向目标	支持目标
确保…… 保证…… 促进…… 提高…… 提升…… 完善……	防止…… 避免…… 防范……	致使…… 作为…… 提供…… 支持…… 利于…… 帮助…… 实现…… 控制……

4. 岗位权限分析及表述示例

（1）权力分析方法

权力包括三个方面：

① 完成关键职责的权力（两项左右）；

② 横向权力，即因与相关部门有业务关系而具有的权力，比如会签、审核等；

③ 纵向权力，包括对人财物的管理权限、对下级人员管理、额度内的资金支配权等。

（2）业务权限表述示例

① 对 ×× 的决策权；

② 对 ×× 的建议权；

③ 对 ×× 工作的监控权；

④ 预算权限内的财务审批权；

⑤ 对各项费用开支的监督检查权；

⑥ 本部门预算内的费用使用权；

⑦ 在产值权限内，对 ×× 制定的审批权；

⑧ 对 ×× 的审定权；

⑨ 对 ×× 的执行情况的监督检查权；

⑩ 对业务范围内的问题的处理权并向上级汇报的权力；

⑪ 对违反 ×× 规定的行为有制止权和处罚权；

⑫ 在产值权限内，确定 ×× 的审批权；

⑬ 在采购权限内，确定供应厂商的审批权；

⑭ 选择 ×× 的建议权；

⑮ 对各部门防火安全与保卫隐患有限期整改权；

⑯ 对各部门的安全保卫、防火、卫生工作的监督检查权；

⑰ 对进出公司的人员和车辆有盘查权；

⑱ 对违反公司安全保卫制度的行为有制止权和命令整改权；

⑲ 在 ×× 的授意下，代表公司参加外事活动的权力；

⑳ 代表公司与外界有关部门和机构联络的权力；

㉑ 对公司各部门办公秩序的监督检查权；

㉒ 对于重大会议，根据需要有现场指挥权；

㉓ 对公共活动场所使用的审批权；

㉔ 在突发事件发生时有现场指挥、维持秩序权；

㉕ 对经理层指示和高管级会议有督办权；

㉖ 对经理办公会制定的制度和经理办公会决议的监督实施权；

㉗ 对公司各项管理制度和规范执行情况的检查权；

㉘ 对各部门及时做好文件、资料的立卷、归档工作的督促权；

㉙ 文件的管理权；

⑩ 各部门有关资料和报表的索取权。

（3）对下属的管理权

① 对公司员工奖惩的决定权；

② 对下属员工和各项业务工作的指挥权；

③ 对下属的人事任免建议权；

④ 对所属下级的管理水平、业务水平和业绩的考核评价权；

⑤ 对直接下级人员调配、奖惩的建议权和任免的提名权；

⑥ 对所属下级的工作有监督、检查权；

⑦ 对所属下级的工作争议有裁决权；

⑧ 对下级的岗位调配有建议权；

⑨ 对员工出勤的监督权。

5. 任职资格描述及示例

（1）学历要求

指从事本岗位工作所需要的最低学历要求，学历要和岗位工作相对应。学历包括大专及以下、本科、硕士及以上。

（2）专业要求

指从事本岗位工作所需要的相关专业，如人力资源管理专业。

（3）资格证书

指从事本岗位工作所需要的从业资格证书，如会计证、安全资格证书等。

（4）职称要求

指从事本岗位工作所需要的职称，如初级职称、中级职称、高级职称。

（5）工作经验

指从事本岗位工作所需要的行业以及岗位工作经验，如果是管理岗位，则需要管理工作经验，如 1 ~ 2 年主办工作经验、3 年以上主管工作经验、10 年以上部门总经理工作经验。

（6）知识要求

知识要求包括业务知识和管理知识，其中业务知识是指该职位开展业务工作时所必须具备的知识。这些知识都应区分其广博程度和精通程度：广博程度可以用能区分出知识广泛程度的词加以区别，精通程度可以用“知晓”“熟悉”“精通”等词加以区别。

例如，一个软件设计人员必须精通相应的软件语言知识；一个人力资源主管必须精通工作分析方法、薪酬支付方法、考核设计方法（KPI、BSC）；一个部门管理人员必须知晓必要的财务知识、人力资源管理知识、时间管理知识等。

（7）技能要求

技能包括基本技能和业务技能。

基本技能是指完成各种工作需要具备的操作技术，包括写作能力、外语能力和计算机能力等。

业务技能是指运用所掌握的知识完成业务工作的能力，比如对于一个一级预算工程师来说，应该具备的业务技能包括能够独立从事大型项目的标书编制、标底计算、工程预结算。

（8）素质能力

素质能力是指完成工作所需要的各项能力的统称，是潜藏在人体内的一种能动力，包括工作能力、组织能力、决策能力、应变能力、创新能力等。素质是影响个体成才的一种智能要素。

例如，营销经理需要具备的素质能力包括督导能力、沟通能力、团队领导能力、市场拓展能力、人际交往能力、商务谈判能力、建立信任能力、渠道规划建设能力等。

6. 文件编制签署说明

① 编制日期：开始编制岗位说明书的日期。

② 生效日期：岗位说明书通过审批，正式启用的日期。

③ 撰写人：参与撰写该岗位说明书的所有人员。

④ 审核人：岗位所在部门的负责人。

⑤ 复核人：主管副总 / 综合管理部。

⑥ 审批人：董事长。

附件 《岗位说明书》相关权限用词的注释参考

<table>
<tr><th colspan="2">岗位名称
项目</th><th>董事长</th><th>高管层</th><th>中层</th><th>主管层</th><th>一般管理人员</th><th>操作人员</th></tr>
<tr><td rowspan="5">I</td><td>批准</td><td>※</td><td></td><td></td><td></td><td></td><td></td></tr>
<tr><td>制定</td><td>※</td><td>※</td><td>※</td><td></td><td></td><td></td></tr>
<tr><td>制订</td><td></td><td>※</td><td>※</td><td>※</td><td></td><td></td></tr>
<tr><td>拟订</td><td></td><td></td><td></td><td>※</td><td>※</td><td></td></tr>
<tr><td>起草</td><td></td><td></td><td></td><td></td><td>※</td><td></td></tr>
</table>

（续表）

岗位名称 项目		董事长	高管层	中层	主管层	一般管理人员	操作人员
Ⅱ	领导	※					
	负责	※	※	※	※	※	
	组织	※	※	※	※	※	
	参与				※	※	
Ⅲ	审批	※					
	审定		※	※			
	审核				※		
	审查				※	※	
	检查				※	※	
Ⅳ	很强	※					
	较强		※	※	※	※	
	一定				※	※	
Ⅴ	经常	※					
	有时		※	※	※		
	偶尔					※	
Ⅵ	较高	※	※	※			
	良好				※	※	

【实践点评】

提高工作分析的效果与效率的方法之一是建立工作分析的目标导向，明确规定工作分析的具体目标及其成果的具体用途，以此作为构建整体工作分析系统的依据。

二、工作分析基础

采用问卷调查进行工作分析时，应考虑到问卷反馈的有效性，在选择调查对象时，其数量要略多于抽样分析的对象。工作分析不是一蹴而就的，岗位说明书的编写不能“拍脑袋”或者是拿来主义，而是要在组织战略和组织架构的基础上，对工作岗位进行详细、客观、科学的分析与提炼。工作分析和岗位说明书的编写不是一劳永逸的事情，而是人力资源管理的常规性工作，随着组织战略和组织架构的调整，以及业务流程和市场环境的变化，要及时对岗位说明书进行优化。

【管理实践】

某集团公司副总会计师岗位说明书

<table>
<tr><td colspan="6">一、基本信息</td></tr>
<tr><td rowspan="2">岗位名称</td><td rowspan="2">副总会计师</td><td rowspan="2">直接上级</td><td rowspan="2">总经理</td><td>岗位编制</td><td>1人</td></tr>
<tr><td>岗位层级</td><td>高层</td></tr>
<tr><td>所属部门</td><td></td><td>岗位编号</td><td></td><td>岗位序列</td><td>管理序列</td></tr>
<tr><td colspan="6">二、岗位目标</td></tr>
<tr><td colspan="6">在公司总经理的领导下，全面负责公司投资、融资、资金管理、综合统计管理、财务管理、税务筹划等管理工作，参与公司战略决策，规避、防范财务风险，控制公司运营成本，确保有效支撑公司的年度目标及战略发展目标的达成</td></tr>
<tr><td colspan="6">三、工作关系</td></tr>
<tr><td colspan="2">外部工作关系</td><td colspan="3">行政管理关系</td><td>内部工作关系</td></tr>
<tr><td colspan="2">集团暨股份公司
税务系统
金融系统
与工程项目相关的单位
政府其他有关部门
集团公司兄弟单位</td><td colspan="3">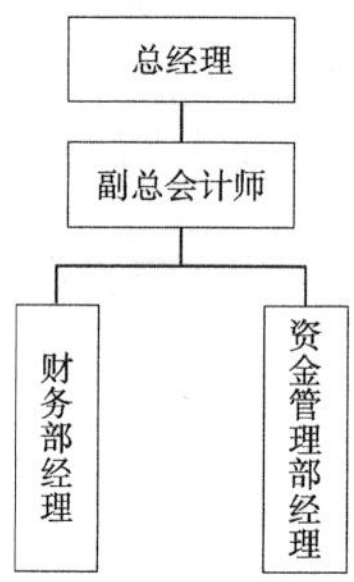
</td><td>公司各部门、子（分）公司</td></tr>
<tr><td colspan="6">四、任职资格</td></tr>
<tr><td>学历要求</td><td colspan="5">本科及以上学历</td></tr>
<tr><td>专业要求</td><td colspan="5">会计、财务管理及相关专业</td></tr>
<tr><td>工作经验</td><td colspan="5">10 年以上大型集团总会计师工作经验</td></tr>
<tr><td>职业资格</td><td colspan="5">高级会计师或注册会计师职称</td></tr>
<tr><td>计算机水平</td><td colspan="5">熟练操作办公自动化软件和财务软件</td></tr>
<tr><td>知识要求</td><td colspan="5">掌握资本运营、投融资、风险把控、财务管理、相关政策法规</td></tr>
<tr><td>能力要求</td><td colspan="5">具有非常强的领导能力、决策能力、沟通能力、综合分析和判断能力</td></tr>
<tr><td>工作强度与环境</td><td colspan="5">主要工作地点为室内，脑力劳动非常强，具有一定的职业风险</td></tr>
</table>

（续表）

五、工作责任		
重要程度	责任领域	主要职责
1	战略管理	1.1 关注并研究国家相关政策法规、行业标准及其变化情况，为公司提供战略及经营决策方面的依据与建议
		1.2 参与制定公司的战略发展规划，审议分（子）公司的战略规划及战略实施方案
		1.3 参与战略规划执行情况评估，提出相关调整建议
2	财务管理	2.1 关注并研究国家在投融资、财务、税务等方面的政策法规及其变化情况，为公司提供经营决策方面的依据与建议
		2.2 审议公司战略目标分解、公司预算框架目标方案
		2.3 组织做好总部固定资产管理工作，做好固定资产台账管理，盘点管理及固定资产的新增、报废、原值增减等管理工作
		2.4 指导、监督资金管理、固定资产管理、会计核算、税务筹划、预算管理、财务档案管理、财务分析、财务报告、财务风险管控等财务管理工作
		2.5 组织做好公司全面预算管理工作
3	投融资管理	3.1 指导与投融资相关的工作，审核投融资方案的可行性，做好相关风险的预判和控制工作
		3.2 组织做好公司及各分（子）公司的投融资风险管控工作
4	财务风险控制	4.1 对固定资产投资项目论证、对外投资、贷款、内部借款、对外担保、产权转让、资产重组及财务、审计等重大经济事项，提出独立意见和建议
		4.2 审核公司投融资、全部经济合同、大额资金使用、贷款、担保、资产评估、资产抵押（质押）、年度全面预算、利润分配和亏损弥补等事项的计划或方案
		4.3 审核公司兼并收购、资产划转、债务重组、资产重组、资产处置、资产损失核销等有关事项，并独立发表审核意见
5	综合统计	5.1 指导公司的统计工作并审核统计报表
		5.2 组织做好总部内部信息、数据的收集、审核、汇总工作，编制统计报表
6	沟通与协调	6.1 组织建立公司与集团暨股份公司、客户、供应商、合作伙伴、政府机构、金融机构、媒体等部门间顺畅的沟通渠道
		6.2 参与重大业务、外事活动，开展社会公共关系活动及其他活动，树立良好的企业形象
		6.3 关注本行业的各种交流活动，保持顺畅的信息沟通渠道
		6.4 组织建立公司内部良好的沟通渠道，协调各部门之间的关系

（续表）

<table>
<tr><th>重要程度</th><th>责任领域</th><th colspan="4">主要职责</th></tr>
<tr><td rowspan="7">7</td><td rowspan="7">综合管理</td><td colspan="4">7.1 负责权限范围内的审核和审批工作</td></tr>
<tr><td colspan="4">7.2 对重要财务事项与企业负责人进行联签</td></tr>
<tr><td colspan="4">7.3 对企业重大决策和规章制度执行情况进行监督</td></tr>
<tr><td colspan="4">7.4 组织做好与集团及下属子（分）公司的对接和监管工作</td></tr>
<tr><td colspan="4">7.5 做好直接管辖部门日常工作的指导、监督、评价工作</td></tr>
<tr><td colspan="4">7.6 做好直接管辖部门的团队建设工作</td></tr>
<tr><td colspan="4">7.7 完成上级交办的其他工作</td></tr>
<tr><td colspan="6">六、编制与修订</td></tr>
<tr><td colspan="3">编制者</td><td colspan="2">审核者</td><td>审批者</td></tr>
<tr><td colspan="3"></td><td colspan="2"></td><td></td></tr>
<tr><td rowspan="2">修订履历</td><td>修订时间</td><td>修订内容</td><td>修订者</td><td>审核者</td><td>审批者</td></tr>
<tr><td></td><td></td><td></td><td></td><td></td></tr>
<tr><td>备注</td><td colspan="5"></td></tr>
</table>

【实践点评】

在进行工作分析时，一定要调动涉及的岗位员工的参与积极性，对分析方法、撰写要求、标准模板、标准描述语言进行有针对性的培训指导，切勿由人力资源部一个部门闭门造车或“乾纲独断”地完成。

基于绩效管理的工作分析，有助于绩效管理体系的设计，特别是依据岗位说明书能更清晰地对各岗位的工作任务、工作标准进行了解，有助于岗位绩效考核指标的提取和标准的设计。在编写岗位说明书时应注意，对事不对人；尽可能具体、可操作；表述要准确；剔除废话；任职资格与岗位责任相对应；建立相关工作系统，完善任务与岗位的关系。

工作分析是人力资源管理活动中一项重要的基础性工作。人力资源管理的核心是实现人岗匹配、人事相宜、事得其人、人尽其才、才尽其用的目标，要达成这些目标，就必须系统地理解和理清组织内各项工作的特点，而工作分析就是基础，是前提。

【管理知识】

管理不是分配任务，是分配责任：三流企业没有岗位说明书，只分配任务，没有清晰责权利，管理混乱；二流企业有岗位说明书，但形同虚设，没有按责任定目标，没有按目标定绩效；一流企业不仅有岗位说明书，并且会让员工围绕责任来制定工作目标和计划，建立明确的绩效标准，进行自我管理。

第二节　绩效管理总纲

绩效管理既是一门科学，更是一门艺术。设计了一套较为规范化的绩效管理体系并不代表就万事大吉了，而是应该在实施过程中注意科学与艺术的结合，以达成预期的目标。

在进行绩效管理之前必须对绩效管理的目的、适用范围、考核目的、考核原则、决策管理、绩效异议及相关术语等进行明确和界定。

【管理实践】

某多元化集团公司绩效管理体系（摘要）

……

（三）考核目的

1. 通过绩效考核建立良好的公司价值评价体系，努力实现科学的评估价值，合理分配价值，从而有效驱动员工积极创造价值。

2. 通过绩效考核将公司战略规划和年度经营计划落实为每一个员工的具体工作，促进公司战略规划和年度经营计划的实现。

3. 基于公司的持续改进，通过有效的激励手段，使员工的行为和资源分配向符合公司战略发展要求的方向倾斜。

4. 通过客观评价员工的关键工作业绩、知识、态度和能力，帮助员工提升自身的工作水平和能力，从而有效提升公司的整体绩效。

5. 通过绩效考核促进上下级的沟通和各部门间的相互协作，增进团队合作精神。

6. 通过绩效考核规范管理工作流程，提高公司的整体运营效率。

（四）相关术语

1. 公司：集团公司简称。

2. 各公司：各子（分）公司的通称。

3. 各部门：公司各职能部门（室、中心）的通称。

4. 管理人员：公司各职能部门（室、中心）、子（分）公司负责人的通称。

5. 主管级管理人员：公司各职能部门（室、中心）所属各组负责人的通称。

6. 一般员工：公司各职能部门（室、中心）所属各组专员的通称。

7. 绩效考核：是指针对公司中每个员工所承担的工作，公司各级管理人员通过应用各种科学的定性和定量方法，对员工的工作行为、工作效果及其对企业的贡献或价值进行考核和评价，并将考核和评价结果反馈给员工的过程。

8. 绩效管理：对绩效实现过程中各要素进行管理，是基于企业战略目标的一种动态管理活动，是通过对公司战略的建立、经营目标的分解、业绩的评价、业绩的改善与改进、组织变革等手段的运用，将绩效考核结果实际运用于企业日常管理活动中，以激励员工持续改进业绩，从而最终实现企业战略及经营目标的一种管理方法。

9. 考核维度：对考核对象进行考核的不同角度和不同方面。

10. 关键绩效维度考核：是指使用关键绩效指标（KPI）对考核对象所取得的工作成果进行考核。

11. 关键绩效指标（KPI）：是通过对组织内部流程的输入端、输出端的关键参数进行设置、取样、计算、分析、评价，衡量流程（标准）绩效的一种目标导向式量化管理指标。

12. 基于胜任力的720度绩效考核：是指对考核对象掌握的胜任本岗位所必需的各类基础知识、专业知识及学习能力（知识维度），即管理自我方面；完成各项专业性活动所需具备的特殊能力和素质能力（能力维度），即管理任务方面；对待工作的态度和工作作风以及工作协同、团队培养、有效激励（态度维度），即管理他人方面，对这些不同方面进行上级、下级、同级、自我及客户的全方位多维度考核，并将考核结果运用到反馈改进、薪酬激励、员工发展等系统中，实现前反馈信息、发展性反馈信息及后反馈信息等持续反馈的循环过程，即实行一次360度胜任力考核和一次360度胜任力考核反馈。

13. 考核主管部门：根据公司各职能部门的不同分工，以及人力资源部、运营管理部等职能部门按职能划分的要求，负责主导绩效管理及绩效考核工作。

考核主管部门属于人力资源部以外的其他职能部门时，由人力资源部提供技术支持，协助考核主管部门开展绩效考核工作。

（五）考核原则

1. 战略原则：以公司战略为主要基点，通过绩效考核实现各级组织的主要工作与公司总体战略发展目标方向相一致。

2. 责权一致原则：基于岗位责任具体化、责任主体明确化、责任层级清晰化、责任连接无缝化、责任权限边界化的要求，体现公司及岗位的责任和权力的统一，以确保考核对象业绩目标的实现。

3. 客观公正原则：各项考核指标科学、规范，考核方法符合公司实际情况，考核流程透明，考核内容、方法和结果公开。

4. 严格兑现原则：把绩效考核结果作为员工薪酬（含绩效、奖金）兑现、激励、发展、培训和岗位调整的主要依据，使绩效与个人利益紧密挂钩。

5. 定性与定量相结合原则：突出定量考核，科学设计责任目标体系，将目标责任层层分解到个人，使每一项工作都有专管之人、明确之责、限定之期、激励之法。

（六）决策管理

为有效推动全面绩效管理，落实各级管理人员的绩效管理责任，成立公司绩效与薪酬管理委员会（绩效与薪酬管理委员会成立时间及组成人员见公司相关文件）。

公司绩效战略、政策、策略及绩效管理制度体系的制定和调整的决策者是公司绩效与薪酬管理委员会，绩效与薪酬管理委员会按《绩效与薪酬管理委员会议事规则》决策与绩效管理相关的事项。

（七）绩效异议

员工对绩效管理制度体系及实施过程、实施结果有异议、争议或建议时，应向人力资源部提出，人力资源部按相关规定予以处理并回复。

员工对绩效管理有异议时，不得“广播式”地公开发表意见或异议，只能向部门负责人及人力资源部进行反馈或咨询。

（八）绩效与薪酬管理委员会议事规则

1. 为完善公司治理结构，健全公司绩效与薪酬管理决策程序，提高绩效与薪酬管理重大事项决策的科学性与及时性，防范绩效与薪酬管理决策和管理过程中可能存在的风险，公司特成立绩效与薪酬管理委员会，并制定本议事规则。

2. 绩效与薪酬管理委员会在董事长的领导下，负责公司绩效与薪酬管理的相关工作。

3. 根据董事长的指示和决策，研究、制定或修订公司绩效与薪酬管理中长期发展规划、策略、管理模式、管理体系等，并起草、审议绩效与薪酬管理年度工作规划及薪酬预算等方案。

4. 研究、解决公司绩效与薪酬管理过程中遇到的重大课题、问题、难题等。

5. 商讨与处理公司绩效与薪酬管理过程中的突发事件。

6. 其他和绩效与薪酬管理有关事项的处理。

7. 绩效与薪酬管理委员会的组成。

（1）主任：由董事长担任。

（2）副主任：由总经理担任。

（3）委员（若干名）：副总经理、总工程师、总会计师、总经理助理、职能部门经理（部长、主任）、分（子）公司总经理等。

（4）运营管理部有关人员：在人力资源部的配合下，负责委员会绩效管理日常事务性工作，参加绩效与薪酬管理委员会会议并做好会议纪要，不参与问题讨论及决策表决。

（5）人力资源部有关人员：负责委员会薪酬管理日常事务性工作，参加绩效与薪酬管理委员会会议并做好会议纪要，不参与问题讨论及决策表决。

以上内容以公司下发的绩效与薪酬管理委员会成立的相关文件内容为准。

8. 委员的任期和绩效与薪酬管理委员会任期一致，委员任期届满，可以连任。期间若有委员因故（辞职、辞退、开除等原因）离开公司或调整岗位的，自离开工作岗位之日起自动丧失委员资格，并由人力资源部负责向委员会申请，重新补足委员人数。

9. 在绩效与薪酬管理委员会主任的领导下，行使以下职权：

（1）研究、审议公司绩效与薪酬管理中长期发展战略规划和实施报告，并提出建议；

（2）对公司绩效与薪酬管理制度的竞争性、激励性、公平性、可行性、合法性等进行分析研究并提出建议；

（3）审议公司绩效与薪酬战略的实施计划和调整计划；

（4）审议公司绩效与薪酬管理重大调整的可行性分析报告；

（5）调研、核查、监督公司绩效与薪酬管理长期发展战略规划、年度绩效与薪酬计划及薪酬预算方案的实施和执行情况，并提出执行、整改和完善的意见或建议；

（6）审议其他和绩效与薪酬管理相关的重要事项。

10. 绩效与薪酬管理委员会各委员的职责。

（1）财务（含资金）方面委员的职责：着重从财务（含资金）管理的角度，结合相关法律法规，给出正确的意见、信息、数据或资料，供绩效与薪酬管理委员会参考。

（2）人力资源方面委员的职责：着重从人力资源管理的角度，结合相关法律法规，给出正确的意见、信息、数据或资料，供绩效与薪酬管理委员会参考。

（3）企业管理（含计划运营）方面委员的职责：着重从公司战略、计划运营管理等方面，结合公司实际情况，给出正确的意见、信息、数据或资料，供绩效与薪酬管理委员会参考。

（4）市场开发方面委员的职责：着重从市场开发、同行业特点、竞争企业特点等方面，结合公司实际情况，给出正确的意见、信息、数据或资料，供绩效与薪酬管理委员会参考。

（5）项目管理（含工程技术）方面委员的职责：着重从技术研发及技术人员的角度，结合公司实际情况，给出正确的意见、信息或资料，供绩效与薪酬管理委员会参考。

（6）审计（含监察、法律事务）方面委员的职责：着重从审计（含监察、法律事务）管理的角度，结合相关法律法规，给出正确的意见、信息、数据或资料，供绩效与薪酬管理委员会参考。

（7）党群（含工会、妇联、共青团）方面委员的职责：着重从保障公司利益、维护员工合法权益方面，结合相关法律法规，给出正确的意见、信息、数据或资料，供绩效与薪酬管理委员会参考。

（8）行政（含信息技术）方面委员的职责：着重从保障绩效与薪酬管理委员会正常开展工作方面提供服务与支持。

11. 绩效与薪酬管理委员会会议包括定期会议和临时会议两种形式。

（1）定期会议每季度召开一次，由委员会主任召集和主持，委员会主任因故不能召集和主持的，由副主任召集和主持；副主任因故不能召集和主持的，由半数以上委员共同推举一名委员召集和主持。

（2）临时会议须经绩效与薪酬管理委员会主任、副主任或五名以上委员提议方可召开。

绩效与薪酬管理委员会会议须于会议召开前三日通知全体委员，但在特别紧急的情况下不受上述时间的限制。

绩效与薪酬管理委员会会议应由三分之二以上的委员出席方可举行。

12. 绩效与薪酬管理委员会会议的表决与决议。

（1）绩效与薪酬管理委员会会议可采用举手表决或投票表决的方式，在紧急情况下可采取通信、电子邮件等表决方式。

（2）采取少数服从多数，以多数意见为最终决定意见的表决原则。必要时，绩效与薪酬管理委员会可以聘请咨询机构或业内专家为决策提供专业意见。

（3）绩效与薪酬管理委员会会议通过的议案及表决结果，需以会议纪要的形式颁布执行，并由出席会议的委员签字确认。

13. 会前准备工作。

（1）有重大问题或发生重大事件，需要绩效与薪酬管理委员会会议解决的，委员会主任或副主任应安排相关委员收集问题，列出会议议题并准备相关资料。

（2）由相关委员将会议时间、地点及议题提前三日通知绩效与薪酬管理委员会其他委员。

14. 会中议事程序。

（1）主持人主持会议，叙述会议议题，提出此次会议需要研讨、解决的问题，并说明问题的基本情况及是否需要表决。

（2）与会委员针对问题展开研讨并逐一发言，薪酬绩效专员做好发言记录。

（3）在会议中进行现场表决时，由相关人员记录表决结果。

（4）主持人进行会议总结发言。

15. 会后工作程序。

（1）根据会议记录制作会议纪要。

（2）会议形成的决议、协议，由委员会主任签发执行。

（3）相关委员做好会议资料的归档管理工作。

16. 绩效与薪酬管理委员会委员均对会议所议事项负有保密义务，未经绩效与薪酬管理委员会授权，不得擅自披露有关信息，更不得利用公司核心机密为任何机构和个人谋取不当利益。

17. 将公司绩效与薪酬管理核心信息告知他人或机构并使公司遭受损失的，相关责任人须予以赔偿，赔偿数额不少于给公司带来的损失。

18. 恶意泄露公司商业秘密给公司造成严重损失的，公司将通过法律手段追究其侵权责任，甚至是刑事责任。

19. 绩效与薪酬管理委员会委员在会议研究讨论和决策过程中，不得故意或恶意提供错误信息、资料和数据，诱导绩效与薪酬管理委员会做出错误决策。若因个人的故意或恶意行为，造成绩效与薪酬管理委员会决策错误，并给公司带来损失的，应承担相应责任。

20. 绩效与薪酬管理委员会委员应恪守独立、客观、公正的原则，并以良好的职业道德和高度的责任心，参与相关问题的研讨与决策。凡不能履行绩效与薪酬管理委员会委员职能的，经会议表决，委员会主任确认，可终止相关人员的委员资格。

（九）绩效管理体系的组织管理

1. 绩效与薪酬管理委员会

绩效与薪酬管理委员会是公司绩效管理的最高决策机构，由领导班子成员、经营班子成员、各职能部门负责人、各业务单元负责人组成。其主要职责包括：

（1）审核绩效管理制度和策略，以及制度的重大变更事项；

（2）对绩效评估争议进行仲裁；

（3）监督绩效管理制度的执行情况；

（4）审议年度绩效管理总结。

2. 总经理

总经理的主要职责包括：

（1）组织绩效管理会议；

（2）制定和分解公司总的绩效目标；

（3）审核绩效管理制度和策略，批准制度部分内容的调整；

（4）推动和监督绩效管理制度和策略的执行；

（5）对直接下级进行绩效管理；

（6）审核年度绩效管理总结和直属下级的绩效指标，批准事业部总经理绩效指标的变更和调整。

3. 各职能部门负责人、各业务单元负责人

各职能部门负责人、各业务单元负责人是绩效管理的执行者，其主要职责包括：

（1）根据公司总的绩效目标确认部门的绩效目标，并负责部门绩效目标的实现；

（2）对下属员工进行绩效管理，包括与下属员工制定绩效目标、进行绩效沟通并提供指导与支持、对下属员工的绩效进行客观公正的评价；

（3）负责下属员工绩效评估结果反馈，并帮助员工制订改进计划；

（4）组织推动所属部门落实绩效管理制度；

（5）改进部门内部绩效管理流程，保管并向相关部门提供绩效记录；

（6）参加公司绩效管理会议，对公司绩效管理体系提出改进建议。

4. 员工

（1）确认并完成个人工作目标；

（2）主动制订目标计划，实现自我管理；

（3）加强自身素质建设，提高个人绩效。

5. 人力资源部

人力资源部是绩效考核的主要组织者，其主要职责包括：

（1）制定、修改绩效管理制度和策略；

（2）组织评估指标和标准的设计工作；

（3）组织绩效管理制度和策略，以及绩效评估工作的具体实施；

（4）监督各级管理者实施绩效管理的过程符合度；

（5）负责公司各部门绩效指标的变更和调整；

（6）检查、督促和指导各部门的绩效管理工作；

（7）组织绩效管理培训，进行技术指导；

（8）依据绩效评估结果和相应制度核算员工薪酬，制定奖金、晋级、培训、换岗等方案；

（9）接受、调查绩效评估结果的申诉报告并转呈绩效与薪酬管理委员会审议；

（10）调查绩效管理体系运行情况，提交分析报告。

【实践点评】

绩效管理组织、原则等是绩效管理体系的指导性和纲领性条款，缺少绩效管理总纲就会影响整个绩效管理体系的实施效果，甚至会出现事倍功半的负效用。

一个有效的绩效管理体系，应能够聚焦于企业战略，为整个企业制定绩效目标和标准，为企业绩效管理和问题提供双向反馈，系统地识别培训与开发需求，加强并构建各层次间的联系；激发员工潜能，提供员工技能能力数据库，提高企业士气，保持企业的竞争力。实践证明，提高企业绩效的有效途径是进行绩效管理，因为绩效管理是一种提高企业员工的绩效，以及开发团队、个体的潜能，使企业不断获得成功的管理思想和具有战略意义的、整合的管理方法。因此，绩效管理总纲的确定是绩效管理成功的关键，更是绩效管理对企业战略承接和战略解码中的关键，同时也是绩效管理匹配企业文化的第一步。

【管理知识】

企业的战略目标不可能由“散兵游勇”完成，只能通过组织行为实现。只有形成组织，而且是高效的组织，才能出现德鲁克所期望的结果——平凡的人做出不平凡的事。

第三节　流程再造实践

一、流程价值再造

流程是指在组织内部“流转”的一系列相关的业务活动，由一系列活动构成，不限于单一的功能或单一的部门。美国的迈克尔·哈默（Michael Hammer）教授于20世纪90年代初期提出了业务流程再造（BPR）观点：“（流程再造是）对企业的业务流程进行根本性的再思考和彻底性的再设计，从而获得成本、质量、服务和速度等方面业绩的根本性改善”。“根本性的再思考”是指突破原有的思维定式，以回归零点的新观念和思考方式，对现有流程与系统进行综合分析与统筹考虑，避免将思维局限于现有的作业流程、系统结构与知识框架，以取得目标流程设计的最优化。“彻底性的再设计”是指抛弃所有的陈规陋习，创造全新的业务处理流程，而不是对既存的事物进行肤浅的改良、增强或调整。“根本性改善”是指提升企业竞争力，使企业的管理方式与手段、企业的整体运作效果实现质的飞跃，体现高效益与高回报。

专门从事管理变革研究的机构Prosci在2002年6月出版的《业务流程再造最佳实践报告》中提出，低效、割裂、高成本的业务流程已经成为企业在以“客户、竞争和变化”为特征的新环境中运营的难题（见表2-2）。进行业务流程再造是企业适应新经营环境的必然。

表2-2　业务流程不合理导致的问题

流程现状	导致的问题
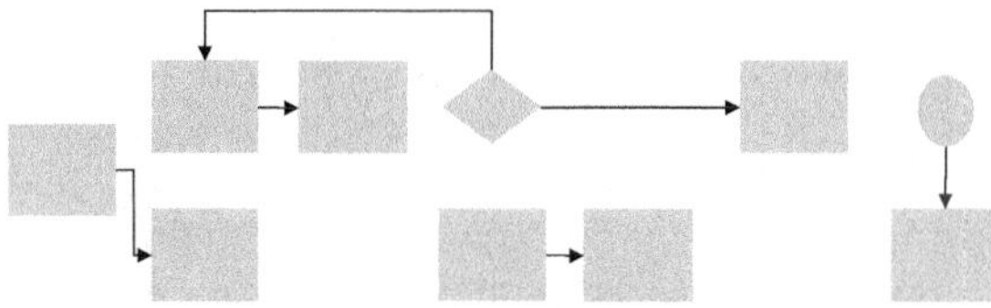	• 业务处理效率低 • 业务运营成本高 • 跨部门工作职责不清 • 组织架构臃肿 • 客户服务周期过长 ……

谈流程就必谈企业价值链。企业价值链是企业所从事的各种活动的集合体，其核心是将企业的所有资源、价值活动与战略目标紧密连接起来，以价值增值为目的，形成一个简明而清晰的结构框架，使企业可以清晰地认识其自上而下的各相关链条的重要意义。价值链分析则是从内部环境条件出发，把经营活动的价值创造、成本构成、资源配置同企业自身的竞争能力相结合，与竞争对手的经营活动相比较，从而发现企业潜在的优势与劣势，指导企业进行战略的制定与实施。迈克尔·波特认为，在一个企业中，可以将企业的活动分为主要活动与辅助活动两种，主要活动包括采购物流、生产制造、发货物流、市场营销、售后服务等，辅助活动包括高层管理、人事劳务、技术开发、后勤供应等。以上各项活动因企业或行业的不同而形式各异，但所有企业都是从这些活动的连接和价值的积累中产生

了面向客户的最终价值。因此，将一个企业的活动分解开来，并分析每一个链条上的活动价值，就可以发现哪些活动需要改进。

企业价值链不是独立价值活动的集合，而是由相互依存的活动构成的一个系统。在这个系统中，主营业务运营活动之间、主营业务运营活动与管理支持活动之间，以及管理支持活动之间相互关联，共同成为企业竞争优势的潜在驱动力，如图 2-2 所示。这种关联不仅存在于企业价值链内部，而且存在于企业价值链与利益相关者、客户之间，利益相关者、客户的各种活动的运行方式都会影响企业活动的成本或利润，反之亦是如此。

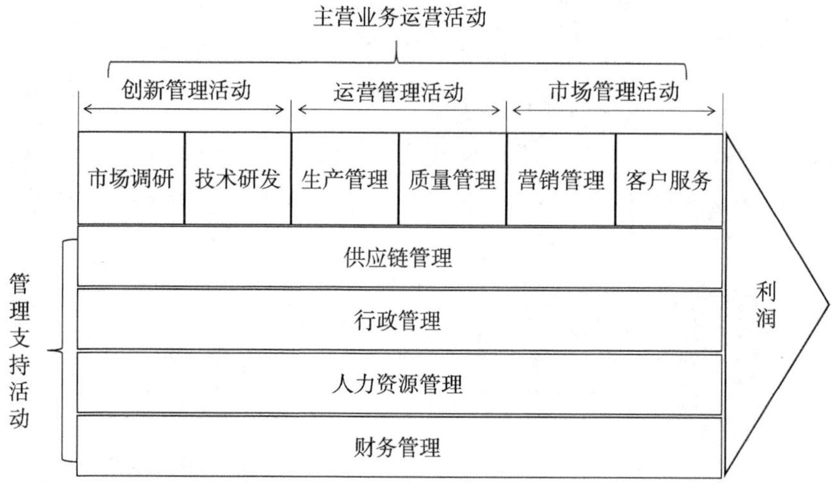

图 2-2　企业价值链

价值链分析的最终目标是实现企业管理的差异化，为企业和客户之间建构一个价值链，确定每项企业内部与外部客户活动的独特性动因，为企业选择最有前途的差异化变量，定位企业价值链与客户价值链之间的联系，如图 2-3 所示。

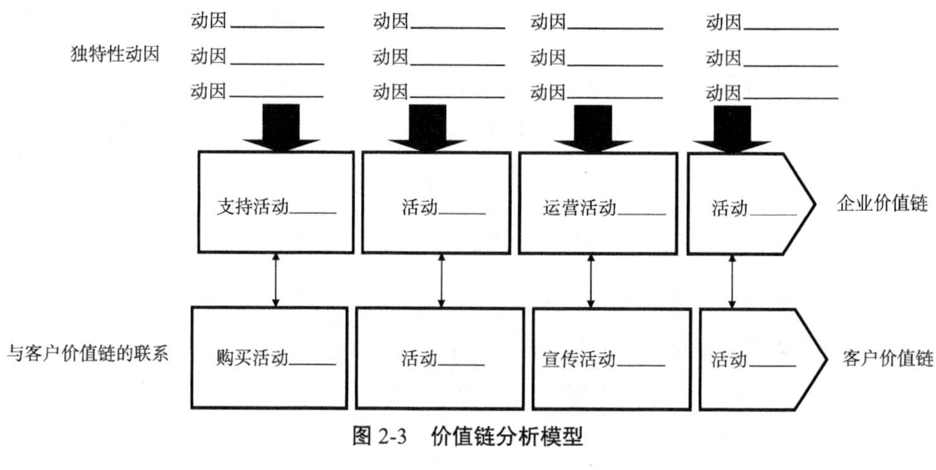

图 2-3　价值链分析模型

价值链分析模型是一个通用的模型，为企业管理提供了一个如何选择内部运营与内部管理之间的流程、标准、指标的基本思路。实际上，企业的内部流程并非该模型描述的那么简单，不同行业、不同企业、不同发展阶段的企业在内部流程上都会存在差异，具有独特性。企业在设计内部运营与内部管理之间的流程、标准、指标时，必须基于组织战略、组织架构，对内部流程进行全面的调查分析（见表 2-3），通过梳理得到整体的、分级的、核心的流程清单，根据流程清单对每一个流程节点、节点标准、责任人、风险点、时间、事件和输出文档等进行一一界定，并根据界定结果推导出流程绩效管理的重点和指标，这是绩效管理的关键和运营管理指标的重要来源。

表 2-3　流程调查分析

流程信息		流程分析维度							
流程级别	流程名称	时间	成本	风险	数量	质量	事件	文档	责任人
1									
2									
…									

企业管理者要具有“纵向压缩，横向集成”的流程优化思维，使企业成为以客户、流程为导向的灵活组织，减少流程中不创造价值的活动，消除跨部门间的协作沟通障碍，实现整体流程最优化，设计和优化流程中的各项活动，实现集约化和高绩效。

高绩效的企业管理中有“三驾马车”——战略、组织、流程，三者缺一不可。优秀的管理者必须有“战略（产品思维）决定企业做正确的事，组织（团队思维）决定企业正确地做事，流程（客户思维）帮助企业高效率、低成本、低风险地做事”的认知。战略决定做什么，流程研究怎么做，组织则是为企业流程顺利实现而服务的，三者缺一不可，否则绩效管理就成了空中楼阁。在绩效管理中，关注什么才能得到什么，因此，企业必须确保战略目标与业务流程相匹配，并将其融入绩效管理体系，只有这样才能保障流程的结果与战略目标保持一致。

【管理实践】

（一）某集团流程管理机构职责分工矩阵

角色	主要职责
首席流程官（CPO）	倡导流程管理思想，引导流程管理文化，通过激励机制缩小业务战略和执行的差距
流程管理专家	为业务管理建立最佳流程，为变革管理提供方法或意见，指导流程的制定

（续表）

角色	主要职责
流程管理经理	建设、维护和优化流程管理体系，推动流程持续改进，制定相关政策、举措
流程架构师	介绍流程设计、优化方法，负责流程架构的设计工作，指导流程图的设计工作
流程管理顾问	推动并实施流程管理项目，结合业务案例进行差距和标杆分析，设计流程管理实施方案，提供有关组织业务流程管理的专业意见，顺利交付项目并提供运行支持
流程主管	协助流程管理部建设、维护和优化流程管理体系，协助流程持续改进并落实流程管理部的政策举措
流程所有者	负责端到端流程的设计和优化工作，设计流程绩效目标，发现执行问题并编制相关报告
流程专员	负责绘制流程图，以及流程监控和绩效反馈等相关事务，并负责实用工具方面的培训指导工作

（二）某文旅集团品牌推广流程（摘要）

品牌推广流程

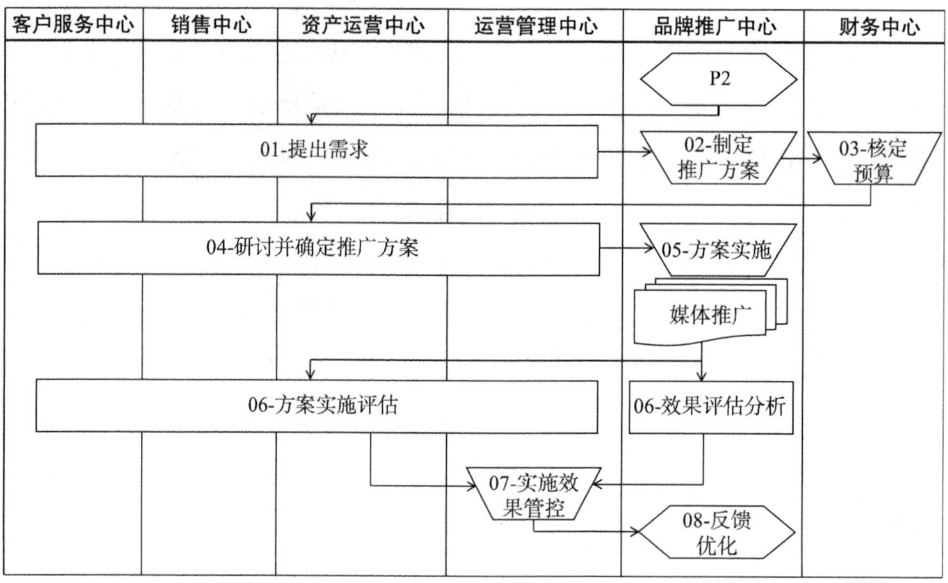

流程节点说明

序号	名称解释	责任部门	配合部门	内容说明
1	提出需求	品牌推广中心	各中心	客户服务中心、销售中心、资产运营中心、运管管理中心提出品牌推广需求
2	制定推广方案	品牌推广中心	各中心	根据各中心提出的需求制定推广方案

（续表）

序号	名称解释	责任部门	配合部门	内容说明
3	核定预算	财务中心	品牌推广中心	依据费用预算标准进行审核
4	研讨并确定推广方案	各中心	品牌推广中心	根据品牌推广中心提出的推广方案进行讨论、确定
5	方案实施	品牌推广中心	—	品牌推广中心根据推广方案，寻求合适的推广途径，实施推广
6	效果评估分析	品牌推广中心	各中心	品牌推广中心以及各中心根据推广效果进行反馈分析
7	实施效果管控	运营管理中心	品牌推广中心	运营管理中心依据推广方案实施情况进行工作评估
8	反馈优化	品牌推广中心	各中心	进行 PDCA 循环

【实践点评】

流程再造、组织变革的核心是人，离开了动态的人，流程再高效、组织再先进，都是静态的，都是雾里看花！

二、流程管理逻辑

保持业务流程与战略目标协调一致，是件艰难却又必不可少的工作。流程再造不是推倒重来，而是系统完善；不是一步到位，而是持续改进。需要注意的是，在进行流程优化和再造时，流程要创新，不要重复，要遵守 7Rs 原则（或 5W2H 原则）：①再思考（Rethink/Why），对流程的边界条件和前提假设进行再思考；②再确定（Reconfigure/What），明确流程所应包含的内容；③再分配（Reassign /Who），明确流程执行人 / 责任人；④优化时间（Resequence/When），明确工作的时机和长度要求；⑤优化地点（Relocate/Where），明确工作的地点和相互协同的节点；⑥精简（Reduce/How Much），明确工作的频繁 / 重复 / 停滞程度；⑦新工具（Retool/How），应用新的技术和培养人员新的能力。在流程优化和再造过程中，要对流程进行说明，具体如表 2-3 所示。

表 2-3　流程说明（摘要）

节点编号	节点名称	涉及部门	涉及岗位	工作指引	风险点描述	引用文件条款	关键控制点	时间要求	输入信息	输出信息	信息记录	量化指标（可选）
1												
2												
…												

管理的核心目标是流程化组织建设。流程是一种逻辑关系，是业务和管理的内在关联关系；流程是一种管道、载体；谈流程，关键在于管道中承载的内容。要判断一个绩效管理系统是否有效，就一定要从流程的完善程度入手，只有具备了完善的绩效管理流程，绩效管理系统才会有效，否则，有效性无从谈起。流程完善过程如图 2-4 所示。

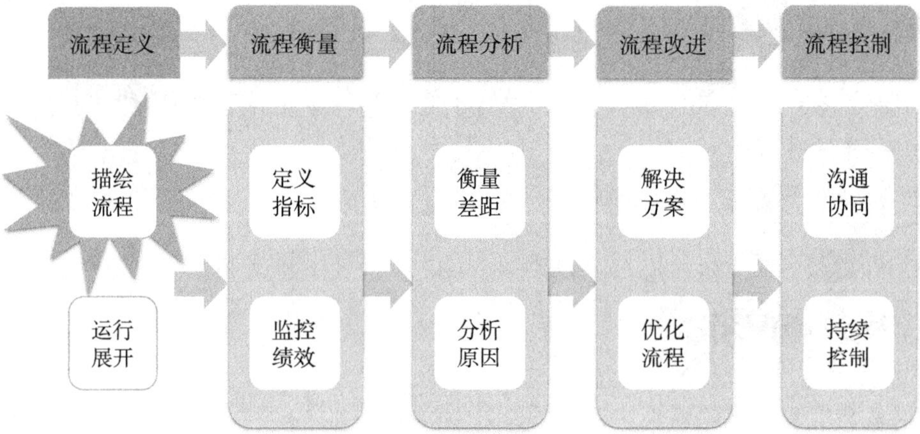

图 2-4　流程完善过程

“微信之父”张小龙在腾讯内部演讲中曾提到警惕流程，并在《重新定义公司》一书中强调去流程化，Facebook 也强调引入新工作流程的通常模式是“只有在事情快要不可收拾的时候，才会考虑引入新的工作流程”，很多流程从业者也一直在困惑“流程是否会影响企业创新”。“警惕流程”是否等于“流程无用”？很显然，两者是不对等的。“警惕流程”这个问题，实际上是在一定背景下提出的，思考这个问题时一定要将其放在这个大环境下，也就是说这个问题有一定的边界，所以一定要客观、辩证地分析，不适合无限制地放大。

“警惕流程”问题是在“互联网 +”时代，即客户需求日益多样化，追求极致的用户体验的背景下产生的。特别是互联网企业，产品超越和被超越的周期越来越短，这要求企业内部敏捷反应（Agile Reaction），如果内部流程过多，那么对企业竞争力的影响是致命的。流程首先意味着程序化，即固化行为和思维模式，若流程重过程轻目的，企业则会陷入“为流程而流程”的困境，反而忘了流程管理的目的和初心。从理论上看，企业需要通过流程创新敏捷应对客户需求，但实际上，流程一旦被建立，流程再造就是一件非常难的事情。其本质原因与组织管控模式有关，流程的背后是管控模式、分权、利益等，流程创新意味着“革新”。纵然流程有种种弊端，但流程无处不在，其优势无可替代。在大部分行业中，流程仍然是企业管理不可替代的组织能力保障。要想持续发挥流程的优势，就必须确保流程建设永远服务于企业经营；优化组织管控模式，解放流程；以客户为导向，建设流程；以敏捷反应为目的，创新流程。

【管理知识】

管理大师戴明说：“员工只需对 15% 的问题负责，另外 85% 的问题归咎于制度和流程。而制度和流程是谁制定的？是管理层。因此，管理出了问题，一定是管理层出了问题。想要改善管理，裁掉 100 个员工不如换掉 1 个管理者”。

第四节　绩效管理实践

一、绩效管理规则

绩效管理实践的保障是绩效管理体系的建设。没有绩效管理体系来保障绩效管理理念的落地，战略目标的实现和战略绩效的落地就无从谈起。战略目标的实现需要高效的组织与有效的运营来支撑。战略、组织和运营三者之间的关系是：成功的战略 = 高效的组织 + 有效的运营。

管理体系建设通常称为制度建设，一般从以下几个方面来实现。

（1）管理目标：责权明晰、制度约束、分级决策、有效制衡。

（2）管理原则：制度系统化、流程规范化、工作标准化。

（3）组织保障：成立由高层牵头、由核心部门负责人参与的管理体系建设组织。

（4）工作重点：制定企业规范化管理工作规划，分步实施；以价值管理为核心，整合业务流程，明确部门的职责、权利和工作流程；检查制度执行情况，从内部控制角度提出完善意见，实现制度系统化；加大管理者培训宣贯力度，优化管理者结构，提高管理者素质，等等。

规范化管理涉及战略规划、管理体制、领导体制、组织结构、业务流程、规章制度、人员配置等企业运作的多个方面，其最终目标是实现企业由“人治”向“法治”、由“经验管理”向“专业管理”转变。规范化管理通常要解决应该干什么（目标）、应怎样去干（执行）、怎样能干好（控制）、怎样干算好（绩效）、干好干不好又怎么样（激励）等问题。企业是在“规范化重复—重复中突破—突破后规范”模式中不断循环，从而实现企业的可持续发展。

【管理实践】

某多元化企业集团绩效管理体系

绩效管理实施细则

第一条　关键绩效指标

关键绩效指标（Key Performance Index，KPI）是通过对组织内部流程的关键参数进行设置、取样、计算、分析，衡量流程绩效的一种目标式量化管理指标，是把企业的战略目标分解为可运作的愿景工作目标的工具，是企业绩效管理体系的基础。关键绩效指标反映了被考核者关键工作成果完成情况、与运营管理直接关联、可衡量的指标，体现了被考核者对企业的贡献及贡献程度。

1. 关键绩效指标要项

关键绩效指标主要包括但不限于考核维度、指标要素、考核标准（定义及计算方法、评分规则 / 标准）、考核方式、指标单位、考核周期、指标权重、数据来源等内容。

在不可抗力、经营目标发生调整等客观条件变化的情况下，可对业绩指标目标值进行调整；除业绩目标值以外的指标内容在考核周期内原则上不允许变更。

2. 采用关键绩效指标的原则

（1）少而精原则：体现“80/20”法则，即占总指标 20% 的关键绩效指标应能反映被考核者 80% 以上的工作成果。

（2）结果导向原则：侧重于对被考核者的工作结果进行考核。

（3）可衡量性原则：考核应具备可衡量性，即有明确可行的考核方法和考核标准。

（4）可控性原则：确定被考核者可控制的或能够产生重大影响的指标。

（5）一致性原则：与企业战略目标保持一致，以有助于企业战略目标的实现。

由于被考核者的岗位工作性质的不同，KPI 的制定方法有两种：基于工作计划的 KPI

制定方法和基于岗位职责的KPI制定方法。

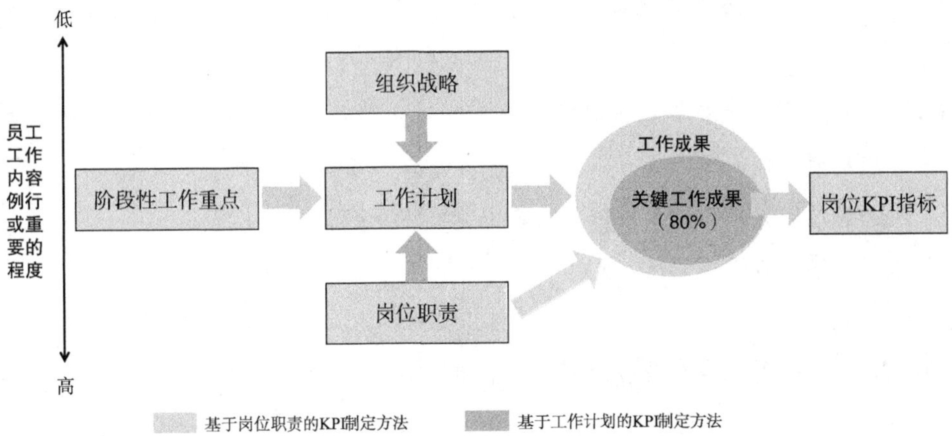

3. 关键绩效指标及其标准的制定主体

（1）被考核者的直接上级：先考虑所有困难、资源，暂定关键绩效指标及其标准，然后与被考核者进行讨论，达成共识。

（2）被考核者：结合岗位职责和工作任务暂定关键绩效指标，并向直接上级汇报，达成共识。

（3）共同制定：以绩效面谈的形式达成共识。

（4）外部专家：协助建立关键绩效指标及其标准。

在设计关键绩效指标时，应满足企业的战略需求，并兼顾部门的发展需要。

绩效管理不是只控制过程而忽视最终的结果，也不是只强调最终的结果而忽视过程，绩效的实施是过程与结果的统一，绩效管理追求的是用正确的过程产生正确的结果。

4. 关键绩效指标标准的特征

（1）基于工作而不是工作者。

（2）可以达成。

（3）为人所知。

（4）达成共识。

（5）尽可能具体并且可以衡量。

（6）有时间限制。

（7）必须有实际意义。

（8）可以改变。

5. 关键绩效指标标准的有效性

（1）一致性：关键绩效指标标准应与企业战略、经营目标和企业文化保持一致。

（2）敏感性：关键绩效指标标准应能区分员工的工作效率与工作能力，否则是无效的。

（3）可靠性：考核主体的评价标准应一致，不同的考核主体对同一被考核者所做的评价应基本相同。

（4）有效性：有效指标应是没有缺陷或不受污染的。有缺陷指的是一种绩效衡量系统不能够衡量出所有方面。

（5）可接受性：必须得到高层的支持以及管理人员和员工的认同。

第二条　基本绩效指标

基本绩效指标（Common Performance Indicator，CPI）是指要求组织或个人必须做到的基本职责。CPI 来源于企业业务流程、部门工作职责、员工岗位工作说明书和其他规章制度。

基本绩效指标包括目标计划、业绩状况、胜任力指标、工作规范和加减分项（否决性指标、关键事件指标）。

（1）目标计划：为完成既定目标而确定的重点工作计划及计划的预期效果，通常是运用计划管理的方式对目标的达成进行过程控制。

（2）业绩状况：日常工作完成情况在时间、质量、数量等方面的表现，通常采用等级描述的方式进行综合评价。

（3）胜任力指标：员工在知识维度、能力维度和态度维度等方面的表现，通常采用等级描述的方式进行综合评价。

（4）工作规范：从工作量、工作质量、劳动纪律及学习与成长等方面对员工日常工作状况进行检验的标准，通常是为了规范员工的行为，以实现绩效目标。

（5）加减分项：安全指标、员工队伍稳定性指标及其他相关考核指标（否决性指标、关键事件指标）作为绩效考核的加减分项，直接从绩效得分中加减。

第三条　考核的实施

1. 为确保绩效考核的科学性和针对性，对不同岗位、不同专业、不同工作要求的员工实行差异化考核。

对管理人员的考核以关键绩效指标为主，对一般员工的考核以关键绩效指标结合基本绩效指标为主。

2. 管理人员考核为年度考核。

（1）年度考核时间：年度考核时间为年度财务决算完成后首日，年度考核开始后 10 日内完成绩效考核任务，年度考核开始后 20 日内完成年度考核的统计分析工作。

（2）考核维度：着重考核关键绩效指标。

（3）考核主体：管理人员的直接上级、企业绩效与薪酬管理委员会。

（4）考核组织：企业策划与管理部管理人员负责年度绩效考核的组织、指标数据甄别、过程监督、数据汇总统计、绩效结果分析等工作。

计划运营管理部协助企业策划与管理部负责直属项目经理年度绩效考核的组织、过程监督、数据汇总统计、绩效结果分析等工作。

人力资源部负责指导、参与、提供技术支持，配合上述部门进行年度绩效考核工作。

3. 一般员工考核为季度考核与年度考核相结合。

季度考核于每季度最后一周内完成，年度考核于次年 1 月 15 日前完成。人力资源部负责一般员工绩效考核的组织、过程监督、数据汇总统计、绩效结果分析等工作。

第四条　管理人员相关考核表格设计

1. 管理人员关键绩效考核

考核项目	关键绩效指标	权重	目标值	实际值	考核得分
关键任务绩效	KPI-1	a_1%			A_1
	KPI-2	a_2%			A_2
	……	……			……
	KPI-i	a_i%			A_i
任务绩效考核得分 = $\sum$（KPI_i 业绩分值 × KPI_i 权重）					

2. 管理人员年度关键绩效考核得分汇总

被考核人	职位	部门类别	绩效考核综合得分	排名	等级划分
……					
汇总人			审核人		

3. 管理人员 360 度胜任力考核

（1）管理人员 360 度胜任力考核的内容包括知识维度、能力维度和态度维度，考核主体为企业高管、同级或直接下级。

考核主体及权重参照表如下。

考核对象	考核主体	权重
管理人员	主管领导	50%
	其他非主管领导	20%
	部门内部员工	20%
	其他同级管理人员	10%

（2）人力资源部负责考核的组织、过程监督、数据汇总统计、考核结果反馈等工作。

（3）管理人员 360 度胜任力考核内容。

被考核人		岗位		
序号	指标	权重	评价等级	考核得分
1	专业技能	15%		
2	学习能力	10%		
3	沟通能力	10%		
4	决策能力	10%		
5	计划能力	10%		
6	激励能力	10%		
7	工作品质	15%		
8	协同性	10%		
9	责任心	10%		
考核得分＝∑（知识、能力、态度维度单项指标得分 × 权重）				
考核说明：		考核人：		____年__月__日

说明：①本表由考核主体填写，并计算考核综合得分；②本表中的九项考核指标属于知识维度、能力维度、态度维度指标，指标的定义及评分标准见“知识维度考核指标与标准释义表”“能力维度考核指标与标准释义表”“态度维度考核指标与标准释义表”；③评价等级为“A”“B”“C”“D”四种，其对应分值为 90 分、80 分、70 分和 60 分。

（4）管理人员 360 度胜任力考核得分汇总。

被考核人			岗位	
考核主体类型		考核成绩	加权得分	权重
A			（∑考核主体$_i$评分）÷ 参与评价人数	A1
B			（∑考核主体$_i$评分）÷ 参与评价人数	B1
C			（∑考核主体$_i$评分）÷ 参与评价人数	C1
D			（∑考核主体$_i$评分）÷ 参与评价人数	D1
半年度绩效考核综合得分＝∑（各考核主体加权得分 × 权重）				

4. 管理人员绩效考核综合得分汇总

（1）对管理人员采用年度经营目标责任书、年度述职报告和年度关键绩效指标相结合的方式进行绩效考核时，得分汇总。

被考核人		岗位	
考核方式	考核人	得分	权重
关键绩效指标（KPI）			60%
年度述职报告			40%
年度绩效考核综合得分 =∑（各考核项得分 × 权重）			

（2）对管理人员采用年度经营目标责任书、年度述职报告、年度关键绩效指标和 360 度胜任力考核相结合的方式进行绩效考核时，得分汇总。

被考核人		岗位	
考核方式	考核人	得分	权重
关键绩效指标（KPI）			40%
年度述职报告			30%
360 度胜任力考核			30%
年度绩效考核综合得分 =∑（各考核项得分 × 权重）			

第五条　主管级管理人员相关考核表格设计

1. 主管级管理人员关键绩效考核

考核方式	关键绩效指标	权重	目标值	实际值	考核得分
关键任务绩效	KPI-1	a_1%			A_1
	KPI-2	a_2%			A_2
	……	……			……
	KPI-i	a_i%			A_i
任务绩效考核得分 =∑（KPI_i 业绩分值 ×KPI_i 权重）					

2. 主管级管理人员关键绩效考核得分汇总

被考核人	职位	部门类别	绩效考核综合得分	排名	等级划分
……					
汇总人			审核人		

3. 主管级管理人员 360 度胜任力考核

（1）主管级管理人员 360 度胜任力考核的考核内容包括知识维度、能力维度和态度维度，考核主体为部门负责人、同级或直接下级。

考核主体及权重参照表如下。

考核对象	考核主体	权重
主管级管理人员	部门负责人	50%
	接受其服务或工作协同的部门（客户）	20%
	所辖员工	20%
	部门其他同级管理人员	10%

（2）人力资源部负责考核的组织、过程监督、数据汇总统计、考核结果反馈等工作。

（3）主管级管理人员360度胜任力考核内容。

被考核人		岗位		
序号	指标	权重	评价等级	考核得分
1	专业技能	15%		
2	学习能力	10%		
3	沟通能力	10%		
4	决策能力	10%		
5	计划能力	10%		
6	激励能力	10%		
7	工作品质	15%		
8	协同性	10%		
9	责任心	10%		
考核得分＝$\sum$（知识、能力、态度维度单项指标得分 × 权重）				
考核说明：		考核人：		____年__月__日

（4）主管级管理人员360度胜任力考核得分汇总。

被考核人			岗位	
考核主体类型		考核成绩	加权得分	权重
A			（$\sum$考核主体$_i$评分）÷参与评价人数	A1
B			（$\sum$考核主体$_i$评分）÷参与评价人数	B1
C			（$\sum$考核主体$_i$评分）÷参与评价人数	C1
考核综合得分＝$\sum$（各考核主体加权得分 × 权重）				

4. 主管级管理人员绩效考核综合得分汇总

对主管级管理人员采用关键绩效指标和360度胜任力考核相结合的方式进行绩效考核时，得分汇总。

被考核人		岗位	
考核方式	考核人	得分	权重
关键绩效指标			60%
360 度胜任力考核			40%
年度绩效考核综合得分 = ∑（各考核项得分 × 权重）			

第六条 一般员工相关考核表格设计

1. 一般员工关键绩效考核

考核项目	关键绩效指标	权重	目标值	实际值	考核得分
关键任务绩效	KPI-1	a_1%			A_1
	KPI-2	a_2%			A_2
	……	……			……
	KPI-i	a_i%			A_i
任务绩效考核得分 = ∑（KPI_i 业绩分值 × KPI_i 权重）					

2. 一般员工关键绩效考核得分汇总

被考核人	职位	部门类别	绩效考核综合得分	排名	等级划分
……					
汇总人			审核人		

3. 一般员工 360 度胜任力考核

（1）一般员工采用 360 度胜任力考核的内容包括知识维度、能力维度和态度维度，考核主体为上一级领导、直接上级或同级。

考核主体及权重参照表如下。

考核对象	考核主体	权重
一般员工	直接上级	50%
	上一级领导	30%
	部门其他同级人员	20%

（2）人力资源部负责考核的组织、过程监督、数据汇总统计、考核结果反馈等工作。

（3）一般员工 360 度胜任力考核内容。

被考核人		岗位		
序号	指标	权重	等级评价	考核得分
1	专业技能	15%		
2	学习能力	15%		
3	沟通能力	10%		
4	决策能力	10%		
5	计划能力	10%		
6	工作品质	20%		
7	协同性	10%		
8	责任心	10%		
考核得分 = ∑（知识、能力、态度维度单项指标得分 × 权重）				
考核说明：		考核人：		____年__月__日

4. 一般员工 360 度胜任力考核得分汇总

被考核人			岗位	
考核主体类型		考核成绩	加权得分	权重
A			（∑考核主体 $_i$ 评分）÷ 参与评价人数	a_1
B			（∑考核主体 $_i$ 评分）÷ 参与评价人数	b_1
C			（∑考核主体 $_i$ 评分）÷ 参与评价人数	c_1
综合得分 = ∑（各考核主体加权得分 × 权重）				

5. 一般员工绩效考核综合得分汇总

对一般员工采用关键绩效指标和 360 度胜任力考核相结合的方式进行绩效考核时，得分汇总。

被考核人		岗位	
考核方式	考核人	得分	权重
关键绩效指标（KPI）			60%
360 度胜任力考核			40%
年度绩效考核综合得分 = ∑（各考核项得分 × 权重）			

第七条　考核评分表填表说明

1. 对于绩效考核评分表中的关键绩效指标及其权重，在考核期初，由被考核人和直接上级在协商的基础上确认。在考核期间出现重要任务变化时，必须重新协商并填写指标及其权重。

2. 考核主体在对被考核人进行评分时必须参照对应岗位的关键绩效指标，以及对知识、态度、能力等的定义或相关要求进行评分。

3. 对于定量的关键绩效指标设立底限值、基准值和努力值三个层级的考核标准，三个层级的考核标准同考核分数的对应关系如下图所示。

底限值	基准值	努力值
60 分	85 分	100 分

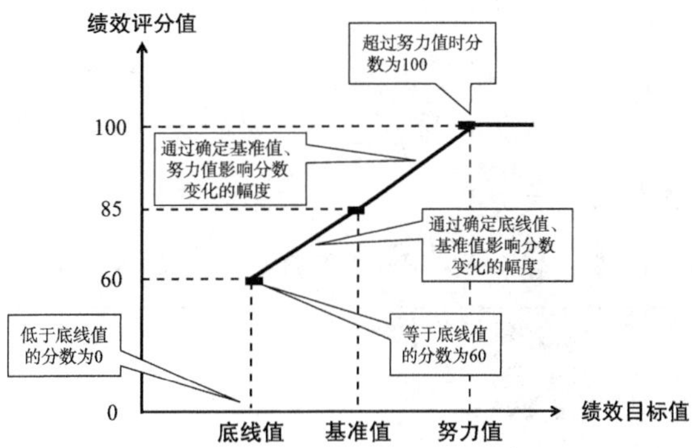

考核分数具体核算规则：

（1）当实际完成值＜底限值时，考核得分为 0 分；

（2）当实际完成值＝底限值时，考核得分为 60 分；

（3）当实际完成值＞努力值时，考核得分为 100 分；

（4）当底限值＜实际完成值＜基准值时，考核得分为 60+［25×（实际完成值－底限值）/（基准值－底限值）］；

说明：25 为基准值分数－底线值分数，即 85－60

（5）当基准值＜实际完成值＜努力值时，考核得分为 85+［15×（实际完成值－基准值）/（努力值－基准值）］。

说明：15 为努力值－基准值，即 100－85

4. 定性指标考核评分由高到低划分四个等级 A、B、C、D，其中 A 为 90 分、B 为 80 分、C 为 60 分、D 为 50 分（见“知识维度考核指标与标准释义表”“能力维度考核指标与标准释义表”“态度维度考核指标与标准释义表”）。采用 360 度胜任力考核时，定性指标采用上述评分等级评分，各级考核主体依据评分等级和公式计算得分。

得分＝（90×a+80×b+60×c+50×d）/（a+b+c+d）

其中，a、b、c、d 为 A、B、C、D 的个数。

考核维度应反映定性指标业绩完成情况或行为表现情况的关键环节或关键方面，或者是考核主体对被考核人工作或行为的主要要求。

确定定性考核维度时应考虑的因素如下。

（1）时间：通常包括计划完成率、时限、及时性、完成时间、批准时间、开始时间、结束时间等。

（2）质量：通常包括关键成果评价结果、检查结果、投诉情况、满意度、准确性、达成率、完成情况、合格率、周转次数、比率、效果等。

（3）数量：通常包括个数、时数、次数、人数、项数、额度、比例等。

（4）成本：通常包括费用额、预算控制、投资回报等。

（5）风险：通常包括出错率、失误次数、履行能力等。

（6）影响：通常包括对组织声誉的影响、对组织绩效的影响、对部门绩效的影响等。

（7）事件：通常包括事件的大小、事件的偶然性、事件的必然性、事件危害、针对事件的行为等。

考核标准同考核分数的对应关系如下。

评分标准	A	B	C	D
定义	超出目标	达成目标	接近目标	远低于目标
得分	90分	80分	60分	50分

第八条　其他

关键绩效指标的内容在考核期内出现调整的，由人力资源部将调整依据存档。与关键绩效指标设置有关的其他问题，均由人力资源部统一受理，并由绩效与薪酬管理委员进行最终裁定。

1.“知识维度考核指标与标准释义表”

评价等级	A	B	C	D
	超出目标	达成目标	接近目标	远低于目标
分值区间	90分	80分	60分	50分
专业技能	业务水平高超，理论功底和技术水平扎实，并能得到领导和同事的一致认可	业务水平能达到岗位要求，能够完成上级安排的各项岗位职责范围内的工作	业务水平基本能达到岗位要求，但仍需一定的努力才能完全胜任该岗位工作	业务能力一般，工作中经常出现差错
学习能力	能够积极学习各方面的知识，注重不断提高自己的能力，遇到问题时虚心向别人请教，能不断地积累经验	认真学习工作所需要的专业知识和岗位技能，并在工作中能不断总结，提高解决实际问题的能力	能够学习工作中所需要的专业知识和岗位技能，参加公司组织的培训，培训考核能够通过，但是主动性不够，涉猎面不广	很少学习工作中所需要的知识和技能，培训考核成绩较差，工作中遇到问题不能虚心听取别人的意见

2.“能力维度考核指标与标准释义表”

评价等级	A	B	C	D
	超出目标	**达成目标**	**接近目标**	**远低于目标**
分值区间	90 分	80 分	60 分	50 分
沟通能力	容易与他人建立可信赖的积极发展的长期关系；表达能力出色，在工作中和领导及同事沟通顺畅；能完全理解领导的意图；能完全理解岗位的职责和分配的任务	能够与他人建立可信赖的长期关系；表达能力一般，但在工作中和领导及同事沟通没有问题；在工作中能理解领导的意图，并完成岗位职责和工作任务	较为自我，不易与他人建立长期关系；在工作中和领导及同事沟通时会出现问题；基本能理解领导的意图，并完成岗位职责和工作任务	刚愎自用，不易与他人相处，自我封闭；在工作中和领导及同事沟通困难；不太能理解领导的意图，很难完成岗位职责和工作任务
决策能力	善于确定决策时机，提出可行方案，合理权衡，优化选择，对困难事件的处理果断得当	善于确定决策时机，提出可行方案，但在权衡、选择时偶有适当，对大多数日常事务的处理果断得当	能够确定决策时机，但很少提出可行方案，常求助于他人	遇事优柔寡断，缺乏主见
计划能力	具有极强的计划制订能力，能自如地指挥调度下属，通过有效的计划提高工作效率，以最佳的结果为目的	能根据公司的要求制订相应程序和计划，在权限范围内配置资源，明确目标和方针，确保资源供应	制订计划和组织实施时有难度，需要别人的帮助方能进行	做事无计划，缺乏组织能力
激励能力	具有优秀的心理分析能力，掌握有效管理的方法，能针对不同的员工进行多种类别的激励，以实现员工效用最大化	经常鼓励和赞扬员工在工作中取得的成就和进步，不抢功诿过，鼓励员工为公司发展献计献策，并推动员工参与企业运作	对于员工的工作成果和努力会做一定的肯定与鼓励，偶尔会对员工的参与表示鼓励，但在推动员工参与企业运作上还表现得不够积极	对于员工所做的工作缺乏肯定，对于员工的进步缺乏经常性的鼓励；遇到问题时首先想到的是下属有没有犯错，对于下属的参与很少给予鼓励

3. “态度维度考核指标与标准释义表”

评价等级	A	B	C	D
	超出目标	达成目标	接近目标	远低于目标
分值区间	90分	80分	60分	50分
工作品质	具有良好的行为和作风，长期坚持学习业务知识；对于额外任务能主动承担并且能高质量完成；在工作中善于发现问题，并经常提出新思路和建议	具有较好的行为和作风，能主动学习业务知识；主动承担一般的额外任务；在工作中有时能够提出新思路和建议	具有一般的行为和作风，偶尔能主动学习业务知识；有时会主动承担一般的额外任务；能提出个别的新思路和建议	具有较差的行为和作风，基本上不能主动学习业务知识；很少主动承担额外任务；不能提出新思路和建议
协作性	主动协助同事出色地完成工作	能够与同事保持良好的合作关系，协助其完成工作	根据同事的请求能够提供一定的协助	不能积极响应同事的请求，或者协作任务的完成质量较差
责任心	在工作中有很强的责任心	在工作中有较强的责任心	在工作中有一定的责任心	在工作中责任心不强

【实践点评】

绩效管理实施细则、绩效管理指导手册及相关规范性文件是绩效管理的支持性文件。相关支持性文件能有效指导各级管理者和员工提高工作效率，认识绩效管理、关注绩效管理、支持绩效管理。

管理体系建设是企业运行的必要保障，其规范的是企业管理者的权力和管理对象的自主行为。管理体系体现的是“没有规矩不成方圆”。“规矩”是指具有强制性约束力的管理体系；“方圆”是指科学、规范的管理状态。而绩效管理体系的建设是绩效管理实施的必要保障，其目的就是指导和规范绩效管理的行为、标准和流程。

【管理实践】

某多元化企业集团的绩效管理体系

（一）管理人员考核

管理人员考核分为对企业管理人员的考核和对各部门管理人员的考核。

管理人员考核采用年度经营目标责任书、年度述职报告和年度关键绩效指标（KPI）相结合的方式进行。

管理人员考核一般采用年度考核，其考核基准日为年度财务决算完成后首日。

（二）员工考核

员工考核分为对主管级管理人员的考核及对一般员工的考核，一般采用季度考核和年度考核。

季度考核于每季度最后一周内完成，年度考核于次年1月15日前完成。

（三）考核主体

绩效考核遵循“谁主管，谁考核”的原则。正职由相应的分管领导进行考核；副职由正职进行考核；员工由直接上级进行考核。

管理人员考核由企业管理人员主导，人力资源部配合组织开展考核评价。

员工考核由人力资源部主导。

进行管理人员考核及员工考核时，根据考核需要，可将与考核对象工作联系较密切的分管领导、直接上级、同级人员、直接下级，以及接受其服务或工作协同的客户作为考核主体，即采取360度胜任力考核。通过考核主体的多元化、多层面，形成对考核对象的立体式评价，使不同的考核对象对应不同的考核主体。

（四）考核维度

1. 管理人员考核、员工考核的考核维度主要是关键绩效指标，每一个考核维度由相应的评价指标组成。

根据考核需要，可同时采用基于知识维度、能力维度、态度维度等胜任力的360度胜任力考核。

2. 管理人员的关键绩效指标主要考核其基于岗位职责、年度工作目标任务所取得的工作成果及经营业绩。

3. 员工的关键绩效指标主要是考核其基于岗位职责所取得的工作成果及任务绩效。

员工考核采用定量与定性的关键任务考核指标相结合的方式。

定量指标是用来衡量被考核者业绩表现的具体量化指标，是对员工工作效果最直接的衡量方式，其关键绩效指标来自于对企业总体战略目标和年度经营计划的分解。

定性指标是由直接领导与员工共同协商确定，员工在考核期内应完成的主要工作及成果，是对员工工作职责范围内的一些相对长期性、过程性、辅助性、难以量化的关键工作任务完成情况的考核方法。

4. 基于胜任力的360度胜任力考核。

（1）知识维度：是指被考核者掌握的胜任本岗位所必需的各类专业知识及学习能力。

知识维度考核包括专业技能考核和学习能力考核。

（2）能力维度：是指被考核者完成各项专业性活动所具备的特殊能力和岗位所需要的素质。能力维度考核内容主要包括人际交往与沟通能力、决策能力、计划能力、执行能力和激励能力。

（3）态度维度：是指被考核者对待工作的态度和工作作风。态度维度考核内容包括工作品质、协作性、责任心等。

（五）关键绩效指标

1. 管理人员关键绩效指标。在考核期初，考核主管部门根据考核周期内的工作计划、工作目标和工作任务，与被考核者共同协商设定当期关键绩效指标及其标准和权重，制定被考核者当期工作计划和考核指标，经各级组织审核批准后下达。

2. 员工关键绩效指标。在考核期初，员工（含主管级管理人员）根据考核周期内的工作计划和工作目标、被考核者岗位职责规定的工作任务，与考核主体共同协商，制定被考核者当期工作计划和考核指标，经被考核者的上一级主管领导审核批准后下达，报人力资源部备案。

3. 工作目标（含工作计划）和考核指标的更改需经被考核者与其直接上级商定，并报上一级主管领导批准，报人力资源部备案后方可生效。

4. 年度考核以关键绩效指标为主，以720度胜任力考核为辅；季度考核以关键绩效指标为主，以360度胜任力考核为辅。

（六）关键绩效指标设立原则

1. 可控性：指标能够测量或具有明确的评价标准，必须为被考核者所能影响的。

2. 可测性：指标能够测量的最短周期应在考核期内。

3. 重要性：指标项不宜过多，注重于对企业绩效有直接影响的关键指标，一般为4～7个。

4. 一致性：各层次目标应保持一致，下一级目标要以完成上一级目标为基准。

5. 挑战性：指标值应综合考虑历史绩效、未来发展预测、同行业竞争对手的绩效确定，不宜过高或过低，应是被考核者经过努力能达到的。

6. 民主性：所有考核指标值的制定均应由上下级人员共同商定，而不是由上级指定。双方无法达成一致时，二者的共同上级具有最终决定权。

（七）考核指标的权重

考核指标的权重表示单个考核指标在指标体系中的相对重要程度，以及该指标针对不同的考核者评价时的相对重要程度。

考核指标的权重一般不低于5%，过低则难以在全体指标中体现出作用；指标之间的权重差异最好不低于5%，以体现出不同指标之间的重要性差异。考核指标的权重应由考核主体与被考核者协商确定。

（八）权重设定原则

1. 对企业战略目标和年度运营目标的重要性高的指标权重高。

2. 对被考核者岗位职责影响更直接且显著的指标权重高。

3. 权重分配在同级别、同类型岗位之间应具有一致性，并兼顾岗位独特性。

（九）特定指标

1. "一票否决"指标：对特别关键、影响全局性的指标可设立为一票否决指标，若不达标，则本周期内的考核得分为0分。

2. "单项否决"指标：对特别重要、影响部门整体工作的指标可设立为单项否决指标，并增加权重。若该项工作没有按标准完成，考核周期内的该项指标对应的分值为0分。

（十）分值计算

1. 关键绩效指标分值计算

关键绩效指标分值是在考核期末，基于关键绩效指标，按照相应的评分标准计算总和得出，其计算公式为：

关键绩效指标分值 $=\sum$（KPI_i 任务分值 $\times KPI_i$ 权重）

其中，KPI_i 为第 i 个KPI指标。

2. 360度胜任力考核分值计算

360度胜任力考核得分通常由考核主体参照维度指标定义表中单项指标所给分值加权计算得出，其计算公式为：

360度胜任力考核得分 $=\sum$（单项指标得分 $\times$ 权重）

3. 综合得分计算

（1）仅采用关键绩效指标考核的，年度关键绩效指标分值即为综合得分。

（2）员工考核采用关键绩效指标和360度胜任力考核相结合的，员工综合得分＝关键绩效指标分值 ×0.6+360度胜任力考核平均分值 ×0.4。

（3）管理人员考核采用年度经营目标责任书、年度述职报告和年度关键绩效指标相结合的方式进行的，管理人员综合得分＝年度经营目标责任书（含年度关键绩效指标）分值 ×0.6+年度述职报告分值 ×0.4；同时启动720度胜任力考核的，管理人员综合得分＝年度经营目标责任书（含年度关键绩效指标）分值 ×0.4+年度述职报告分值 ×0.3+720度胜任力考核分值 ×0.3。

（十一）《管理人员经营目标责任书》

202× 年年度管理人员经营目标责任书

为了全面落实年度工作目标，不断增强公司管理人员的创新意识和奉献意识，同时进一步明确管理人员责、权、利的关系，建立有效的激励与约束机制，充分调动管理人员在运营管理、业务开拓、成本控制、技术创新、持续发展、风险防范和团队建设等方面的积极性、主动性和创造性，不断提高管理水平，促进公司经济效益的稳步增长。

根据公司有关制度，结合公司 202× 年年度经营战略计划，特制定管理人员经营目标责任书。

一、工作岗位

经党政联席会研究决定，同意聘任______同志担任公司____________一职，主要负责____________________等工作，具体详见岗位说明书。

二、经营目标责任周期

____年__月__日至 ____年__月__日。

三、业绩考核指标

1. 工作目标（略，请根据企业及岗位位实际设定）

2. 经营指标（根据企业及岗位位实际选定）

（1）净资产总额：经营期内净资产总额 ×× 万元。

（2）业务收入：实现经营业务目标收入 ×× 万元。

（3）利润总额：实现经营业务目标净利润 ×× 万元。

（4）成本费用净利润率：成本费用的增长比率要低于业务收入和净利润的增长比率。

（5）应收账款回收率：当年应收账款回收率≥ ××%。

3. 执行力方面

不发生违反授权经营范围和管理权限的情况（包括公司下发的各种文件和各项规章制度的执行力度）。

4. 公司形象建设方面

不发生影响公司自身形象的负面报道、媒体恶意曝光事件或严重的客户投诉；不发生违反商业贿赂有关规定的问题。

5. 安全生产方面

（1）不发生工伤事故。

（2）不发生火灾、设备损坏事故。

（3）不发生有人员责任的刑事、治安案件。

（4）不发生负主要责任的重大及以上交通事故。

（5）不发生对公司造成较大影响的安全事件。

（6）不发生项目现场或工作开展现场人身伤亡事故。

（7）不发生突发事件迟报、漏报事件。

（8）不发生事故迟报、瞒报事件。

（9）不发生各类报表、总结及相关材料的迟报、漏报事件。

6. 团队建设方面

（1）制订团队培养计划，并能有效实施，并且团队成员满意率≥ 90%。

（2）核心人员保有率≥ 80%。

四、业绩考核

业绩考核指标的基本分数为 100 分，各项指标考核的具体办法如下。

1. 主要经营指标

（1）净资产总额：完成该项指标得 10 分。

① 等于目标值，得 10 分。

② 实际值高于目标值 20% 以内的，给予高出部分______% 的个人经营指标激励；实际值高于目标值 20% ~ 40%（不含）的，给予高出部分______% 的个人经营指标激励。

③ 低于目标值 10% 及以下的，扣 5 分；低于目标值 10% 以上的，该指标不得分。

（2）业务收入：完成该项指标得 20 分。

① 等于目标值，得 20 分。

② 实际值高于目标值 20% 以内的，给予高出部分______% 的个人经营指标激励；实际值高于目标值 20% ~ 40%（不含）的，给予高出部分______% 的个人经营指标激励。

③ 低于目标值 10% 及以下的，扣 10 分；低于目标值 10% 以上的，该指标不得分。

（3）利润总额：完成该项指标得 30 分。

① 等于目标值，得 30 分。

② 实际值高于目标值 20% 以内的，给予高出部分______% 的个人经营指标激励；实际值高于目标值 20% ~ 40%（不含）的，给予高出部分______% 的个人经营指标激励。

③ 低于目标值 5% 及以下的，扣 5 分；低于目标值 6% ~ 10% 的，扣 10 分；低于目标值 11% ~ 15% 的，扣 15 分；低于目标值 16% ~ 20% 的，扣 20 分；低于目标值 21% ~ 25% 的，扣 25 分；低于目标值 26% ~ 30% 的，扣 30 分；低于目标值 30% 以上的，

该指标不得分。

（4）应收账款回收率：完成该项指标得10分，比计划每减少1%（不足1%的按1%计），扣2分。

（5）成本费用利润率：该项指标满分为10分，成本费用的增长比率每高于收入增长比率1%，扣1分，最多扣5分；成本费用的增长比率每高于净利润的增长比率1%，扣1分，最多扣5分。

2. 执行力方面

该项指标满分为10分，发生违反公司授权经营范围和管理权限的情况时，扣10分；发生对公司下发的各种文件和各项规章制度不执行或执行不到位的情况时，扣5分。

3. 形象建设方面

该项指标满分为5分，发生影响公司自身形象的负面报道、媒体恶意曝光事件或严重的客户投诉时，扣5分；发生违反商业贿赂有关规定的问题时，扣5分。

4. 安全生产方面

发生安全生产责任考核所描述的9项责任事故中的任一事项时，实行一票否决，即其他所有指标无论考核情况如何，所有项目得分为0分。安全责任事故的具体标准按照公司安全生产管理的相关标准和要求执行。

5. 团队建设方面

该项指标满分为5分，未进行团队培养和梯队建设，或团队满意率＜90%的，扣5分；核心人员保有率低于80%的，扣5分。

五、业绩考核结果的兑现

（1）对管理人员的个人业绩考核以3个月为周期，并以业绩指标考核与综合评价相结合的方式进行。

（2）年度综合考核于次年的2月底前完成，考核结果将与管理人员的绩效工资直接挂钩。完成各项考核指标的，在次年的3月底前由公司以现金的形式向管理人员全额发放绩效工资。

（3）公司在100%完成相应的年度经营计划目标，并且净利润超额较大、业绩特别突出的情况下，由公司确定对管理人员发放企业经营指标激励，具体激励金额及比例由公司另行确定。

（4）公司管理人员的基本年薪根据公司高管人员基本年薪确定办法的相关规定确定。

（5）公司根据全年各项经营目标的完成情况，组织财务管理中心或委托外部中介机构对管理人员进行年度检查审计。发现有重大问题时，追究相关负责人的责任，对已经发放的收入按规定予以追回。

（6）本目标责任书的解释权归公司所有。

（7）本目标责任书一式两份，具有同等效力。

六、关于公司授权范围、职责权限的说明

公司对管理人员具体的授权范围、职责权限以另行签订的授权书为准，授权书为本目标责任书的附件，与本责任书具有同等法律效力。

（十二）中高层管理职位述职考核管理规定

第一条　原则

（1）以岗位责任为基础，关注最终目标成果的达成。

（2）坚持实事求是，注重具体实例，强调数据和事实。

（3）坚持考核与评价相结合，促进绩效的改进与提升。

第二条　适用范围

适用于公司各职能部门经理（部长或主任）及各分（子）公司经营班子等岗位人员。

第三条　述职类型

述职周期原则为每年一次；述职者对照考核评价期间制定的绩效目标等，采用 PPT 的方式进行工作述职，并明确下一阶段的工作目标。

第四条　述职内容

对中高层管理职位的考核主要是依据为实现公司战略目标而设定的部门工作计划目标、直接上级领导交办的事项完成情况及下属绩效目标完成情况，基本内容包括但不限于考核期间工作目标计划完成情况、本期工作中遇到的问题及改进策略、直接上级要求汇报的其他工作。

其中，对市场开发、计划运营、项目管理等职位的考核是依据为实现市场开发、计划运营、项目管理目标而分解设定的个人或区域工作计划目标，以及市场开发、计划运营、项目管理工作月报及直接上级领导交办的事项完成情况，基本内容包括但不限于考核期间工作目标计划完成情况，市场开发、计划运营、项目管理工作月报提报情况，以及直接上级要求汇报的其他工作。

第五条　述职评议会

1. 管理人员述职

中高层管理人员述职时，采用由全体中高层、人力资源部人员参加的述职评议会的形式进行，述职者按照述职模板的要求对其考核期内的工作情况进行全面述职。

2. 市场开发、计划运营、项目管理人员述职

市场开发、计划运营、项目管理人员述职时，采用由全体中高层，营销、运营人员，营销、运营服务支持人员，人力资源部人员参加的述职评议会的形式进行，述职者按照述职模板的要求对其考核期内的工作情况进行全面述职。

3. 述职评议会由人力资源部主持，根据工作需要，按述职关系相关要求可以确定其他参会人员。

在述职评议会上，评议人填写“述职评议表”，根据述职者所在部门的业务情况提出评议意见，主要包括工作改进点、部门协作情况、部门间主要协同关系及需要的支持等，并确定评议等级。

4. 进行述职评议的人员包括述职者直接主管、述职者非直接主管、述职者平级人员和其他人员，其分配比例为 40%、30%、20% 和 10%。

第六条　述职结果

述职评议等级根据其部门及个人的绩效承诺完成情况，结合管理措施开展的效果和其他述职项进行评议。

管理人员述职结果将作为其年度经营目标责任综合绩效的主要内容之一，相关内容参见公司年度经营目标责任书。

第七条　述职过程

1. 辅导阶段

述职者按述职通知的要求，提前将述职报告提交直接领导及人力资源部。述职人员的直接领导负责对述职报告进行审定，提出增补、修改意见。

2. 实施阶段

由述职者的直接领导主导、人力资源部协助对计划的实施过程进行管理与控制（包括工作计划、指标与标准、改进计划等），并与述职者保持沟通。

3. 述职阶段

述职者以述职评议会的形式进行述职，述职评议人对述职者的述职内容、目标的达成情况及初期承诺进行比对，听取目标未达成的原因分析，并加以判断、评议。

4. 应用阶段

述职评议结果作为考核期间绩效考核结果按公司相关要求执行，由人力资源部根据述职评议结果、公司绩效管理有关规定进行结果应用。

第八条　管理职责

述职管理机构是人力资源部，由人力资源部负责述职管理制度的拟定、优化和分析，负责述职管理的组织、协调、统计、计算考核分数和评价总结，并将结果向公司管理者汇报。

述职者的直接上级对述职者的业绩成果及考核结果负责。

（十三）中高层管理职位述职报告撰写要求

1. 要充分反映出自己在任期内的工作业绩和问题

述职是管理人员考核的重要一环，也是管理人员自觉接受组织和员工监督的一种有效形式。管理人员做述职报告，是为了让组织和员工了解并掌握管理人员的德才状况及职责履行情况。

因此，述职报告应能充分反映出自己在任期内的工作业绩和问题，即写出自己在岗位上为公司和员工做了什么实事，结果怎么样，有哪些贡献和不足，具体内容应包括工作效率、完成任务的指标、取得的效益等方面。

工作业绩是检验管理人员称职与否的主要标准。述职者要充分认识这一点，实事求是地把自己的工作业绩和问题反映出来。

2. 要实事求是地评价自己

对自己的评价要实事求是，不夸大，不缩小，不说过头话、大话、假话、套话、空话。

管理人员在述职时应注意处理以下几个关系。

（1）处理好业绩与问题的关系，理直气壮地摆业绩，诚恳大胆地讲失误。

（2）处理好集体与个人的关系，不能把集体之功归于个人，也不要抹杀了个人的作用，必须分清个人业绩和集体业绩。

（3）在表述上要处理好叙述和议论的关系，应以叙述为主，把自己做过的工作业绩写出来，不要大发议论，即使议论也要对照岗位规范、团队的现状等，根据叙述的事实，引出评价，不能拔高。

3. 要抓住重点，突出个性

述职报告一律采用 PPT 的形式表述（PPT 模板略），以 4000 字以内为宜，要确保表述时间在 30 分钟左右。因此，表述的内容应抓住重点，将最能显示工作业绩的大事件或关键事件写入述职报告。凡重点工作、经验、体会或问题等，一定要有理有据、充实具体，而对一般性、事务性工作，应概括说明，不必面面俱到。表述时不仅要抓住重点，还应突出自己的特色，突出自己独有的气质、风格和贡献，让别人能分辨出自己在具体工作中所起到的作用。

（十四）中高层管理职位述职评议表

一、基本信息

述职人	述职人职位	评议人	评议人职位

二、述职评议

述职项	述职评议要素	分数	得分	说明（意见和建议）
部门现状分析（10分）	是否清楚地概述了部门职责 / 岗位职责	5		
	是否客观地分析了部门人员现状	5		
工作总结（60分）	是否清楚地分析出了工作中存在的主要问题和不足，是否存在重大失误和投诉	8		
	主要工作成绩效果如何	12		
	是否向大家分享了工作中的经验和教训	7		
	是否清楚本部门工作的主要业绩目标	5		
	业绩目标具体完成情况是否达到公司的要求	20		
	目标完成情况与上一周期相比是否超出，或者是否达到公司的要求	8		
自我总结（10分）	是否对自身的优点及不足进行了深刻的自我剖析	4		
	通过分析，述职者是否意识到因本人的一些不足，可能导致的对工作的影响或危机	3		
	通过分析，述职人员是否意识到因自身的优点，可能获得的机会及提升	3		
行动计划（5分）	行动计划内容是否真实、客观、有成果、有时间节点	5		
学习与成长（10分）	是否了解和掌握部门员工的技能水平	3		
	是否提出了下一周期团队学习与成长培训的方案和计划	4		
	对下一周期如何提升团队学习与成长是否有具体的措施和目标	3		
合理化建议（5分）	是否能够提出公司层面的意见或建议	3		
	对流程的上下游环节是否有合理的意见或建议	1		
	对这些意见或建议是否有具体可参考的方案和措施	1		
总分				
综合评价				

（十五）集团某高新科技企业的经营目标责任书

为了保证集团的资产效益，明确经营目标责任，根据集团公司的业务定位及控股公司的实际情况，在双方协商一致的基础上，特制定本经营目标责任书。

经营目标下达年度：

经营目标下达人：

经营目标承担人：

1．**本年度经营目标（样表摘要）**

指标	权重	目标值
销售收入	25%	
净利润	15%	
净资产收益率	15%	
毛利率	10%	
安全生产率	10%	
经济增加值（EVA）	10%	
预算执行率	10%	
人均销售收入	5%	

2．**考核程序**

2.1 考核人

2.1.1 集团公司董事会委托集团审计部作为考核人。

2.1.2 集团人力资源部作为考核结果整合和年度绩效工资发放部门。

2.1.3 集团公司总经理对经营目标承担人年度绩效工资的发放具有最终决定权。

2.2 考核程序

2.2.1 对经营目标承担人的考核实行年度考核制。

每年 1 月 15 日前由集团审计部根据控股公司上一年度经营业绩完成情况、控股公司下一年度战略规划以及控股公司报送的财务预算，制定年度经营管理目标。

2.2.2 集团公司总经理向控股公司董事会下达经营目标，并于每年 1 月底同经营目标承担人签订经营目标责任书。

2.2.3 每季度最后一周，审计部对控股公司经营目标的完成情况进行汇总分析，监控其经营目标的执行过程。

2.2.4 次年 1 月 5—15 日，集团审计部会同人力资源部实施考核。

2.2.5 考核结果通报集团公司总经理、控股公司董事会。

2.2.6 集团人力资源部对考核结果进行整合，并根据经营目标责任书的约定和公司相关规定向经营目标承担人发放年度绩效工资。

3. 年度绩效工资计算办法

3.1 年度绩效考核采用百分制，绩效工资系数依据目标完成情况确定。

考核结果	目标完成	分值	绩效工资系数
A	125% 以上	130 分	1.5
B	111% ~ 125%	110 分	1.2
C	96% ~ 110%	100 分	1
D	81% ~ 95%	85 分	0.8
E	66% ~ 80%	70 分	0.7
F	50% ~ 65%	55 分	0.5
G	50% 以下	0 分	0

3.2 绩效工资基数为______元。

3.3 年度绩效工资 = 绩效工资基数 × 绩效工资系数

3.4 说明

预算执行率：在控制范围之内的，即算作完成指标；超出控制范围的，每变动一个百分比，扣 1 分，扣完为止。

安全事故率：重大安全事故具有“一票否决”作用；对于其他等级的安全事故，发生一次此项得分即为 0 分。

【实践点评】

有什么样的管理体系和什么样的企业管理体系实施效果就有什么样的企业发展成效。绩效管理体系相关标准和规则的建立必须以企业战略为导向，体现绩效文化和企业实际。

管理体系建设日益成为企业发展中的根本性问题。在市场竞争中拥有竞争优势的企业或在某一段时间成功的企业，其内部的企业管理体系及管理体系所包含的规范、规则一定具有较强的优势。如果企业间在某一方面存在差距，一定是在相关管理体系及其所包含的规范、规则等的总体实施效果方面存在一定的差距。绩效管理体系是战略成败的关键。相同的绩效管理工具的使用为何会有不同的效果呢？这就是绩效管理体系的魅力所在，绩效管理体系建设一定要符合企业实际。这里所说的企业实际包括但不限于发展阶段、组织战略、企业文化、人才队伍、人员素质、培训机制、沟通机制及管理成熟度。

程序性、支持性文件是管理体系建设的保障，缺少程序性、支持性文件，管理体系就会出现无法落地或在落地过程中漏洞百出的情况。优秀的企业都重视管理体系的建设，如“5258”法则是格力的成功之道，即包括理念（持先进的理念引领发展）、制度（以科学的制度严格要求）、队伍（让优秀的队伍通力合作）、创新（用持续的创新赢得优势）和组织（建卓越的组织支撑发展）5 大基因组合，以及在企业经营管理实践中探索和创建的 20 项管理原则及 58 种方法。这 5 大基因组合、20 项管理原则，以及有关方法、准则、机制和技术的具体 58 种方法，简称为“5258”法则。

【管理实践】

某多元化企业集团的绩效管理体系

（一）考核记录

1. 管理人员考核记录

在考核周期期初，根据分级管理的原则，管理人员的考核维度、指标和权重由被考核管理人员的上级向其说明并讨论，达成一致，形成考核指标，然后以组织文件、责任书等形式下发。同时，管理人员考核的主管部门和责任部门须对被考核人的考核维度和指标充分了解，并建立日常关键绩效台账信息或跟踪评估工作计划和工作总结，将考核内容进行记录，作为考核的依据，同时作为考核结果反馈和考核申诉处理的依据。

2. 关键绩效信息记录表（摘要）

<table>
<tr><td>被考核人</td><td></td><td>部门</td><td colspan="2"></td></tr>
<tr><td colspan="2">关键绩效考核指标</td><td>目标值</td><td>实际值 / 完成情况</td><td>备注</td></tr>
<tr><td colspan="2">KPI1</td><td></td><td></td><td></td></tr>
<tr><td colspan="2">KPI2</td><td></td><td></td><td></td></tr>
<tr><td colspan="2">……</td><td></td><td></td><td></td></tr>
<tr><td colspan="5">关键绩效信息说明：

____年__月__日</td></tr>
<tr><td colspan="3">被考核人签字：</td><td colspan="2">记录人：　　　____年__月__日</td></tr>
</table>

3. 工作计划及其完成情况一览表（摘要）

202__年____月工作计划及其完成情况一览表

填写须知

（1）工作计划及其完成情况：由直接领导对其所辖员工的工作计划及计划完成情况进行审阅之后方可提交。

（2）计划外工作：写总结时工作计划里未提到的工作项目。

（3）需要协调解决的问题：在工作中遇到困难且影响工作开展时，需要其他部门或人员配合的情况。

（4）事务重要性：按照 A（重要、紧急）、B（不重要、紧急）、C（重要、不紧急）、D（不重要、不紧急）来划分。

（5）本文档提报人须统一采用“姓名 + 月份 + 工作计划及其完成情况”的格式提报。

一、工作概要

报告人		发送至		抄送至		报送至	
工作总体进展情况概要：							
1.							
2.							
……							

备注：①以上文字描述全部左对齐；②发送至部门负责人，抄送至部门主管领导，报送至工作计划督导部门；③总体进展情况的描述内容（包括关键数量说明）包括当期和前期工作进度分析，用关键指标的变化说明提前、滞后的原因。

二、本月工作完成情况

本月工作任务完成情况：						
序号	任务	计划结束日期	重要性	实际 / 预计结束日期	进度状况	备注
1						
2						
…						

备注：进度状况以百分比的形式呈现。

三、协调解决问题

需要协调解决的问题：						
序号	问题描述	重要性	解决方案	责任人	协调部门	预定解决日期
1						
2						
…						

备注：文字描述部分左对齐；日期数字小于 10 的，应该在数字前加 0，比如 2021-06-01。

四、下月工作计划概览

下月工作计划概览：			
序号	任务	目标完成日期	交付成果
1			
2			
…			

4. 员工考核记录

在考核周期期初，被考核人的考核维度、指标和权重由被考核人直接上级向其说明并讨论相互认可。同时，考核主体须充分了解被考核人的考核维度和指标，建立日常关键绩效台账信息或跟踪评估工作计划和工作总结，记录考核内容，将其作为考核打分的依据，同时作为考核结果反馈和考核申诉处理的依据。

（二）等级评定

1. 管理人员考核等级评定

管理人员考核由公司考核主管部门负责，通过加权计算各项考核指标得分与考核维度得分，计算综合得分。

根据考核得分并按强制分布原则，分别确定特优（S）、优（A）、良（B）、合格（C）和待提高（D）的比例，但不能突破规定比例限制。

管理人员年度绩效考核评定等级比例限制表

综合评定等级	特优（S）	优（A）	良（B）	合格（C）	待提高（D）
比例	10% ≤	——	≥ 50%	20%	——

备注：A、D 比例不做强制性要求。

2. 员工考核等级评定

员工考核由公司考核主管部门主导，通过加权计算各项考核指标得分与考核维度得分，得出最终分数。

根据考核得分并按强制分布原则，分别确定特优（S）、优（A）、良（B）、合格（C）和待提高（D）的比例，但不能突破规定比例限制。

个人考核结果与评定等级对应表

综合评定等级	特优（S）	优（A）	良（B）	合格（C）	待提高（D）
比例	5% ≤	——	≥ 50%	20%	——

备注：A、D 比例不做强制性要求。

（三）考核程序

管理人员（以下均不含主管级管理人员）考核以年度为考核周期；直属项目经理考核以项目工期为考核周期；员工（以下均含主管级管理人员）考核以季度为考核周期。

1. 考核启动

考核主管部门按规定周期和时间节点启动考核，发布考核通知，并组织开展考核工作。

2. 数据收集

管理人员考核启动后，考核主管部门应于5日内主导收集相关数据，对被考核人的关键绩效指标（KPI）进行考核评分，并填写“管理人员绩效考核量化表”。

管理人员绩效考核量化表

<table>
<tr><th colspan="2">维度</th><th>指标要素</th><th>权重</th><th>考核标准（内容）</th><th>评分规则/标准</th><th>数据来源</th><th>考核结果描述</th><th>评分</th></tr>
<tr><td rowspan="4">KPI指标（Ⅰ）</td><td>财务类</td><td rowspan="4"></td><td rowspan="4"></td><td rowspan="4"></td><td rowspan="4"></td><td rowspan="4"></td><td rowspan="4"></td><td rowspan="4"></td></tr>
<tr><td>内部运营类</td></tr>
<tr><td>客户类</td></tr>
<tr><td>学习与成长类</td></tr>
<tr><td colspan="2">Ⅰ部分得分</td><td colspan="7">计算公式：（100%－扣除权重______%）×100＝</td></tr>
<tr><td colspan="2">关键事件（Ⅱ）</td><td colspan="3">出现关键事件时，启动此项考核；启动此项考核时，必须报考核主管部门同意（取整数值；启动关键事件考核时，Ⅰ部分权重为80%；本部分权重为20%）</td><td colspan="4">1. 对公司、部门造成重大负面影响的事件，-20≤分值＜0；
2. 对公司、部门做出重大贡献以及产生正面影响的事件，0＜分值≤20。
关键事件描述：Ⅱ部分得分：______分</td></tr>
<tr><td colspan="3">合计分数</td><td colspan="6">□　Ⅰ部分得分＋Ⅱ部分得分＝</td></tr>
<tr><td colspan="2">考核人意见</td><td colspan="7"></td></tr>
<tr><td colspan="2">被考核人意见</td><td colspan="7"></td></tr>
<tr><td colspan="2">审核人意见</td><td colspan="7"></td></tr>
</table>

员工考核启动后，人力资源部于3日内指导各考核主体收集相关数据，对被考核人的工作进行考核评分，并填写“员工绩效考核量化表”。

维度	考核项目	考核要素	权重	优秀（10分）	良好（8分）	一般（6分）	不足（4分）	差（2分）	自评得分	上级评分	备注
定性KPI指标（Ⅰ）	工作态度（10%）	责任心	10%								
		协调合作	10%								
		纪律性	10%								
		职业操守	10%								
		学习意识	10%								
	工作计划（10%）	及时性	10%								
		合理性	10%								
	工作能力（10%）	专业技能	10%								
		处置力	10%								
		执行力	10%								

Ⅰ部分得分	考核得分______分 ×30%＝

维度	考核项目	考核要素	权重	考核标准（内容）	评分规则/标准	数据来源	自评	考核结果描述	评分
定量KPI指标（Ⅱ）	工作业绩（70%）	工作计划达成	30%	实际完成日期、数量/计划情况	在非不可抗力情况下，每项工作计划，每滞后完成一次，扣除权重5%，累计上限为15%；未完成计划的工作数量，每项工作扣除权重5%，累计上限为15%	工作计划/工作总结报表			
		……							
		领导交办的工作	10%	及时、高效完成领导交办的工作	在非不可抗力情况下，未能及时、高效地完成领导交办的工作，每有一次，扣除权重5%，累计上限为10%	公司或部门直接领导			

Ⅱ部分得分	（100%－扣除权重______%）×100×70%＝

关键事件（Ⅲ）	出现关键事件时启动此项考核。启动此项考核时，必须报考核主管部门同意（取整数值；启动关键事件考核时，Ⅰ部分权重为80%；本部分权重为20%）	1. 对公司、部门造成重大负面影响的事件，-20 ≤分值＜ 0 2. 对公司、部门做出重大贡献以及产生正面影响的事件，0 ＜分值≤ 20 关键事件描述：Ⅲ部分得分：______分

合计分数	□　Ⅰ部分得分＋Ⅱ部分得分＝ □　Ⅰ部分得分＋Ⅱ部分得分＋Ⅲ部分得分＝
考核人意见	
被考核人意见	
主管领导意见	

根据考核通知，需启动720度胜任力考核或360度胜任力考核的，人力资源部应组织各考核主体按照720度胜任力考核实施说明填写“360度胜任力考核评分表”。

3. 考核评分

员工考核由各部门负责，并将结果报人力资源部备案。管理人员考核由考核主管部门负责，各级主管领导配合，结果需报公司绩效与薪酬管理委员会确认，形成被考核人的初步考核结果。

启动720度胜任力考核或360度胜任力考核的，相关考核主体打分完毕后，人力资源部负责汇总，并对考核情况予以保密。

（五）数据获取

（1）公司各部门都负有按照要求提供考核数据的职责，各部门是关键绩效指标（KPI）考核数据的主要提供方。

考核数据的提供方应确保所提供的考核数据的准确性，对因工作失误或有意篡改考核数据，造成考核结果严重失真的，应承担相应责任，公司可对其进行相应的处理。

（2）公司各部门应根据考核需要指定专人负责整理、提供考核数据，考核数据在对外提供时应经本部门负责人审核并签字确认。

（3）对于关键绩效指标，一律以报告期被考核部门/岗位的实际完成值为准。其中，财务类指标以公司财务部的统计报表或账簿记载为准，其他指标以相关部门提供的经审核的考核数据为准。

考核数据提供方应使用统一统计口径，并确保考核数据在提供之前经过核对，凡考核数据出现差异时，考核主管部门应负责查明原因，并进一步核实数据。对确因客观原因无法核实的考核数据，经主管领导审批后以其平均值进行考核；对于影响重大的考核数据，应经公司绩效与薪酬管理委员会审批。

（4）各考核主体应严格按照指标评分标准及业绩台账记录或工作计划和工作总结等数据信息给予被考核人客观、公正的评价。

（六）绩效指标标准调整

在不可抗力、经营目标发生调整等客观条件变化的情况下，管理人员需要调整工作计划、关键绩效指标、绩效考核标准时，经管理人员的主管领导同意，由绩效与薪酬管理委员会审批，审批通过后方可进行调整和修正。

员工需要调整工作计划、工作结果目标、绩效考核标准时，经所在部门负责人同意，报人力资源部备案后，方可进行调整和修正。

（七）考核信息来源

（1）业绩台账或工作计划和工作总结。各考核主体应对被考核人的考核内容进行日常考核记录或对工作计划和工作总结进行审核，以作为业绩考核评分的依据。

（2）统计报表及记录。考核主管部门根据考核需求，制定或采用有关职能部门的各种统计报表并将其提供给各考核主体，以作为绩效考核的依据。

（3）投诉记录。为了保证各部门的工作质量，提高内外部客户服务满意度，及时处理相关投诉，规避内部沟通不和谐现象，各部门均应设立投诉记录，其他部门员工有权对工作质量、工作协同及差错进行投诉，投诉记录应作为该部门岗位绩效考核的重要数据来源。

（4）客户满意度调查。监察部门可定期组织对客户进行满意度调查，客户信访投诉和满意度调查的数据可作为相关部门业绩考核的重要依据。

（5）绩效管理诊断及满意度调查。人力资源部应定期进行绩效管理诊断分析，并组织对员工进行绩效管理满意度调查等，以提高员工满意度，满意度调查的数据可以作为相关部门业绩考核的重要依据，同时为优化绩效管理提供决策依据。

（八）绩效豁免

（1）豁免原则：豁免仅限于“由于外部原因导致被考核人未能达成组织绩效目标时”。其中，外部原因包括政府行为、公司投资或策略变更。

（2）不予豁免：因在绩效考核开始之前已经与各被考核人就绩效目标进行过充分沟通并确认，其真实反映了公司对被考核人所能达成目标的预期，且目标清晰，所以除外部原因之外不予调整。

（3）仅豁免扣分：考核结果修正方式为仅对获得审批通过的豁免事项给予相应的豁免扣分，据此对被考核人的绩效考核结果进行修正。若豁免事项取消，则事项本身仍需继续完成。

（4）豁免申请：被考核人对其业绩指标的考核结果持有异议，且存在绩效豁免原则规定的原因造成未能达成业绩目标的，可在绩效数据提报前 3 日内提交绩效豁免事项书面请示及其支持性证明文件。

（5）证明文件：支持性证明文件仅限于政府文件、公司级会议纪要、主管领导签批的书面报告。

（6）豁免认定：被考核人向人力资源部提供材料后，由人力资源部组织公司相关职能 / 业务部门对材料的真实性、客观性、有效性进行审核，同时报请绩效与薪酬管理委员会审批。审批通过后，人力资源部据此给予相应的豁免扣分调整。

（九）某制造企业绩效管理手册（摘要）

……

第四章　绩效计划

4.1　建立企业战略地图

（1）战略地图的建立要基于企业发展战略，其目的是提升企业核心竞争力。

（2）战略地图的建立主要依据 BSC 平衡计分卡，从财务、客户、内部运营、学习与成长四个维度展开。

（3）建立战略地图时要理顺企业价值创造过程和内部驱动关系。

（4）战略地图的建立由董事长、总经理、副总经理及各部门负责人共同讨论决定。

4.2　编制绩效指标库

（1）通过战略地图明确战略主题，借助分解矩阵落实到相关部门，运用鱼骨图分解绩效指标，同时结合部门职责，形成《部门绩效指标库》。

（2）人力资源部在每年 12 月初组织各部门对《部门绩效指标库》进行修订，并在 12 月底送交绩效与薪酬管理委员会审批。

（3）绩效考核指标的设立要坚持 SMART（具体的、可衡量的、可实现的、以结果为导向和有时间限制）原则。

（4）绩效指标的设立既要考虑各部门或岗位的职责，又要考虑周边绩效，促进共同绩效的提升。

（5）设立绩效指标时要从数量、质量、成本、时间四个方面确定指标评价角度。

4.3　绩效指标的选择

（1）关键绩效指标（KPI）不宜过多，以 5 ~ 8 个为宜。

（2）在数据可低成本获得的情况下，应尽量多地采用定量指标，不能量化的要细化。

（3）指标之间相互独立，不重复，不包含。

（4）关注指标与岗位的相关性，确保可控性。

（5）与企业或部门的阶段性计划相关联。

（6）兼职岗位绩效指标的选取要结合兼任的职责。

4.4　确定权重

（1）权重代表的是关键绩效指标的重要程度，重要性越高，权重越大。

（2）权重以百分数来表示，一般设为 5% 的整数倍，其数值不低于 5%，不超过 40%，各指标权重之和为 100%。

（3）要注意权重的关联性。例如，主管领导对某部门的某个指标的权重定得比较高，那么该部门经理对本部门员工相关指标权重的设定也应该是高的。

4.5　设定指标目标值

（1）指标目标值需结合指标历史数据的变化情况、企业外部环境的评估以及自身发展的要求来设定。设定指标目标值时，要坚持客观可行性和具有一定挑战性的原则，设定基础目标值、可行性目标值和挑战性目标值。

（2）有效的目标值既不能过于理想，使绝大部分人都无法达成，从而抑制积极性；也不能过于保守，使员工均不费努力就可以达成，从而无法发挥企业最佳业绩。

（3）挑战性目标值一般不高于基础目标值的 1.5 倍，即挑战性目标值 / 基础目标值＜1.5。

【实践点评】

建立及完善高效的业务流程和管理体系是保证战略实现和组织绩效的根本，是企业规范化管理的第一步。

只有制度体系化，才能使企业所有管理活动得到控制。体系化通常有三个层次。

（1）管理手册（管理体系）：明确各个管理制度在管理中的关系及其要求，使组织的各个机构明确自身在整合体系中的地位和作用，明确机构的职责、权利和相互关系，使其在组织的总体策划下开展活动。

（2）程序文件：对具体活动的过程做出规定，以保证各项活动遵循一定的途径和方法，减少活动的随意性。

（3）支持性文件：对上述文件进行补充，以保证局部的活动能够符合总体活动的要求，成为系统活动中不可或缺的一部分。

二、绩效管理合同

绩效考核是绩效管理的重要环节，也是组织激励的主要依据。组织岗位构成的复杂性、绩效的群体性和行为指标的难以量化等特性决定了绩效考核的难度，如何设立统一、科学、规范的考核依据和方法，已成为建立科学有效的绩效管理体系的关键。在绩效管理实施过程中，选择可持续的、有效的绩效考核方法为员工提供及时的反馈、明确绩效改进的方向是非常关键的。

大多数组织的员工绩效考核有一个共性问题：没有客观直观的方法，缺乏公平的评价，大部分是由直接上级根据主观印象及指标给出，同时指标太多，没有考虑到指标间的关联效度。设计基于绩效合同的绩效考核方法，有效实现绩效管理与绩效考核是人力资源管理者必须进行的一项工作。为保证组织战略及年度绩效目标的顺利实现，使组织成员把精力集中在对组织绩效目标的实现和驱动上，可以以绩效合同的方式体现绩效考核的严肃性。绩效合同作为绩效管理的有效手段，有助于提高组织内部管理的透明度，有利于对绩效进行监督和及时反馈，将个人对绩效负责的做法制度化。

绩效合同是绩效计划的书面载体，是岗位任职者与其直接上级主管之间签署的一种内部协议。签订绩效合同是岗位任职者首先要履行的必要手续，企业应在绩效考核周期内依据绩效合同对岗位任职者进行绩效考核。绩效合同的重点是绩效计划，其重在明确要改善和提升什么，改善和提升到什么程度，怎么做、谁去做才能驱动这种提升和改善。因此，没有绩效计划，绩效管理就没有了牵引方向；没有科学、适宜的绩效计划，组织和员工便不能创造卓越绩效。

【管理实践】

绩效合同（绩效协议）书

（一）电商事业部年度绩效合同

<table>
<tr><th>事业部</th><th></th><th>责任人</th><th></th><th>直接上级</th><th colspan="2"></th></tr>
<tr><td>序列</td><td>项目</td><td>年度目标</td><td>激励标准</td><td>说明</td><td>人工成本比</td><td>≤___%</td></tr>
<tr><td rowspan="2">横向（H）</td><td>销售额</td><td></td><td></td><td>季度发放</td><td>其他费用</td><td>≤___%</td></tr>
<tr><td>利润额</td><td></td><td></td><td>不达标无激励</td><td>预算控制</td><td>5%</td></tr>
<tr><td rowspan="3">纵向（L）</td><td>产品 A 目标</td><td></td><td></td><td rowspan="3">月度考核
季度发放</td><td>——</td><td>——</td></tr>
<tr><td>产品 B 目标</td><td></td><td></td><td>——</td><td>——</td></tr>
<tr><td>……</td><td></td><td></td><td>——</td><td>——</td></tr>
<tr><td rowspan="6">重点项目
（特殊事项）
（I）</td><td>内容</td><td rowspan="6">根据年度预算，自行制订行动计划</td><td>——</td><td rowspan="6">分次申请
过程控制
年度核算</td><td>责任人</td><td></td></tr>
<tr><td>数据</td><td>——</td><td>直接主管</td><td></td></tr>
<tr><td>营销</td><td>——</td><td>财务管理部</td><td></td></tr>
<tr><td>客户关系</td><td>——</td><td>人力资源部</td><td></td></tr>
<tr><td>视觉</td><td>——</td><td rowspan="2">总经理</td><td></td></tr>
<tr><td>库存</td><td>——</td><td></td></tr>
</table>

（二）某公用事业企业绩效合同

绩效合同

考核方（甲方）：　　　　　　　　被考核方（乙方）：

为了确保公司年度工作目标的实现，明确部门年度绩效责任，根据《公司绩效考核办法》，特签订部门年度绩效合同。

一、制定依据

（一）股份公司与公司签订的《企业负责人业绩考核责任书》

（二）公司与各基层企业签订的《基层企业年度绩效合同》

二、乙方年度绩效目标

（一）关键绩效指标

1. 管控类指标

序号	指标名称	约束目标值	超越目标值
1			
2			
…			

2. 实施类指标

序号	指标名称	指标内涵或计算公式	约束目标值	超越目标值
1				
2				
…				

（二）超越创新项目：

三、责任期限

______年____月____日至______年____月____日

四、双方责任

（一）乙方按照甲方的工作要求和所签订的年度绩效目标，全面加强部门管理，努力完成各项绩效目标任务。

（二）甲方按照《公司绩效考核办法》的规定，对乙方在责任期限内上述绩效目标的执行情况进行跟踪分析、年度考核，并根据考核结果确定部门年度绩效薪酬。

绩效合同填写说明

……

二、关键绩效指标

1. 指标含义及分类

（1）公司或部门年度关键绩效指标必须是可以量化的结果性指标，可分为管控类、实施类两类指标。

（2）管控类指标是指公司或部门以管理或控制的手段实施而达成的绩效指标。指标的内涵、数据来源或计算公式以《公司绩效考核办法》的规定为准。

（3）实施类指标是指由公司或部门实施而直接达成的绩效指标。公司或部门可根据自身职能和公司战略意图提出未纳入两级组织绩效考核的关键绩效指标，必须明确指标内涵、衡量要点、数据来源或计算公式，不能出现模糊、难以量化的指标。

2. 指标目标值的确定

公司或部门年度关键绩效指标目标值必须可量化，其赋值分为两个层次：一是约束目标值，即必须实现或达成的保底目标值；二是超越目标值，即高于约束目标值，必须以卓越努力才能实现或达成的目标值。

为了有效克服公司内部的信息不对称，应积极探索采用联合基数法确定关键绩效指标目标值的方法。

3. 规范表述超越创新项目

项目描述要明确时限、任务和成果，采用“于……时间，采取……方式，完成……子任务，达成……目标”的句式，字数应在100字以内。

三、超越创新项目

（一）填写要求

1. 公司年度超越创新项目必须具备的特质

战略性：项目的影响范围是全局性的，并且具有明确的指向性，是公司未来的发展趋势和走向，是公司年度管理政策、运营计划的依据。

变革性：项目内容涉及公司现存管理结构、利益格局和资源配置机制的显著变革或重大调整。

复杂性：项目的利益主体多元化、矛盾交互突出，策划设计和推进实施的难度、风险较高，需要缜密策划、系统设计、审慎推进，联合公关人员协同作战。一旦失误，损失和负面影响很难扭转。

创新性：公司基本没有现成的制度、标准、方法、经验和案例可循，项目重在创造、开发、建立新的体制、机制、体系、方法、标准。

超越性：项目具有很强的挑战性，需要通过艰苦的努力和极大的牺牲才能完成，将消除公司发展的制约瓶颈和核心短板，显著改善、提升公司的核心经济指标或品牌形象。

稀缺性：不是常规性、周期性、单一部门职能性的项目，是公司主要负责人特别关注的公司级的大事、要事或特事，这类项目数量不多。

2. 公司或部门负责的年度超越创新项目的数量不得超过四个。

3. 每个年度超越创新项目应分解为若干子项目（子任务），并列入部门季度的重点任务或超越创新任务。其中，从一个公司超越创新项目中分解出来可以列入部门季度超越创新任务的子项目不得超过四个，其他子项目只能列入部门的季度重点任务。

（二）超越创新项目确定流程

1. 公司或部门根据公司总经理工作报告和党委工作报告明确的工作思路、部署的年度重点工作，结合本公司或部门职能提出拟承担的超越创新计划建议（不超过六项），经主管领导审核通过后报人力资源部。

2. 人力资源部汇总审核意见后，形成公司超越创新项目申报情况说明材料，并将其提交绩效领导小组审定。

3. 召开绩效领导小组会议，依据超越创新项目应具备的特质审定，必要时可请各部门负责人阐述超越创新项目的申报理由（项目依据、预期效果、预期目标等，控制在 10 分钟以内）。

（三）某信息科技公司的年度业绩合同管理办法（摘要）

……

第二条　业绩合同适用范围

业绩合同签订对象（受约人）为公司总经理。业绩合同受约人可根据自身的情况将业绩目标分解成下属人员的关键绩效指标，以督促、考核下属人员，保证业绩目标的实现。

第三条　业绩合同的期限

业绩合同的有效期为一年，业绩合同的考核周期为每年 1 月 1 日至 12 月 31 日。在有效期结束前，通过新一轮的业绩目标讨论签订下一年度的业绩合同。

第四条　业绩合同的效力

业绩合同一旦签署就具有约束力，在有效期内不得擅自更改。如果遇到对公司经营影响重大、不可抗拒的情况时（如自然灾害或外部环境的巨大改变），经双方协商，董事会批准，可以酌情予以豁免或调整。

……

第七条　业绩合同核心内容

1. 关键绩效指标（净利润及同等的现金净流入）。

2. 指标权重（100%）。

3. 指标量化目标（百万元）。

第八条　关键绩效指标的目标值

确定关键绩效指标的目标值时，应遵循以下原则。

1. 具有足够的挑战性。

2. 综合考察多方面的信息依据，如历史业绩、对未来发展的预测、同行业竞争对手的业绩等。

3. 发约人和受约人经过共同商讨而最终决定，当双方对目标设定无法达成一致时，发约人具有最终决定权。

4. 目标一经设定，原则上不可轻易改变。

第九条　业绩合同签订流程

1. 每年 12 月上旬，根据公司下年度经营计划，对公司整体目标进行分解，明确关键绩效指标的目标建议值及权重。

2. 每年 12 月中旬，受约人对目标建议值进行确认、修正和反馈。

3. 每年 12 月下旬，人力资源部根据反馈意见进行修改，拟定业绩合同初步样本，报董事会审核，并形成业绩合同样本。

4. 每年 12 月下旬，财务部提供经营预算，人力资源部依据经营预算编制业绩合同初稿。

5. 每年 12 月下旬，董事会提出业绩考核办法，人力资源部负责组织实施。

6. 每年 12 月下旬，人力资源部组织业绩合同双方进行讨论，董事会（发约人）指定人员（一般为董事长）与总经理（受约人）就合同条款进行面对面的协商，达成共识并签署合同。

7. 人力资源部组织业绩合同的协商签订工作，并负责合同备案。

第十条　季度跟踪业绩合同完成情况

1. 人力资源部每季度采集业绩合同中量化指标的季度完成数据，对指标完成情况与分配到各季度的目标值进行比较。

2. 人力资源部向董事会、总经理通报本季度业绩的完成情况。

第十一条 阶段业绩汇报

1. 阶段业绩汇报有利于业绩合同双方总结和回顾业绩合同目标的完成情况，并提出改进措施。

2. 每季度结束后，公司总经理向董事会汇报业绩合同目标的完成情况。

第十二条 业绩改进计划

1. 当阶段实际业绩低于预期目标，并且不属于外部原因时，发约人与受约人共同分析产生偏差的原因，协商提出业绩改进计划和具体实施方案。

2. 董事会听取汇报后，审批业绩改进计划和具体实施方案。

3. 发约人指导、跟踪受约人业绩改进计划的落实情况，监督业绩改进效果。

第十三条 年度考核

每年1月上旬对上一年度的业绩合同进行考核，比较全年实际业绩与全年业绩目标的差异，形成年度业绩报告，并根据年度业绩报告进行年度奖金的计算与发放。

第十四条 业绩合同数据的确认及收集

财务部负责收集、核实全年财务数据（投资回报率、利润、现金流量、销售收入、成本、管理费用等），经总经理批准后，转交人力资源部。

收入的确认：以经济利益已流入或能流入为标准，同时工程项目进度（成本）已相应发生并经客户认可。

第十五条 业绩考核

每年1月召开上一年度的业绩考核会，确认年度考核成绩。

若受约人在合同期内调离原职或担任新职，则应将其在任期间的实际业绩与其在任期间的业绩目标进行比较。

第十六条 业绩考核结果的反馈

发约人通过面谈的形式，把业绩考核结果及考核的评定内容与过程告诉受约人，指出其过去一年中取得的成绩与不足，并指明今后努力的方向、改进方法和发展的要点，以及相应的期待、目标等。

第十七条 业绩考核结果的应用

公司按业绩合同的约定兑现物质奖励，按业绩合同计算受约人的年度奖金。

……

第二十条 附件：年度业绩合同

受约人姓名： 职位：

发约人（代表）姓名： 职位：

合同有效期：20____年1月1日至20____年12月31日

为使公司20____年年度经营计划落到实处，经双方商定，同意签订20____年年度业绩合同。业绩目标如下。

业绩目标		权重	单位	年度目标
效益类	A. 净利润	100%	百万元	
	B. 营业现金净收入	100%	百万元	
	两者相比以低者为核算依据			

发约人将依据本业绩合同对受约人20____年年度经营业绩进行考核，20____年实际完成数以20____年年度公司财务决算为准。

发约人根据合同完成情况，按下列约定给予绩效工资限额和处罚。

序号	净利润完成情况	绩效工资限额	节点合计	处罚
1	≤50%	——	——	解聘
2	＞50%，≤80%	8%全额净利润		
3	＞80%，≤100%	10%全额净利润		
4	＞100%，≤120%	加本档部20%		
5	＞120%	加本档部35%		

（四）某能源公用企业关键绩效指标管理细则

第一条　关键绩效指标（KPI）是通过对组织内部流程的关键参数进行设置、取样、计算、分析，以衡量流程绩效的一种目标式量化管理指标，是把企业的战略目标分解为可运作的远景工作目标的工具，是企业绩效管理体系建设的基础。

第二条　关键绩效指标主要包括指标名称、定义及计算方法、考核标准、考核方式、指标单位、考核周期、指标权重以及考核责任部门等内容。

第三条　各部门、基层单位的关键绩效指标管理。

1. 各部门的关键绩效指标管理。在每年年初企业确定目标值后两个工作日内，由人力资源部将年度经营目标下发给各归口责任部门，归口责任部门在五个工作日内根据企业下达的年度经营目标和实际工作需要提炼绩效指标、分解指标目标、制定评价标准。人力资源部负责将指标信息进行收集、汇总，形成并下达各基层单位的绩效目标。

2. 基层单位的关键绩效指标管理。在每年年初各基层单位明确目标值后三个工作日内，由其人力资源部下发给各归口责任部门，各归口责任部门在五个工作日内根据下达的年度经营目标和实际工作需要提炼绩效指标、分解指标目标、制定评价标准。各基层单位人力资源部负责将指标信息进行收集、汇总，形成并下达绩效目标。

第四条 岗位层级关键绩效指标管理。

1. 岗位绩效指标管理。各级部门负责人根据公司下达的年度经营目标和实际工作需要提炼绩效指标、分解指标目标、制定评价标准，形成各岗位绩效指标。

2. 岗位职责指标管理。各级部门负责人根据岗位标准说明书提炼岗位职责考核指标，并报公司绩效管理委员会办公室，待批复后形成各岗位职责考核指标。

第五条 岗位关键绩效指标设置后，由上下级沟通确定各指标权重，并最终形成岗位绩效协议书相关内容。

第六条 在不可抗力、经营目标发生调整等客观条件变化的情况下，可以对绩效指标目标值进行调整。

各部门绩效指标目标值的调整需上报公司归口责任部门，待批复后统一由公司绩效管理委员会办公室进行调整。

基层单位绩效指标目标值的调整需上报公司归口责任部门，待批复后统一由本单位人力资源部进行调整。

第七条 除绩效目标值外的指标内容在考核周期内原则上不允许变更。确定需要变更的，需要由各部门负责人提出申请，填写“关键绩效指标变成申请表”，由绩效管理委员会讨论确定是否调整。

第八条 凡关键绩效指标内容在考核期内出现了调整的，由人力资源部负责将调整依据存档。

第九条 与关键绩效指标设置有关的其他问题，均由绩效管理委员会办公室统一受理，并提交绩效管理委员会进行最终裁定。

（五）某能源企业全员绩效管理工作指南（摘要）

员工绩效考核办法

员工的绩效考核制度一般由员工的直接隶属组织设计和制定，即基层企业的职能部门（班组）、作业班组制定所属员工的绩效考核制度，上级组织制定直接下级组织负责人的绩效考核制度。但基层企业不能因此放弃推动、指导和统筹的责任。

员工绩效考核制度一般采用 AAT 考核模型，该模型规定了态度、能力和任务三个考核维度，基层企业也可以根据实际需要增设负向的行为禁忌或违章过失考核维度。针对不同职类的员工，三个维度的考核方法、考核频次、计算权重不同。对于职能管理职类的员工，三个维度的权重比较均衡。生产操作职类员工的任务维度的权重较大，态度、能力维度的考核一般采用360度胜任力考核法。职能管理职类、生产操作职类员工的任务维度的考核方法不同，前者的劳动成果具有隐匿性、难以计量的特点，其任务绩效一般采用考核主体印象赋值评价法或量表制评价法来衡量；生产操作职类员工的劳动成果是显性的、物化的，一般采用基于劳动定额的计件、计时或工分制等客观性强的计量统计方法来衡量。行为禁忌（违章过失）维度的考核方法则可以比照员工行为标准采用“检错扣分法”。各个维度的考核周期或考核频次要合理安排，态度、能力维度一般需要较长的观察时间才能公正衡量，但适当增加考核频次可以规避“晕轮效应”或“近因效应”；任务维度、行为禁忌维度的考核要及时，最好“月清月结”。

各级组织负责人（各职能部门经理、各类车间班组长）的绩效考核采用组织绩效考核量值与干部履职考核的方法来衡量。

一般情况下，员工绩效考核要根据量值或分值的相对排序进行归级，可以分为A（优秀）、B（良好）、C（合格）、D（基本合格）、E（不合格）共五个等级。要合理控制各考核等级的组织或员工的数量，各等级的组织、员工数量应遵循正态分布规律，即“两头小、中间大”。

（六）某能源二级机构（设计院）年度绩效考核指标体系

指标类别	序号	指标名称	考核权重（%）	责任部门	配合部门
运营结果（100%）	1	内部利润	10	财务部	
	2	经济增加值（EVA）	5		
	3	可控费用	5		
	4	成本费用占主营业务收入比	10		
	5	流动资产周转率	5		
	6	科研计划达成率	10	发展部	
	7	设计任务完成及时率	25	基建部	
	8	设计质量差错率	15		
	9	创新成果完成率	5	科技部	
	10	用工结构达标率	5	人力资源部	
	11	人才当量密度增加值	5		
禁绝事件（-35%）	1	安全生产事件	-15	安监部	
	2	违法违纪案件及行事作风问题	-15	监察部	
	3	泄密事件	-4	办公室	
	4	负面舆情事件	-1		

（续表）

指标类别	序号	指标名称	考核权重（%）	责任部门	配合部门
管理行为（100%）	1	综合管理评价	5	办公室	
	2	综合计划评价	5	发展部	
	3	人力资源管理评价	8	人力资部部	
	4	财务资产管理评价	8	财务部	
	5	信息化建设与科技创新评价	10	科信部	
	6	经济法律及企业管理评价	7	经法部	
	7	企业文化建设评价	10	办公室	
	8	安全管理与监督评价	10	安监部	
	9	廉政建设评价	7	监察部	
	10	审计监督评价	7	审计部	
	11	物资管理评价	3	物资部	
	12	文宣管理综合评价	3	办公室	
	13	班组建设与民主管理评价	5	工会	
	14	各分类业务管理评价	12	归口部门	

（七）某能源二级机构年度绩效述职报告模板

一、年度绩效指标完成情况

1．运营结果指标

指标名称	本年度目标值	本年度完成值	上年度目标值	上年度完成值	同比变化情况

2．禁绝事件指标

指标名称	考核责任部门	本年度完成情况	自评得分	上年度完成情况

二、年度绩效不足与亮点

1．绩效不足

未完成的绩效指标	原因分析及改进措施	可以改进提升的绩效指标	原因分析及改进措施

（续表）

<table>
<tr><td colspan="2">2. 绩效亮点</td></tr>
<tr><td>本年度绩效亮点</td><td>经验总结</td></tr>
<tr><td></td><td></td></tr>
<tr><td></td><td></td></tr>
<tr><td colspan="2">三、为促进绩效改进，需要公司提供哪些方面的支持，需要其他单位提供哪些协作和配合</td></tr>
<tr><td colspan="2">四、为了促使绩效考核管理工作不断完善，请提出相关意见或建议</td></tr>
<tr><td>填写说明</td><td>1.“绩效不足”主要用于分析绩效考核指标履行过程中存在的不足或仍可以改进提升的绩效指标，明确本年度未实现的绩效目标，或者虽然完成既定目标但仍有较大提升空间的绩效指标。对于未实现的绩效指标，应重点分析原因，吸取教训，明确改进方向和措施；对于仍有较大提升空间的，应重点分析绩效提升的维度，制订提升计划，避免仅对问题存在的原因和表面现象进行描述
2.“绩效亮点”中的经验总结可从努力程度、人员素质、团队精神、个人表现、团队协作、资源支持等方面进行分析</td></tr>
</table>

（八）某能源企业绩效管理指导手册（摘要）

二、辅导实施

绩效管理强调员工与管理者的共同参与，强调员工与管理者之间形成绩效伙伴关系，共同完成绩效目标的过程。这种员工的参与和绩效伙伴关系在绩效辅导实施阶段主要表现为持续不断的沟通。

1. 数据的收集和记录

在绩效辅导阶段，管理者在与员工保持绩效沟通和辅导的同时，还有一项重要的工作就是进行数据的收集和记录，以为下一阶段公正地评价员工的绩效水平提供依据。具体来讲，数据收集的主要目的在于为绩效评价、绩效改进提供事实依据，有效诊断员工的绩效。

2. 数据收集方法

绩效结果作为员工努力工作之后的一种报酬，对其进行公正而客观的评价是非常重要的。为了保证评价的准确性，管理者必须注重数据的收集工作，随时收集员工绩效的相关数据，使数据收集工作形成一种制度。其主要做法如下。

（1）生产记录法：对于生产、加工、销售、运输、服务的数量、质量、成本等，按规定填写原始记录和统计。

（2）定期抽查法：定期抽查生产、加工、服务的数量、质量，用以评定期间内的工作情况。

（3）项目评定法：采用问卷调查的形式，指定专人对员工逐项进行评定。

（4）关键事件记录法：对员工特别突出或异常失误的情况进行记录。关键事件的记录有利于管理者对下属的突出业绩进行及时的激励，对下属存在的问题进行及时的反馈和纠偏。

（5）减分搜查法：按职位要求规定应遵守的项目，明确违反规定的扣分方法，定期进行登记。

（九）某电力企业绩效管理工作评价办法（摘要）

第二章　评价的项目与内容

第四条　绩效管理工作的评价项目包括六个方面：工作部署、标准化建设、覆盖面、工作推进、培训宣传和执行效果。

（1）工作部署：各单位应将绩效管理纳入本单位中长期规划，并按年度进行分解；结合公司年度绩效管理工作制订年度绩效管理工作计划或方案；在年初或年中工作会议中对开展绩效管理工作提出具体的要求和安排，并在各级人员的日常工作中得到充分的体现。

（2）标准化建设：各单位应确保管理网络健全，具有体系健全、职责明晰的绩效管理组织，成立绩效管理领导小组，设立单位调解委员会，并在各层级设有专兼职绩效管理人员；建立涵盖各部门、各岗位的指标库，将各项指标逐级分解；制定部门、班组的绩效评价（管理）办法或细则；做到应用体系完善，定期进行分析评价，公开评价结果。

（3）覆盖面：各单位的绩效管理工作应按照进度要求覆盖到所有部门及员工。

（4）工作推进：各单位应建立绩效计划并及时逐级签订绩效合约，跟踪分析绩效合约的执行情况，定期做好绩效评估工作，并及时反馈情况；应定期（季度、年度）对本单位的绩效管理工作执行情况进行检查。

（5）培训宣传：各级组织应及时传达上级关于绩效管理的部署及要求，开展绩效管理业务知识和理论培训，并按要求对本单位的绩效管理工作开展情况进行宣传报道。

（6）执行效果：评价员工对本单位绩效管理工作的认可度、参与度；根据本单位年度绩效考核得分结果，评价单位员工及组织绩效提升情况。

（十）某能源技术企业组织绩效管理体系（摘要）

考核重点

对不同的绩效单元，组织绩效考核的重点有所不同。

（1）产业单位——按照产业单位各产品线的阶段性任务，可以分为不同的考核阶段，主要包括调研筹备、开发、试运行和正式运行四个阶段。产品线具体所属阶段由战略发展管理中心来评定，经过相应的评审流程后，正式发布。根据各产品线所属阶段，进行针对性的考核，具体的考核重点如下。

（a）调研筹备阶段：重点是产能建设情况，主要看投资进度是否符合要求、关键人才是否到位。

（b）开发阶段：以投资性的筹建或是以人员和业务性的筹建为主，比如产能建设、团队建设，甚至是在手订单。

（c）试运行阶段：以收入为主，以利润为辅，这个阶段的利润指标会控制在一定的区间内，作为辅助指标进行考核。

（d）正式运行阶段：以利润为主。

注：对于同时拥有成熟产品和新产品的产业单位，对新产品建设的考核还是以上述原则为准，最后按一定权重体现在该产业单位的组织绩效考核成绩中。

（2）区域公司——重点考核销售收入完成情况，并参考回款和费用控制情况。

（3）共享单位——重点围绕对业务的支持、贡献程度和成本节约情况进行考核。

（4）机关单位——重点围绕职能履职进行考核，突出管理的成果、效果，并参考费用管理和控制情况。

（十一）某能源技术企业组织绩效管理体系（摘要）

6.1 员工绩效考核指标构成

员工绩效考核采用本岗位关键绩效指标（KPI）与上一级被考核单位关键绩效指标相结合的形式。

岗位	组织绩效指标权重	个人绩效指标权重
执行副总裁	集团指标的 30%	本岗位指标的 70%（根据分工）
一级部门负责人	集团指标 / 模块指标的 30%	本岗位指标的 70%
二级部门负责人	一级部门指标的 30%	本岗位指标的 70%
其他员工	一级部门指标的 30%	本岗位指标的 70%
说明：员工考核指标中上挂的 30% 组织绩效指标是指接受组织绩效考核的单位的指标；对于双线汇报员工，上挂的 30% 组织绩效指标来源于其所在的业务单位		

……

6.3 关键绩效指标分类

根据指标性质和评分方式，关键绩效指标分为以下五类。

（a）完成率量化指标：对于利润完成率、销售收入完成率等指标，列明指标最终结果与考核得分的关系。

(b)扣分类量化指标：对于岗位职责要求完成的报告次数、组织活动次数指标，列明增加或减少一次扣几分。

(c)综合评价类非量化指标：对于难以通过量化方式进行考核的指标，比如工作配合情况、规章制度完善程度等指标，列明指标应达成的目标，以及指标的加减分事项。

(d)加分类指标：内外部客户书面表扬、精品工作、创新工作。

(e)否决类量化指标：对于影响企业正常运营的重大指标，比如安全类指标，如果未达到公司要求的标准，考核总成绩为0分。

(十二)某制造企业集团行为态度指标库(摘要)

指标名称	指标定义	关注点
领导力	表现出能领导一群人为企业创造绩效的程度	1. 分配工作：合理分配工作并随时控制进度 2. 以身作则：能以身作则，并成为部门模范 3. 绩效管理：能充分实施绩效管理，并评价、培养下属
责任心	认可自己的工作职责，认真地采取行动去完成这些职责，所负责的工作出现问题时不推诿，敢于承担责任并设法解决问题	1. 主动落实：了解自己的工作职责和角色，积极主动处理事情，对职责范围内的工作及时进行检查，对发现的问题采取必要的行动 2. 尽职尽责：工作中面临需要同时处理职责内和职责外的任务时，能主动采取应对措施，保证不因为职责以外的任务而影响职责内工作的完成情况 3. 勇于担当：主动、公开地承担本职工作中的责任问题，不欺上瞒下，即使面临巨大压力或个人利益受到损失时，仍能不折不扣地完成工作并承担责任
执行力	能够迅速理解上级的意图，形成目标并制定出具体可操作的行动方案，保证计划的高效、顺利实施，并能努力完成工作目标	1. 贯彻落实：及时完成上级指定的工作 2. 自我改善：通过改善工作技能实现上级制定的工作标准和目标 3. 绩效提升：主动改善工作方法，以提高个人或团体的工作绩效
主动性	表现出对自我的鞭策，在尚未被要求前，就已采取必要的行动	1. 立即配合：能在被要求时立即开始行动 2. 掌握机会：能认清及掌握眼前的机会并立即展开行动 3. 创造机会：能付出额外的努力去创造机会或预先降低问题发生的可能性
协调能力	根据工作目标的需要，合理配置相关资源，协调各方面关系、调动各方面的积极性，及时处理和解决目标实现过程中的各种问题	1. 组织调动资源：思路明确，根据任务的紧急程度，提前组织或调动各种资源 2. 调解冲突，获取支持：善于同各方面保持融洽的关系，出现冲突时具有一定的调解技巧，能调动参与者的积极性 3. 对外协调：有良好的沟通能力，善于与外界建立合作关系，利用各方面的资源为企业服务

（续表）

指标名称	指标定义	关注点
合作能力	在团队中主动征求他人意见，与他人互享信息，互相鼓励，为了团队的共同目标与大家通力合作，表现出对团队工作参与配合的程度	1. 配合工作：配合团队成员完成团队工作目标 2. 促进和谐：能诚心配合团队并与他人合作，主动促进团队的和谐 3. 鼓舞士气：能带领团队营造和谐的合作气氛
成本意识	在保证正常工作状态和质量的前提下，通过控制成本、增加产出、优化流程等手段，使利润最大化	1. 成本估算，费用控制：对工作中可能产生的成本进行合理估算，将费用控制在预算范围内 2. 主动节约：能够想方设法，积极地以灵活、创新的方式（如优化流程等）改善工作，从而节约成本 3. 成本效益分析：能够进行投入和产出分析，在控制成本的基础上，通过尝试识别新的高产出机会，增加有效投入，以实现企业利益的最大化
学习精神	能接受新事务与观念，主动掌握与寻求学习和成长的机会	1. 吸收知识：主动吸收职位上所需具备的专业知识与技能，并将其有效地运用在工作上 2. 提升技能：很快接受、适应新科技与新技能的改变，并不断自我学习与工作相关的知识技能 3. 自我挑战：积极进取，主动提出改进工作效率的建议，并且乐于尝试不同职务与目标的挑战
沟通能力	通过倾听、清晰表达自己的意见，公开进行反馈，与他人进行信息传递	1. 准确表达：能够耐心倾听他人的观点，比较完整地表达自己的意见和想法，使对方能够理解 2. 高效沟通：与他人交流时能够准确理解他人的观点，积极地给予反馈，表达时言简意赅，具有较强的逻辑性，观点清晰明确 3. 沟通策略：预见他人的需求和关注点，对不同对象和情境所要求的沟通方式有系统和深入的认识，并能自如地运用和进行灵活的调整
诚信正直	在处理组织中的事务时，不受个人利益、好恶的影响，信守承诺，能正确对待自己的错误	1. 遵纪守法：遵守法律规范和社会公德、企业各项规章制度 2. 信守承诺：承诺过的事情一定要办到，诚实，不说假话，不为个人利益隐瞒事实或欺骗他人，对人对事公平公正 3. 正直廉洁：遇到利益诱惑时能坚持原则，不凭借职位之便谋取私利
敬业	将企业的文化与任务置于心中重要位置的程度	1. 热忱工作：以企业、部门任务或目标作为自己的行动准则，有为企业服务的热忱和表现 2. 忠诚度高：对企业有绝对的忠诚度，能牺牲自我的利益，以完成企业的目标
服务意识	善于换位思考，能够替客户着想，为其解决问题，用行动满足其需要	1. 关注顾客：利用多种渠道不断了解客户的感受，预测其需求 2. 快速响应：能第一时间响应客户的需求，并以良好的精神面貌服务客户

（续表）

指标名称	指标定义	关注点
分析性思考	表现出能以系统化的方法分解问题的组成要素或原理	1. 资料收集：能积极收集与问题有关的各种资料 2. 问题分析：能为所发生的情况设想出数种不同的可能原因 3. 预先防范：在拟订工作计划及执行步骤时，能预先设想可能发生的困难，以作为执行方案的参考
文化认同	认可企业的价值观，能按企业要求的行为规范履行职责	1. 价值认同：认可企业的价值观，按要求的行为规范做事 2. 践行文化：积极参与企业组织的各类活动并践行文化价值观

【实践点评】

绩效管理体系建设必须具备根本性、全局性、稳定性和长期性，同时要保证管理体系本身的公平性、合理性、科学性和可行性。

绩效管理不是单一模式和单一工具的市场，从“德、能、勤、绩”到“BSC”，再到近些年比较火的“OKR”，经过仔细研究和应用，会发现这样一个道理：在绩效管理实践中，没有任何一个方法或工具是最有效和长期有效的，只有结合企业实际，对绩效管理体系进行设计、应用、优化、改进、迭代和创新，才能实现绩效管理体系对战略目标的解码和驱动。

托利得定理指出，测验一个人的智力是否属于上乘，只看脑子里能否同时容纳两种相反的思想而无碍其处世行事。因此，绩效管理不是万能的，但又是很有效的管理思维；绩效管理体系不是上级管理下级的工具，不是可有可无的，全体员工都应处于绩效管理体系的硬性约束之中；绩效管理体系一定要有所为，其落地的关键是执行，其起效的关键是改进。

【管理知识】

绩效管理的核心是管理，其涵盖管理的所有职能，包括战略、计划、组织、体系、监督、指导、协调、控制、成本、激励和合适的人。

第五节 绩效计分方法

在绩效管理体系设计过程中，绩效评价计分方法的选择和设计至关重要。绩效计分方法的选择和设计是绩效管理数据收集及绩效数据能否真实反映实际绩效的关键。常用的绩效计分方法有以下几种。

（1）层差法。层差法是将考核结果分为几个层次，实际执行结果落在哪个层次内，该层次所对应的分数即为考核的分数。

例如，人员招聘周期为从用人单位提出用人申请到申请经过确认，再到员工入职到岗的时间。

如果设定的最低完成时间为30日，期望完成时间为20日，人员招聘周期指标在考核中所占有的权重为15%，即15分，那么计分方式可以分为三种：

① 20日以内完成，得15分；

② 20 ~ 30日完成，得7分；

③ 30日以后完成，得0分；

（2）减分法。减分法是针对标准分值进行减扣而不进行加分的方法，也就是我们通常说的扣分法，即在执行指标过程中发现有异常情况时，按照一定的标准扣分，如果没有异常则得到满分。

以日常费用报销及时性为例，其计算方式为发生1次投诉扣2分，直至扣完该指标的配分。

（3）比率法。比率法就是用指标的实际完成值除以计划值（或标准值），计算出百分比，然后乘以指标的权重分数，得到该指标的实际考核分数。

计算公式：A / B × 100% × 相应的分数。

其中，A为实际完成值，B为计划值或标准值。

例如，招聘计划完成率 = 实际招聘人数 / 计划招聘人数 × 100%。

如果招聘计划完成率在本季度中占有20%的权重，即20分，那么所得的分数为招聘计划完成率 × 20。

（4）非此即彼法。非此即彼法是指绩效考核结果只有完成或不完成两个结果，不存在中间状态。

以一级流程发布计划达成率为例，假如季度指标中所占的权重为15%，即15分。由于企业的一级流程不会很多，因此责任部门每个季度完成的一级流程数量要求并不是很高，但流程管理对企业管理至关重要，因此该指标的最低要求为 100% 完成，计算时，只有两个结果：100% 完成，0 ~ 99.99% 为没有完成。假如结果是完成 100%，得 15 分；假如结果是完成 0 ~ 99.99%，得 0 分。

（5）说明法。说明法是指对绩效考核结果可能出现的几种情况进行说明，并设定每一种情况所对应的计分方法。

员工满意度调查及分析指标就可以用说明法来计分。例如，该指标为人力资源部负责人指标的 20%，则涉及员工满意度调查及分析四项指标的分值分别为 2 分、8 分、4 分、6 分；评价时分别针对四项内容进行打分，四项打分之和即为最后得分。

（6）强制分布法。强制分布法是按事物“两头大、中间小”的正态分布规律，先确定好各个等级在总数中所占的比例，然后按照每个人的绩效的相对优劣程度，强制将其列入一定的等级，按等级给予相应的分数。

例如，将某项工作的完成情况划分为优、良、中、差、劣五个等级，每个等级的人数分别为 10 人、20 人、40 人、20 人和 10 人，然后按照每个人的绩效的相对优劣程度，强制将每个人列入一定的等级。

（7）直接排序法。直接排序法是将员工按照某个评估因素上的表现，从绩效最好的员工到绩效最差的员工排序，并按照递减法确定得分。

例如，将所有城市销售经理的销售目标完成率从高到低进行排序，按照排名顺序确定分数，比如第一名 100 分，最后一名 50 分，排名居中者随名次从前到后，分数从 100 到 50 依次等差递减；或者第一名为 100 分，其他按排名依次递减 10 分。

考核方案中的排名法比较复杂，有的还涉及贡献分值，简单一点的就是根据完成率的大小直接进行排名，然后再根据排名设置对应的从高到低的分数。

【管理实践】

（一）某企业关于绩效考核指标计分方式及数据计算方法说明（摘要）

1. 完成比率计分法。按指标的完成程度评分，指标得分 = 完成比率 × 分值（完成比率 = 实际完成值 / 目标值 ×100%）。

例如，某项工作指标的分值为 1 分，年终完成了目标值的 80%，则指标得分 = 80%×1 = 0.8 分。

2. 数量递减计分法。完成目标值得满分。每少一个比例点（数量）扣减一个等值的分，扣完为止。完成目标值得满分，每多（少）一个比例点（数量）扣减一个等值的分，扣完为止。

例如，老客户复购率的目标值为90%，该指标分值为20分，每低一个百分点扣2分。实际完成值为88%，则指标得分＝20－（90%－88%）×100×2＝16分。

例如，核心员工流失率的目标值为3%，该指标的分值为10分，每高一个百分点扣2分。若该指标实际值为4%，则指标得分＝10－（4%－3%）×100×2＝8分。

3. 否决计分法。对必须完成的指标任务，完成指标目标值得满分，未完成目标值不得分。

例如，开展团队集中学习。学习达三次的得5分，不到三次的得0分；集中学习达20个学时的得5分，不到20个学时的得5分。

4. 等次评分法。对于定性指标，根据其完成的质量和效果分为优、良、中、差四个等次，分别按分值的95%、85%、75%、65%评分。

例如，在企业文化宣贯工作中，甲单位被评为优，乙单位被评为良，丙单位被评为中，丁单位被评为差。若该项工作分值为3分，则甲单位指标得分为95%×3＝2.85分，乙单位指标得分为85%×3＝2.55分，丙单位指标得分为75%×3＝2.25分，丁单位指标得分为65%×3＝1.95分。

5. 功效系数计分法。针对各指标设定一个满意值和不允许值，以满意值为上限，以不允许值为下限，计算各指标实现满意值的程度，并以此确定各指标的分数。

6. 超目标递增计分法。设定指标的基础分和最高分，完成目标值得基础分，每多1个比例点（数量）增加1个等值的分，至最高分为止。

例如，城市项目资金回笼目标值是100，该指标的基础分为1.5分，每超1加1分，最高分为20分。若实际完成值为105，则该指标得分为15+（105－100）×1＝20分。

7. 区间计分法。确定目标值，然后设置几个连续区间并分别赋予对应的分值，根据实际完成值所在区间，判定指标考核得分。

例如，员工培训完成率任务的分值为10分，完成95%及以上得10分，完成80%～94%得8分，完成65%～79%得6分，完成50%～64%得4分，完成50%以下得0分。

（二）某企业绩效考核指标评分标准填写说明（摘要）

1. 完成比例计分法。在指标目标明确的前提下，将任务实际完成情况与任务目标进行对比，然后将完成比例乘以该项指标的权重分数，即为该项指标实际得分。计算公式为：指标得分＝（实际完成情况 / 计划目标值）× 指标权重分数。

例如，“年均人效”权重分数为10分（指标体系总分为100分），2021年计划目标为年均人效不低于120万元，实际年均人效为108万元，则该事业部在2021年“年均人效”指标得分为（108/120）×10＝0.9×10＝9分。

适用范围：指标目标明确，指标下达部门对此项指标要求一般，或被考核对象因目标要求较高不容易完成。同时，应用完成比例计分法时需要注意超额完成情况，通常对于关键性指标和上级下达的重要指标，在超额完成情况下可以给予加分。

2. 数量递减计分法。在指标目标明确的前提下，将任务实际完成情况与任务目标进行对比，根据两者的差距，按规定的扣分规则逐一扣分，当完成任务比例低于某个程度时，该项指标就减分至0分。

例如，指标及目标为“全年实现销售总额增长15%”，采用数量递减法，则可以设计为“完成得10分（满分），每少1个百分点扣2分，扣完为止”。

适用范围：指标目标明确，指标下达部门对此项指标要求较严格，或此项任务为相对硬性要求，或此项任务较容易完成。

3. 否决计分法。在指标目标明确的前提下，将任务实际完成情况与任务目标进行对比，若完成任务则该项指标得满分，若完不成任务则得零分。

例如，指标及目标为“新产品于5月底之前正式上市”，相应评分标准可以设计为“按时完成任务得满分，否则得零分”。

又例如，指标及目标为“重大客户投诉率为0”，相应评分标准可以设计为“完成目标得满分，否则得零分”。

适用范围：一般为硬性要求，或是单一任务，很难分解。

4. 区间计分法。在指标目标明确的前提下，将任务实际完成情况与任务目标进行对比，然后将完成比例分为几个区间，在每个区间上分别赋予不同的得分。例如，实际完成率≥X1%，得满分；X1%≤实际完成率＜X2%，按分值的95%计分；X3%≤实际完成率＜X2%，按分值的90%计分；X3%≤实际完成率＜X2%，按分值的80%计分；实际完成率＜X2%，该项按零分计分。

例如，指标目标为“2020年12月31日前完成年度建筑施工项目新签合同额370亿元”，其权重分数为30分（指标体系总分为100分），而2020年实际完成值为360亿元，若按照区间计分法计分，则“实际完成率≥95%，得满分；90%≤实际完成率＜95%，按分值的95%计分；80%≤实际完成率＜90%，按分值的90%计分；70%≤实际完成率＜80%，按分值的80%计分；实际完成率＜70%，该项按零分计分”。因为（360/370）= 97.3% ≥ 95%，所以该企业在 2020 年“年度建筑施工项目新签合同额”指标得分为 100% × 30 = 30 分。

适用范围：指标目标明确，多为合计而成，完成指标的弹性比较大，被考核对象完成指标目标的不确定性较高。

5. 基础加减法。在指标权重分份额范围内，确定一个基础分，完成目标则得基础分，超额完成则加分，最高不超过权重分，未完成则减分。

例如，以“年度新客户增长 7%”为指标，完成目标得 8 分，每超额完成 1% 加 1 分，直至加到 15 分；若未完成，每少 1% 扣 1 分，扣完为止。

6. 直接扣分计分法。以权重分为基准，设定差错行为 / 现象扣分标准，每发现一次扣减一定分值。

例如，“清理库存商品”指标的权重分为 10 分，其考核标准为“按期清理库存商品得 10 分；未按期完成清理库存商品的，每 100 单位扣 1 分，扣完为止”。

7. 等级计分法。一般应用于定性评价，将评价标准划分为“优”“良”“中”“差”等级，并制定相应的评判标准，统计分数时，把等级转换成相应分数。例如，可以把“优”“良”“中”“差”分别对应为 90 分、80 分、70 分和 60 分。应用等级计分法时需要注意三个前提：一是选择合适的评价维度，二是确定评优的充分必要条件，三是确定评差的必要条件。

适用范围：对一些“软性任务”，或一些指标既包含定量的任务也包含有定性的任务，很难用一个单一数值衡量的，则可以考虑采用等级评分法。

8. 专项综合计分。由于该项指标的内容很广，还包含若干项子指标，而且每项子指标可能采用不同的计分方法，这种还需要一套完整的评分细则的方法称为专项综合评分。计算公式为：指标得分 = 专项综合评分比例得分 × 权重分数。

例如，“团队建设”在指标体系中的权重分数为 15 分，某部门在“团队建设”专项考核中得了 90 分（专项总分为 100 分），则该项指标得分为（90/100）× 15 = 13.5 分。

9. 功效系数法。该方法是一种较专业的计分方法，即综合考虑两个维度，一般为指标的增量和总量，先根据单个维度，通过与其他竞争者对比计算得分，然后按两个维度的权重加总得分。

计算公式为：[（某省区销售额单项指标总量 − 所有目标省区销售额单项指标总量平均值）/（所有目标省区销售额单项指标总量最大值 − 所有目标省区销售额单项指标总量平均值）× 0.4 + 0.6] × 指标分数 × 权重比例 + [（某省区销售额单项指标增量 − 所有目标省区销售额单项指标增量平均值）/（所有目标省区销售额单项指标增量最大值 − 所有目标省

区销售额单项指标增量平均值）×0.4+0.6］× 指标分数 × 权重比例。

例如，6 个一线城市 MX99 手机销售指标，10 分（总分 100 分），总量和增量两因素各占 50%，利用功效系数法计分公式为：［（某市 MX99 销售额－6 市 MX99 销售额平均值）/（6 市 MX99 销售额最大值－6 市 MX99 销售额平均值）×0.4+0.6］×40×50%+［（某市 MX99 销售额增长值－6 市 MX99 销售额增长平均值）/（6 市 MX99 销售额增长最大值－6 市 MX99 销售额增长平均值）×0.4+0.6］×10×50%。

适用范围：对于一些定量指标，在没有下达具体目标值的情况下，可以采用此方法。

（三）某能源股份绩效指标手册（摘要）

常用的绩效指标评价方法有以下几种。

1. 比率法：指按相应的比率来计算绩效指标得分的方法，其计算公式为 A/B×100%。

2. 非此即彼法：指标结果只有两种可能，要么没有完成，要么完成，得分只有两种可能性，要么 0 分，要么满分。例如，变电设备大修、改造管理的计划完成率为 100% 即为优，小于 100% 为差。又例如，总经理客户接待日制度的制定，一次通过为优，多于一次为差。

3. 层差法：将考核结果分为几个层次，每个层次对应相应的分数，如下图所示。

指标名称	权重	一级	二级	三级
客户投诉次数	45%	0 次	1 次	≥2 次
		45 分	30 分	0 分

4. 加分 / 减分法：是指对不占权重的行为规范实行考核的一种方法，一旦发生，即按标准进行扣分。

5. 等级评价法：等级评价法是一种对定性指标进行评价的方法，通常定性评价的等级可以划分为 3 级、5 级、7 级或 9 级，一般选用 5 级或 7 级，等级评价法需要实现对定性指标设置等级描述。

常见的定性指标等级描述（报告文件类）

评估项目	很差	差	较差	中	较好	好	很好
资料翔实准确	①	②	③	④	⑤	⑥	⑦
分析方法有效	①	②	③	④	⑤	⑥	⑦
把握重点问题	①	②	③	④	⑤	⑥	⑦
建议可行有效	①	②	③	④	⑤	⑥	⑦
合计							

备注：每项得分用“√”标注

【实践点评】

计分法是数据管理不可或缺的方法，离开计分法，企业就很难进行数据收集、数据分析和数据应用。

从统计学的角度看，计分法还有很多，但绩效管理常用的就是以上几种方法。在使用这些方法时，切记不同的计分法所收集的数据和数据应用的导向是有差异的，一定要根据绩效管理的实际，在指标标准设计和度量评价上采取不同的计分法。

【管理知识】

“没有数据，就没有评价；没有评价，就没有管理”，数据化管理是高绩效管理的必备手段。

第三章

绩效管理工具应用实践

杜邦分析法、EVA、BSC、绩效棱镜、MBO、KPI、OKR等绩效管理的理念、方法、工具及技术都为组织绩效的提升做出了应有的贡献。这些理念、方法、工具及技术都有其优缺点和适用背景，要想在管理实践中发挥其真正的价值，就必须采取整合的思维模式，将有关理念、方法、工具及技术等整合运用，以规避缺点，发挥优点。首都经济贸易大学的田大洲教授在2009年提出了“MBK3绩效管理系统”理念，笔者学习该理念后在管理中进行了实践，通过不断实践和运用，在其基础上提出了“MBK7全绩‘笑’管理系统”。这里的“笑”，应该是“xiao”，即“基于组织战略目标下组织业绩产生的效率、效力、效果、效益和笑容，最关键是笑容——客户的笑容、投资者的笑容、管理者的笑容、员工的笑容、利益相关者的笑容。”

一个正常的绩效管理体系，包括制度、流程、标准、计划和改进五项功能，只要有企业文化、从业者的能力作为支持，这五项功能在实际运作中，基本上不会存在问题。那么问题出现在哪些方面呢？问题主要出在理念、方法、工具及技术的使用和操作上。事实上，大部分组织的绩效管理实施都是困难的，这是因为它们使用的工具单一或不能去其糟粕，全盘照搬，绝大多数是连工具等基本的内涵都不掌握；谈到方法时，夸夸其谈，但在真正实施时，不能抓住核心、找到本质，浮在工具、技术的表层，所以没有效果是正常的。虽然也有组织能抓住核心、找到本质，但未能通过制度、标准、流程等来规避其负效用，导致效果虽然较好，但负效用也很大。

事实上，如果能基于相关理念、方法、工具及技术进行绩效管理，相信一定能驱动企业效率、效果、效益的提升。当然，在设计绩效管理体系之前，必须对企业进行管理诊断，特别是进行绩效管理诊断，重点诊断战略、架构、策略、组织、体系、流程、标准、工具、系统、运用、改进等方面。让我们走进“MBK7全绩‘笑’管理系统”（见图3-1），针对MBO、OKR、360度胜任力考核等，抓住其核心，找出其本质。

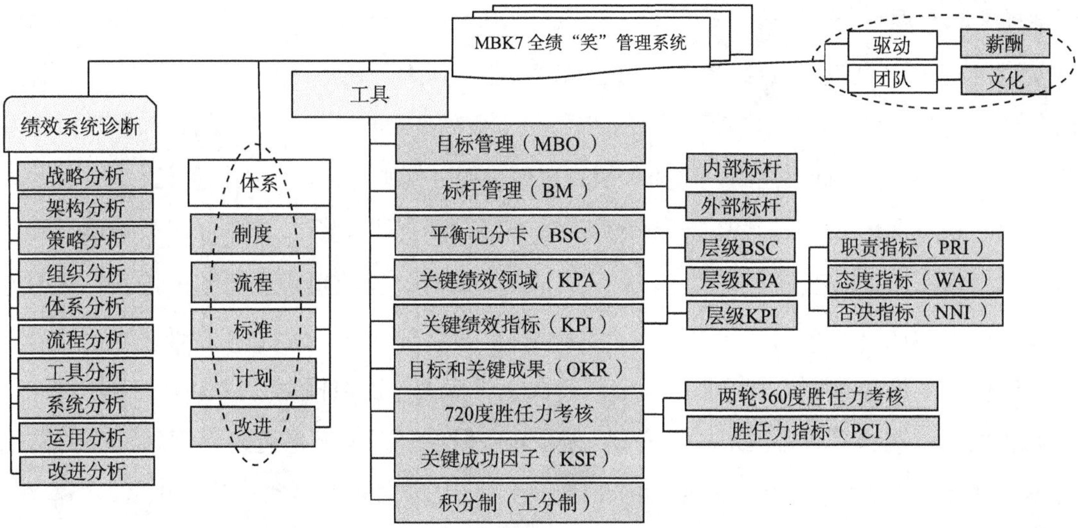

图 3-1　MBK7 全绩"笑"管理系统

当然，很多人可能会说田大洲教授以及笔者不就是搞了个绩效管理"大锅菜"吗？其实不然。绩效管理系统就是通过将有关理念、方法、工具及技术等整合运用，取其精华，去其糟粕，从传统的线性思维转变为网状思维，突破思维局限，审视企业实际，审视企业人力资源管理成熟度，审视团队整体素质，进行组织管理和绩效管理诊断。只有问对问题，才能找到正确答案；只有基于企业实际不断求证，才能形成驱动绩效管理的最佳实践，否则，使用的工具再多，也只能徒增成本！好的管理理念、好的管理方法、好的管理工具、好的管理技术的真正价值在于操作性、在于实用性、在于科学性，最重要的是可借鉴、可复制、可迭代，而不是孤立且一成不变的。任何组织都可以通过管理创造价值，形成最佳实践。最佳实践的精髓在于能否基于实际，不断进行求证，转化为适合自身实际的实践。

第一节　目标管理（MBO）应用实践

一、MBO 的影响

目标是一切管理的基础和开始！目标管理（Management by Objectives，MBO）是 20 世纪 50 年代中期，以泰罗的科学管理和行为科学理论（特别是其中的参与管理理论）为基础形成的一套管理制度。1954 年，彼得·德鲁克（Peter F.Drucker）在《管理的实践》一书中首先提出了“目标管理和自我控制”的主张。德鲁克认为，并不是先有了工作才有了目标，而是相反，有了目标才能确定每个人的工作。目标管理的最大优点是它倡导一种目标比指标更重要的理念。指标关注的是管控和执行层面，而目标则意味着价值和意义。

无论是“第五项修炼”的倡导者彼得·圣吉，“市场营销之父”菲利浦·科特勒，领导力大师约翰·科特，还是英特尔公司总裁安迪·格鲁夫，微软董事长比尔·盖茨，通用电气公司 CEO 杰克·韦尔奇……这些大家耳熟能详的人物，在管理思想和管理实践方面都受到了彼得·德鲁克的启发和影响。南卫理公会大学查德·巴斯柯克（Chad Baskirk）指出，目标管理这一概念具有哥白尼“日心说”般的突破性效应：“德鲁克注重管理行为的结果而不是对行为的监控，这是一个重大的贡献。因为它把管理的整个重点从工作努力即输入，转移到生产率即输出上来。”德鲁克对这一概念做了精辟的解释：“所谓目标管理，就是管理目标，也是依据目标进行的管理。”

如果一个领域没有特定的目标，那么这个领域必然会被忽视。目标绩效来源于对企业经营目标的分解，即为完成战略而将经营目标逐层分解到每个部门及相关人员的一种指标设计方法。在这个过程中，目标的实现者也是目标的制定者，即由上级与下级在一起共同确定目标，用总目标指导分目标，用分目标保证总目标，形成一个“目标—行动”链。英国著名管理学家厄威克指出，除非是为了一个共同的目标，否则就无理由要求人们进行合作，也无理由把他们组织起来。

从管理学上说，目标是比现实能力范围稍高一点的要求，也就是“跳一跳，够得着”的那种。“目”就是眼睛看得到的、想得到的、愿意得到的，是一种梦想；“标”就是尺度。目标就是有尺度的梦想，没尺度的梦想叫幻想、空想、异想天开。目标不是凭空吹出来的，不是虚拟出来的，不是闭门造车想出来的，而是上下一心，一起缔造出来的，要有翔实的数据，有认同，有完成的周期，还要有激情，要经过精确的预算和计划。目标管理的目标统一对企业来说是至关重要的。目标设立后，企业一定要想办法把它变成大家的梦想，要让每一个员工都认同它。通过目标分解所得到的指标，其考核的内容是每个岗位、每个员工最主要的且必须完成的工作。各层级员工的目标指标是经过层层分解而得到的。绩效考核必须是由上而下的，管理者要以身作则，只对员工做考核是不能形成绩效文化的。

有效的管理者并非为工作而工作，而是为成果而工作。目标管理强调对管理者的考核是其结果（成果），而不是“活动”本身，要不断将目标对准结果，通过及时检查反馈来实现，明确结果往往是由“用户”所决定的。德鲁克表示，只有每个管理者都参与制定高一级部门的目标时才能达到方向上的统一。特雷莎·阿马比尔（Theresa Amabil）通过研究指出，当我们的工作缺乏意义时，即使完成再多的任务也不会让我们产生真正的成就感。

在实践中，很多企业或管理者在使用目标管理时，多采用自上而下的命令式，事实上这是个应用误区。有目标不等同于目标管理，目标管理具有鲜明的特征：共同参与制定；上下达成一致；可衡量；关注结果；及时的反馈与辅导；以事先设定的目标评估绩效。需要说明的是，“上下达成一致”是指上下级共同参与目标的制定（自上而下和自下而上相结合），以下级为主导，进行充分的目标讨论，上下级的角色是平等的，需要双方都认同。上下达成一致是一件十分困难的事，在目标向下分解的每一步、每一层均有可能出现目标的错位、变形或偏离。

【管理实践】

（一）惠普目标管理

如果超出预期目标，或者达成了当初看上去难以完成的目标，则要分析成功的原因，并与团队分享经验。目标管理是惠普多年来实施的非常有效的一种管理实践。

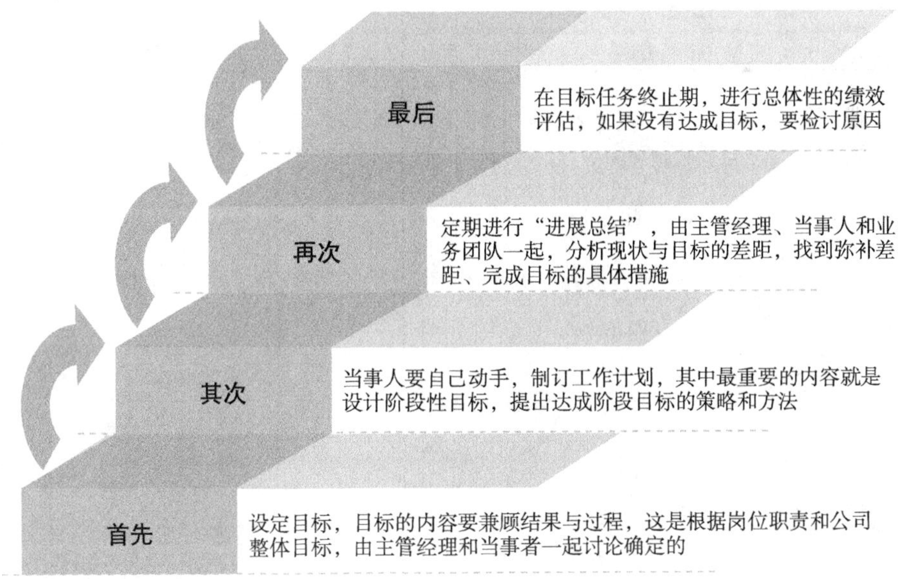

（二）海尔 OEC 日清表

海尔张瑞敏始创的 OEC 管理方法，其核心就是目标管理，该管理方法是 MBO 在国内应用最好的代表，已升级为全方位的目标管理。

其中，O（Overall）表示全方位；E（Every）表示每个人、每天、每件事；C（Control and Clear）表示控制和清理。OEC 管理方法可表示为：日事日毕，日清日高，即每天的工作每天完成，每天的工作都要清理并要每天都有所提高。OEC 管理方法由目标体系、日清体系和激励机制三个体系构成。其中，先确立目标，日清是完成目标的基础工作，日清的结果必须与正负激励挂钩。OEC 管理方法的核心思想提倡的是“日事日毕，日清日高”“事事都经营，人人都创新”“管事凭效果，管人凭考核”“即时纠偏、即时激励”“解决问题在现场”“抓反复、反复抓”“事前计划，事中控制，事后检查，事完评价”“责任到人”等。

OEC 日清表

项目		当日				当月			
		计划数	实际数	完成率	差异	计划数	实际数	完成率	差异
主要指标	项目 1								
	项目 2								
	差异分析	➢ 存在差异： ➢ 原因分析： ➢ 明日计划：							
辅助指标	项目 1								
	项目 2								
	差异分析	➢ 存在差异： ➢ 原因分析： ➢ 明日计划：							
个人自评：A B C 个人签字：				复审意见：A B C 主管签字：					

【实践点评】

目标管理的主旨在于用“自我控制的管理”代替“压制性的管理”，使管理者能够控制自己的绩效。在实践中，管理“控制”的必须是行为的动机，而不是行为本身，也就是必须以对动机的控制实现对行为的控制。

二、MBO 的发展

在 MBO 之后，诞生了很多目标管理方法，包括 SMART、KPI、OKR 等，这些方法在不同的企业有着不同的应用实践，其中 KPI 有着最广泛的应用。KPI 本质上等同于 OKR 中的 KR（关键结果），只是它从 BSC 的财务、客户、内部流程、学习与成长四个维度规定了 KR。

目标分解的主要方式有：（1）按管理层次纵向分解，即将总目标从上到下逐级分解为每个管理层次的分目标，其中有些目标可一直分解到人，比如在工厂的目标管理中，将目标按工厂、车间、班组层次分解就属于这种形式；（2）按职能部门横向分解，即将总目标在同一层次上分解为不同部门、不同业务内容的分目标，比如当一项目标需要各业务部门的共同配合才能完成时，就必须采用这种分解形式；（3）按时间顺序分解，即将总目标按照时间顺序分解为各个时期、各个阶段的分目标，通常用“进度表”“流程图”“运行图”的形式表示。德勤调查发现，按照业绩表现评判，每个季度都能设定目标的企业跻身业内绩效前四分之一的概率几乎是其他企业的四倍；过半的高层管理者在一年当中会修改目标，但只有三分之一的中层管理者会这样做。

在进行目标分解的过程中，特别是确定部门目标时，要做到将企业的工作中心落实为部门的行动计划，比如企业下一阶段的经营策略和工作重点是什么，本部门所要完成的任务是什么，这些任务是如何与企业工作重点相联系的，完成这些任务的困难和挑战是什么；将部门的行动计划落实为个人的工作目标，比如部门员工要完成哪些工作以支持本部门的工作，员工对完成部门任务的建议是什么；将内部和外部客户的需求落实为个人的工作目标，比如内部和外部客户希望从本部门得到的服务或产品是什么，让客户满意的标准是什么，等等。

进行目标设定时必须坚持 I-SMART-TSA 原则：I 代表重要的（Importance）；S 代表具体的（Specific）；M 代表可衡量的（Measurable）；A 代表可实现的（Achievable）；R 代表有结果的（Result）；T 代表有时限的（Time-based）；T 代表可跟踪的（Trackable）；S 代表有挑战性的（Stretch）；A 代表一致同意的（Agreed）。同时，企业应根据这一原则并运用 QQTC 法，从成本、数量、质量、时间、影响、事件等维度对目标进行衡量。“有效计划的真正目的在于改变决策者心中的思维模式，而不是为计划而计划。”目标要“跳一跳，够得着”，如果“跳半天，够不着”，外加企业文化不能与之相匹配，那么目标就会形同虚设。目标的挑战性是根据市场环境、战略目标、总体目标，以及对人力、资金、物力的分析得出来的，并不是去年如何，今年就要与去年一样，或者就要比去年高，应该以实际情况为依据。哈佛商学院在研究报告《疯狂的目标》中提到，目标制定不当将带来员工忽视恰巧没有包含在目标中的重要事项；侵蚀企业内部文化；降低员工的主动性；引诱员工陷入不道德或高危行为等不良副作用。企业的目标应该是什么？任何一个对企业的生存和发展有着直接和举足轻重影响的领域，都需要有目标。

目标一般分为定量目标和定性目标。定量目标是可以用数字来明确的目标，是可以量化的，比如年度销售额达到 15 亿元、利润达到 1.5 亿元。定性目标是用叙述性语句描述的目标，不用数字说明，不易量化，但可以细化，比如 6 月底之前完成新的绩效管理制度建设、8月底前完成研发人员胜任素质模型2.0版本升级。在实践中，对于定性目标和定量目标存在两种错误观点。

（1）有的目标只能定性，无法定量，难以衡量。事实上，不能量化不等于不能衡量。定性目标是完全可以像定量目标那样进行衡量的，特别是工作标准、流程节点、工作规范以及如何考核和评价的问题。

（2）若无法制定定性目标，则不如不要。在企业中，有一些工作或一些职位是不需要定目标的。例如，事务性岗位既不需要定量目标，也不需要定性目标，该岗位人员是根据工作规范、岗位职责规范或相关管理制度进行工作的。

【管理实践】

某能源股份公司的绩效指标手册（摘要）

1. 绩效指标

绩效指标是用来衡量公司、部门或员工绩效的标准，它同时还指明了应该从哪些方面对工作进行衡量或评估。绩效指标的制定必须符合SMART原则。

S（Specific）——具体的：目标应当通过具体的形式针对需完成的目标提出明确的期望，描述时可用“增加”“减少”“发展”等词汇来帮助明确目标。

M（Measurable）——可衡量的：目标的达成应当能够被衡量和跟踪。

A（Ambitious）——具有挑战性的：目标应当包含一定程度的“难度”，换句话说，目标应当具有挑战性。

R（Realistic）——可实现的：目标应当能够被完成，并非是不可实现的，制定时需要考虑所需资源、决策权等要素。

T（Time–based）——有时限的：目标的完成应当具有一个期限。

在本绩效管理框架中，我们特别强调了可衡量的原则，只有能够量化的绩效我们才把它称为指标。

战略不仅表明了公司期望，还将各项资源和力量集中起来，减少内部冲突。对于绩效管理而言，只有明晰战略目标才能使绩效管理有了“源头”；绩效管理是使公司战略落地的有效工具，在绩效管理框架中集中反映战略的绩效指标，战略是指标之源。

……

2. QQTC模型

定义指标的标准一般用QQTC模型，即从质量、数量、时间和成本四个维度来确定标准。

（1）质量是指在规定条件下完成工作的质量，通常用比率、评估结果、及时性、满意度、准确性、达成率、完成情况、合格率、周转次数等表示。

（2）数量是指在规定条件下完成工作的数量，一般用个数、时数、次数、人数、额度等表示。

（3）时间是指在规定条件下完成工作的时间，通常用完成时间、批准时间、开始时间、结束时间、最早开始时间、最迟开始时间、最早结束时间、最迟结束时间等表示。

（4）成本是指在规定条件下完成工作所耗费的成本，通常用费用额、预算控制等表示。

【实践点评】

在目标管理过程中会存在做法过于官僚，只注重结果性目标的问题，而理想的目标往往不仅仅是结果性目标，比如能促进管理者主动实现自我超越的目标。

美国马里兰大学管理学兼心理学教授埃德温·洛克（Edwin A.Locke）指出，针对非知识型劳动，目标是由上级指定还是由下级制定，对绩效的影响并无明显差异。然而，针对复杂的知识型工作，自下而上构建的目标，绩效实现会更好。无论是自上而下还是自下而上地制定目标，都需要注意：目标必须转换成明天就可以开始的行动计划，否则就是空谈；目标能回答何时开始、如何开始；目标是方向，是承诺，是努力集中资源创造未来的工具；目标能“积少成多”“吸引资源”（关心、关注、人脉）；必须对目标产生的成果进行评估，以体现成就感、改进方向。

拉法斯图（LaFasto）和拉尔森（Larson）根据其多年研究指出，决定团队能否成功的重要因素之一就是这个团队是否有一个明确的、令人振奋的目标。《哈佛商业评论》研究表明，比起没有采取目标管理的企业，凡采用目标管理的企业，具有较高的赢利、更好的资金流、更强的股票绩效和市值。美国潜能大师伯恩·崔西指出，成功就等于目标，其他的一切都是这句话的注解。

【管理知识】

目标管理要注意组织现在和未来的平衡！管理者最大的失败是当他离开时组织绩效迅速下降；管理者最大的失责是透支企业的未来！管理者一定要思考“当我离开时，我期望别人怎么记得我”。

第二节　标杆管理（BM）应用实践

一、BM 地图

标杆管理是不断寻找和研究一流企业的最佳实践，并以此为基准与本企业进行比较、分析、判断，从而使企业不断改进，进入创造优秀业绩的良性循环过程。标杆管理由美国施乐公司于 1979 年首创，是现代企业管理活动中支持企业不断改进和获得竞争优势的重要管理方法之一，西方管理学界将其与企业再造、战略联盟一起并称为“20 世纪 90 年代三大管理方法”。

“标”是指企业在质量、数量、管理、绩效和价值等方面所期望获得的标准；“杆”是指参照物。实际上标杆就是榜样，榜样在管理、流程、标准、设备、产品和服务等方面所取得的成就，就是后进者瞄准和赶超的标杆和参照物。“以铜为鉴，可正衣冠；以古为鉴，可知兴替；以人为鉴，可明得失。”其实，做企业也是这样。企业应在自己面前树立一面镜子，明得失，找差距，方进步。马克思指出，一种科学只有在成功地运用数学时，才算是达到了真正完善的地步。在实践中，你能衡量的，才是你能管理的；如果你不能衡量，那么你就不可能控制它、管理它。

今天做对了不代表明天就能做对，更不代表永远能做对。什么叫不简单？能够把简单的事情千万遍地做好就是不简单。什么叫不容易？把大家公认的非常容易的事情非常认真地做好就是不容易。没有科学的标准就没有卓越、精细的管理，无法寻找合理的标准，无法判定标准是否科学。在实践中，我们可以从内部标杆、功能标杆和流程标杆三个方面寻找合理的标准，以判断标准是否科学、合理、适用。

在进行标杆管理的过程中，要形成一个立标、对标、达标、创标的不断上升、持续改进的标杆环，其中执行是核心。而执行的前提是构建一个有效的标杆评估系统，这个评估系统必须有三个组成部分：标杆标准、指标体系和控制系统。而真正的执行落地还受目标、能力、环境等因素的影响，即只有确定明确的目标，汇聚集体智慧的力量，构建“不走过场”的环境，才能真正实现标杆管理。

在实践中，谁都知道积少成多的道理，但真正有多少人会思考：员工可以提高多少绩效，岗位可以提高多少绩效，部门可以提高多少绩效，企业可以提高多少绩效，绩效管理是否能够激发更多岗位关注细节、进行创新等。标杆管理的一个基础工作是“模仿创新”，即寻找和学习最佳的管理实践、工作案例、工具方法和运营流程。对外，“模仿”需要思考在同类产品中销售量最大的是谁，服务标准化建设最好的是谁，新举措最适应什么市场；对内，“模仿”需要思考标杆人物是怎么做的，标杆团队是怎么做的，你为什么没做到，应该如何做等。其实，对内或对外思考的核心是“他们的关键成功因素是什么”，只要对外了解行业标杆是怎么做的，对内学习标杆对象已采取的做法，就能找到绩效提升的路径和绩效改进的方法，就能形成发现、模仿、优化、创新的过程，形成了一个立标、对标、达标、创标不断上升、持续改进的标杆环。在实践中，创新是困难的，但跨行业模仿是最便捷、有效的创新方式。聪明的“模仿”不是传统意义上所理解的抄袭或“拿来主义”，而是一种“重建新规则”的行为。标杆管理模型如图 3-2 所示。

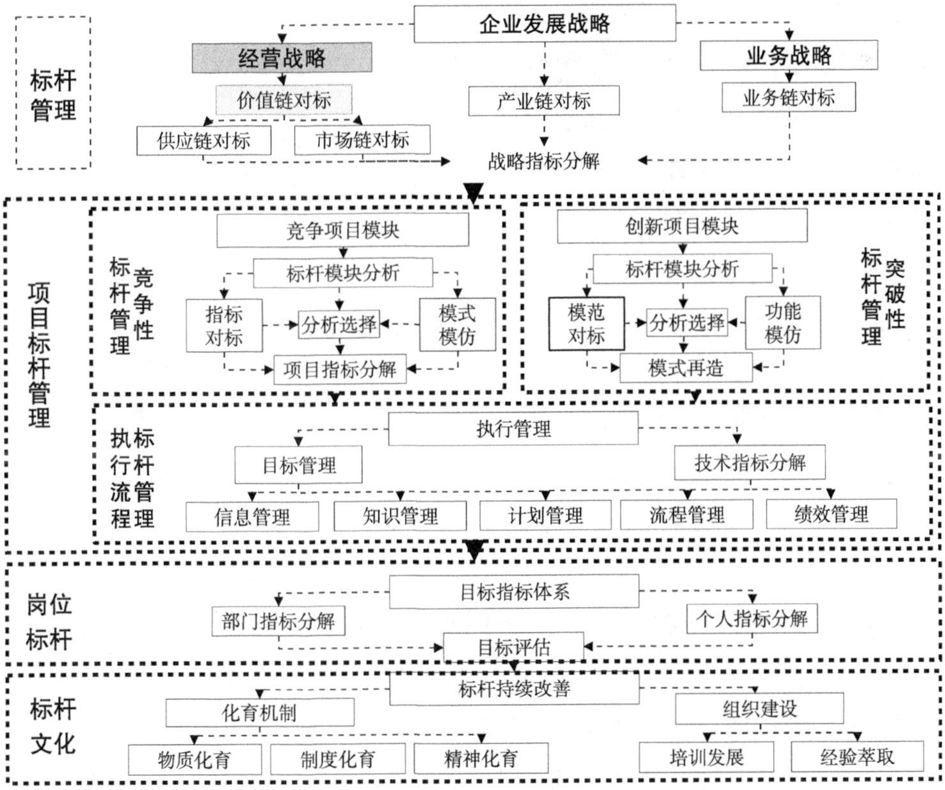

图 3-2 标杆管理模型

标杆管理的实施通常需要三个阶段。

（1）项目筹备阶段：成立管理组织，确定管理对象，获得高层支持，制定实施方案，审定实施方案等。

（2）项目导入阶段：进行内外部信息收集、数据信息分析、目标定位调研、组织合作构建等。

（3）项目推进阶段：确定发展方案，制订执行计划，评估执行效果，构建标杆数据库，进行决策层评审等，坚持持续实施，实现绩效改进，落地标杆管理，驱动战略实现。

【管理实践】

施乐公司确定标杆瞄准项目的 10 个问题

1. 什么是影响组织成功与否的最关键因素（如客户满意度、费用比例、资产报酬率等）？

2. 什么因素造成的困扰（如绩效未达到预期）最大？

3. 我们将提供给客户什么产品或服务？

4. 哪些因素决定客户的满意度？

5. 我们已经认定哪些明确的组织问题（如营运方面的）？

6. 组织的哪些部分感受到竞争压力？

7. 组织里的主要成本（或成本驱动因子）是什么？

8. 哪些功能所占的成本百分比最高？

9. 哪些功能最有改善的空间？

10. 要使组织在市场上与竞争对手区隔开来，应从哪些方面着手（或最具潜力）？

【实践点评】

标杆管理不能简单等同于榜样学习，它是一种战略管理工具和绩效管理工具，有助于企业建立学习型组织，有助于企业的可持续发展。

在标杆管理实施过程中通常会存在一些问题，比如因缺乏数据信息、条件不同而无法学习等；也存在标杆管理是大企业的事情、仅仅是概念好、只有高科技企业才可对标、只对标行业内企业、拿来主义 / 生搬硬套、只看国外标杆企业、不切实际、不持久、是一次性工程等误区；还存在目标、环境、能力上的一些问题，只看指标，脱离对实践的研究；有目标但学不到，不知从何入手；方法不当，硬性、单纯地实施项目对标；填鸭式推行，缺乏有效的技巧、方法；只学到皮毛，只是方法上的跟随，被动地学；有制度、措施却不执行，脱离创标去对标等。各对标类型的合作程度、信息相关性和绩效改进程度如表 3-1 所示。

表 3-1　各对标类型的合作程度、信息相关性和绩效改进程度

对标类型	合作程度	信息相关性	绩效改进程度
内部标杆	高	高	低
竞争标杆	低	高	中
行业标杆	中	中	高
一般标杆	中	低	高

管理就是不断地解决问题，卓越管理是不让问题发生，而标杆管理就是要求不断地从细节着手解决问题，做到处处立标杆、时时对标杆、人人创标杆。管理中没有做不到位的员工，只有设计不到位的标准。标杆管理就是通过标准解决问题，用标准管人理事，提升组织绩效；通过构建基于 PDCA 循环的标杆管理要素模型，实现横到边、竖到底、激励到位、目标凝聚、处处有标杆的规范化管理。

二、BM 对标

标杆管理较好地体现了企业在管理过程中追求竞争优势的本质特性，具有较大的实效性和广泛的适用性。如今，标杆管理已经在市场营销、成本管理、人力资源管理、新产品开发、教育管理等各个方面得到广泛的应用。杜邦、柯达、通用、福特、IBM、海尔、雅芳、李宁、联想等知名企业通过采用标杆管理取得了巨大成功。柯恩斯指出，企业应持续不断地寻找和研究一流企业的最佳实践，并以此为基准与本企业进行比较、分析、判断，从而使本企业绩效得到改进，形成创造优秀业绩的良性循环。各对标类型的对标情况如表 3-2 所示。

表 3-2　各对标类型的对标情况

对标类型	对标周期	对标目标	对标结果
内部标杆	1 ～ 4 个月	企业内部	比学赶帮超
竞争标杆	6 ～ 12 个月	竞争对手	赶超竞争对手
行业标杆	10 ～ 14 个月	同行业优秀企业	实现重大改进
一般标杆	14 ～ 24 个月	所有相关行业	改变相关模式

【管理实践】

（一）海尔基于 PDCA 循环的标杆管理要素模型

横到边，竖到底，激励到位，目标就是凝聚力，处处有标杆才是规范化管理！

基于PDCA循环的标杆管理要素模型

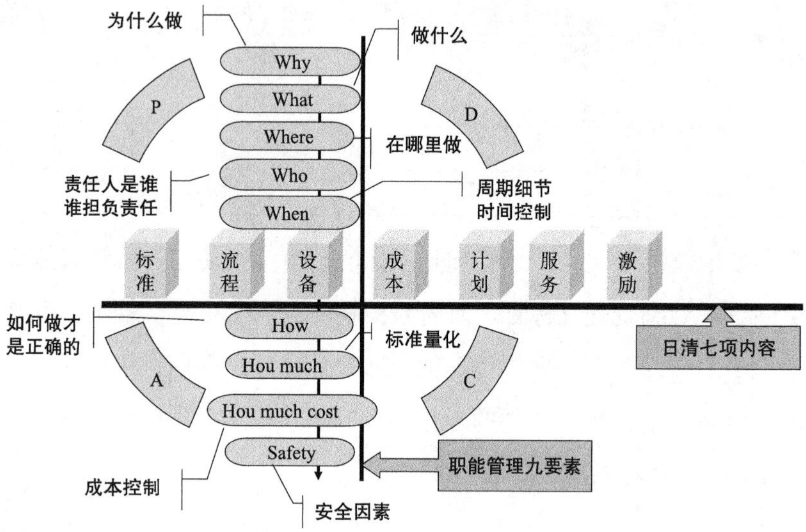

（二）宁高宁在中粮集团的讲话

坚持使用标杆管理 3 ~ 5 年，彻底提升集团运营管理水平！

标杆管理是我们今天向市场的一个宣誓！

标杆管理是最适合中粮集团的管理方法！

标杆管理帮助我们建立系统！

标杆管理是一种完整的思维方法！

标杆管理要分层，要落地！

标杆管理推动我们接受市场考验！

标杆管理让我们更有智慧！

【实践点评】

每个优秀企业都是基于企业实际进行标杆管理的，最终形成一个立标、对标、达标、创标的不断上升、持续改进的标杆环。

2012 年 8 月，中粮集团下发了《中粮集团关于全面推行标杆管理的指导意见》，在该意见中，中粮集团针对过去标杆管理过程中存在的只简单进行结果性对标的问题，提出了系统的标杆管理工具——“标杆管理八步法”。中粮集团将一个完整的标杆管理项目划分为确定范围、选择标杆、设立项目、收集信息和数据、分析差距、制定改进方案、实施改进、持续改进八个步骤。按照“标杆管理八步法”，不仅可以对标结果，也能够实现过程对标；

不仅实现了对标分析，也能够实现实际的改进提升；不再是零星的对标和改进，而是促进战略执行的强大工具。该意见要求经营单位逐级组织标杆管理培训，按照“标杆管理八步法”制订推进计划，同时抓住 2 ~ 3 个重点领域、关键指标或运营短板，设立标杆管理项目，重点推进。中粮集团要求各部门把标杆管理的理念和方法应用到战略规划、预算管理、运营管理、业绩考核、经理人评价、内部审计等 6S 管理的主要环节，从制度上保证和促进标杆管理的推进。中粮集团 9 个职能部门、12 个一级经营单位、300 多个工厂、6800 多个班组、所有员工全部参与活动之中，在其内部形成了“比学赶帮”和“我要提升”的良好活动氛围。

【管理实践】

中石化某子公司关于开展“标杆管理”活动的通知（摘要）

一、指导思想

以科学发展观为统领，围绕科学和谐发展中心任务，立足于促生产、促管理、促和谐，以“更有力量、更强根基、更大作为”为目标，以实施“标杆管理”为主线，以“建标、对标、追标、创标”为抓手，以“争星、夺旗、做楷模”为载体，分系统、分专业、分层次、分岗位地开展“比学赶帮超”与“精细管理年”活动，努力形成奋发进取、勇创一流、管理精细、共促发展的生动局面。

二、活动内容

“比学赶帮超”与“精细管理年”是主题活动的两项重要任务，“争星、夺旗、做楷模”是推进主题活动的主要载体，“标杆管理”是贯穿全年各项工作水平的主线，是推进实现公司科学和谐发展的可靠保障，三者有机融合、一体运行、相互促进、共同提高。

（一）围绕“生产精调细控、经营精打细算、管理精益求精”构建生产经营指标标杆体系

在生产方面，要以实现经济高效为目标，建立一套实用性强、可操作性强的标准指标体系。要将公司（相关）指标的同行业全国先进水平、公司历年最高水平作为“标杆”，做到把标杆管理落实到每个管理行为、每个工种环节和每个操作岗位，以构建生产过程的全方位、全过程的指标对标体系，实现标杆管理的全覆盖。

在经营方面，要紧紧围绕“精细管理、挖潜增效”这一目标，建立成本结算率、成本符合率等多项单耗指标等关键指标的月度、季度最优指标值，坚持落实以项目组为主体分解成本压减任务的方法，按照公司成本减压“标杆”指标，把材料费、电费、修理费及外部劳务费四个方面的成本发生的主要环节作为挖潜增效的突破口，大力推行成本节点管理

模式，努力做到全员、全方位、全过程的成本管理与控制。

在管理方面，要结合集团要求，分系统、分专业地构建公司各层面的经济技术指标、综合管理指标、工作质量指标、挖潜增效指标等核心标准指标体系。特别要结合“红旗基层队、红旗办公室、红旗班组”的评比活动，参照公司历史最好水平、行业先进水平、集团领先水平设立赶超指标，依照达标、优秀、银牌、金牌基层队四个序列争创标准体系，将精细化管理的各项指标分解落实到各基层、班组和岗位。激励各基层、各班组“比贡献、比效益、比安全、比水平、比作风，比出差距、比出动力、比出干劲”，争先创优，争银夺金，勇创新指标、高纪录、站排头、创一流。

……

（三）以“建标、对标、追标、创标”为抓手，建立考核评比与奖惩激励体系

对照标准指标体系和目标任务，广泛开展“对标、追标、创标”，全面落实精细化管理各项措施，强化组织运行和统筹协调，把握动态，考核排名，落实奖励，推动公司各项工作水平的整体提升。以旬度检查、月度检查为主要手段，以专题调研督导为辅助，摸清情况，掌握动态，设立“比学赶帮超”季度评比台，对各党支部、基层的管理情况进行季度排名，对“五星级党支部”“五星级党员责任区”“五星级党员”“红旗基层队”“红旗班组”“十大楷模等先进”进行表彰奖励，并将在年中和年底分别召开经验交流会和总结表彰会，全面总结活动经验，深入挖掘、提炼先进单位的好做法、好经验，组织进行现场学习观摩，做好活动成果的交流推广。

【实践点评】

标杆管理思维关注更优方法、更优流程、更优模式，追求目标、流程、成本、计划、信息、技术、知识、绩效的精细化标准创造。

标杆管理之所以能引起各大企业的重视，其根本原因在于标杆管理能给企业带来巨大的实效。标杆管理会让企业形成一种持续学习的文化，企业运营业绩永远是动态变化的，只有持续追求最佳才能获得持续的竞争力，才能始终立于不败之地。标杆管理的作用主要表现在通过企业绩效评估，促使企业持续改进，提高经济绩效，制定企业战略，增强企业的学习能力，发掘企业潜力，衡量企业的工作业绩，实行全面质量管理等。H.J. 哈里顿指出，如果你是第一次开展标杆管理，请务必做好迎接惊喜的准备：与一个年度获得10% ~ 20% 的改善结果相比，开展标杆管理的结果是在 8 个月中将提高 200%；它可以使成本、流通与周转时间及次品率下降 20% ~ 60%。施乐、IBM、联邦快递、福特汽车等企

业就是最好的证明。

【管理知识】

管理需要的不是偶像，而是标杆。偶像是用来崇拜的，标杆是用来剖析和学习的。无论最佳实践存在于企业内部，还是同行业其他企业，都值得去借鉴、研究和学习，只有这样，组织绩效才能持续提高。需要注意的是，这里提到的是“借鉴、研究和学习”，不是拿来主义，因此必须进行不断求证。最佳实践本身就是不断求证的过程！

第三节　平衡计分卡（BSC）应用实践

一、BSC 解码

卡普兰和诺顿指出，传统的财务评价作为对以往绩效的衡量方法，在崇尚持续提高和创新的时代已不再适用，而 BSC 则采用了衡量企业未来绩效的驱动因素的方法，能够快速而全面地考察企业的绩效指标、内部流程，以及企业的创新、学习与成长能力等运营指标，对企业的财务指标进行有效补充。卡普兰和诺顿特别指出，运用 BSC 这一工具的前提是，企业已经确立了一致认同的战略。简而言之，BSC 是一个划时代的战略管理和战略部署工具，它不仅提出了一项企业战略，而且在该战略的开发和实施过程中，能有效调动和调整各种管理要素，将战略落实到可操作的目标、可衡量的指标和目标值上，通过积极的平衡创造一种增量保障能力，以保障企业战略的有效实施和落地。因此，BSC 反映的是一种关于企业发展战略的全面的、科学的发展观。

BSC 是一个战略管理和战略部署工具，其最突出的特点是将企业的愿景、使命和战略与企业的绩效评价系统联系起来，把企业的使命和战略转变为具体的目标，以实现战略和绩效的有机结合。BSC 以企业的战略为基础，并将各种衡量方法整合为一个有机的整体，既包含了财务指标，又通过客户、内部流程、学习与成长等维度的业务指标来补充说明财务指标，这些业务指标是财务指标的驱动因素（见图 3-3）。

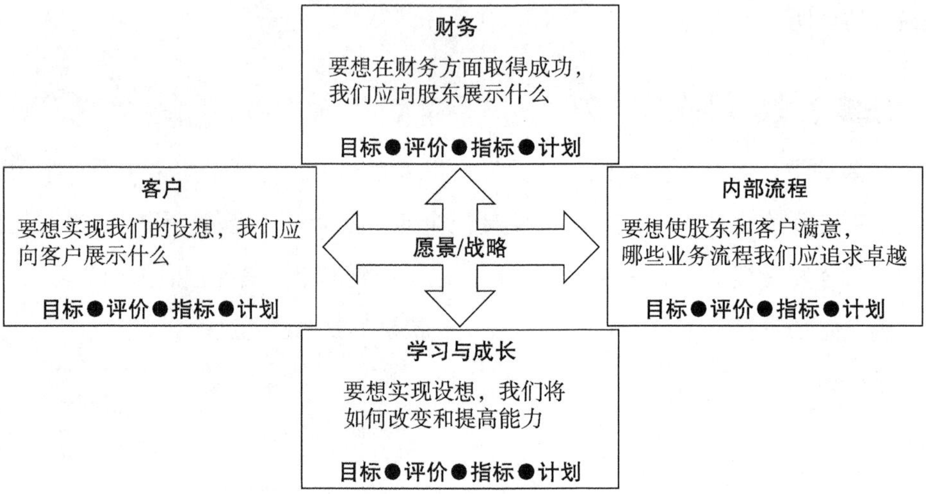

图 3-3　BSC 模型

（1）财务：其目标是解决“要想在财务方面取得成功，我们应向股东展示什么”这一问题。这与传统的杜邦财务（ROI）等计量并没有什么不同。

（2）客户：其目标是解决“要想实现我们的设想，我们应向客户展示什么”这一问题。客户维度体现了企业对外界变化的反映。

（3）内部流程：其目标是解决“要想使股东和客户满意，哪些业务流程我们应追求卓越”这一问题。内部流程维度注重企业内部的效率，关注导致企业整体绩效更好的过程、标准、决策和行动。

（4）学习与成长：其目标是解决“要想实现设想，我们将如何改变和提高能力”这一问题，将注意力引向企业未来成功的基础。学习和成长维度是企业所有战略的基础，成功运用 BSC 的关键就是把企业战略和学习与成长维度连接起来。

BSC 是使四个维度相互支持、互为关联，以信息化为基础，系统考虑绩效驱动因素，多维度平衡评价的一种新型的绩效评价体系。BSC 的平衡包括财务指标与非财务指标之间的平衡（见图 3-4），也包括外部指标与内部指标、长期指标与短期指标、滞后指标与先导指标、结果指标与过程指标、管理指标与经营指标等之间的平衡。BSC 同时关注各主要指标，防止片面性；限制评价指标的数量，便于把握要点；把注意力集中到战略愿景上来，将绩效评估提升到战略层次。BSC 的缺陷是显而易见的，因为财务指标强调内部性而非外部性，是将实际数与预算数相比较，而非与竞争者相比较。企业可以通过融合绩效棱镜管理理念中利益相关者的满意度、利益相关者的贡献，来弥补 BSC 的注意力仅放在一个或两个利益相关者身上的管理缺陷。

财务指标仅仅是过去经营管理行为的结果，无法揭示企业发展的驱动性因素。BSC 站在系统管理的角度，指出企业追求的财务目标背后的“核心推动要素”所在，能够提醒企业管理层“溯本求源”，从产生利润的源头开始，通过夯实组织发展基础以追求利润，而非急功近利式地追求利润，从而促进企业的长期发展，实现组织愿景和组织战略。因此，BSC 可用于不同生命周期阶段的企业，其实施重点与企业所处的生命周期阶段密切相关。

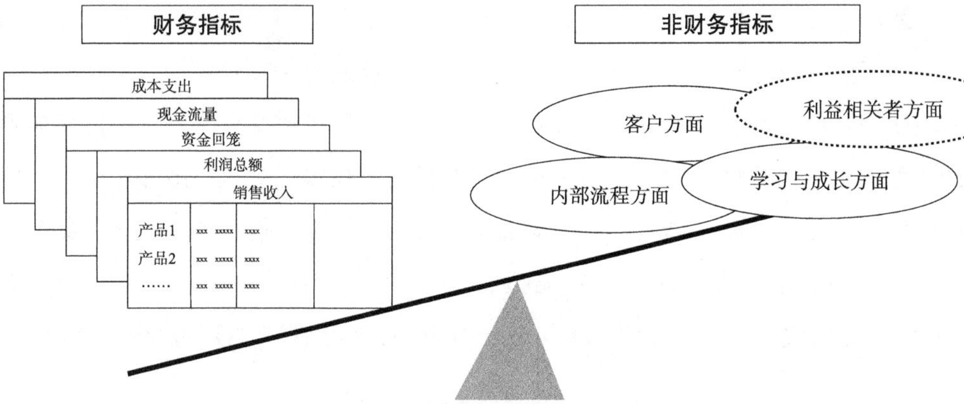

图 3-4　财务指标与非财务指标

BSC 的精髓有三点：一是战略性，BSC 的编制起点是企业战略，与企业战略紧密衔接；二是平衡性，BSC 的指标是平衡的，包括财务指标与非财务指标之间的平衡、内部指标与外部指标之间的平衡、短期指标与长期指标之间的平衡、结果指标与动因指标之间的平衡；三是协同性，指标是一个完整的体系，体系内部不同的指标之间是相互协调、相互支撑的。

BSC 通过四个不同的维度，将比较抽象、难以表达的企业战略用简单明了的语言表达出来。通过纵向、横向沟通机制进行 BSC 的编制，可以使所有员工识别和理解企业的愿景与战略规划，并及时地给予有价值的反馈，也使员工明白团队前进的方向及自己在这个过程中所做的贡献，由“旁观者”变成了“参与者”，使各个部门和各个岗位的目标同企业的战略目标达成一致，共同为企业战略目标的实现而努力。

相关人员指出，如果我们深入考察就会发现，财务报告的效能在下降，它对一家企业真正价值的测量日趋片面。于是我们开始减少对其重视程度，转而寻找其他方法来测量无形指标，如研究与开发、客户满意度、员工满意度等。因此，BSC 的本质也是一种战略解码工具，通过战略解码与目标分解相结合，BSC 可以将企业目标分解至个人。

二、KPI 承接

关键绩效指标（Key Performance Indicator，KPI）是目标管理（MBO）与帕累托定律（20 / 80 定律）的有机结合，即通过 20% 的关键绩效指标来把握和引领企业 80% 的战略绩效。KPI 最初是由管理咨询公司在 20 世纪 60 年代提出的，其应用和普及则是在 20 世纪的 80 年代，并且逐步被推广成为一种定义和衡量企业战略目标的绩效管理技术。

战略主题识别的过程，其实就是从战略到战略主题再到关键绩效指标的战略解码和战略承接的过程，多基于战略地图，运用鱼骨图、业务价值树等工具进行战略主题及战略主题目标的确定。在设定战略主题目标时，应当重点关注各战略主题最终要达成的结果——以结果为导向，不要把相关的驱动因素写进去，因为很多驱动因素仅仅是个因，而非果，如表 3-3 所示。在实践中，BSC 最终落地是基于 MBO 和 KPI 管理理念的融合而进行的。

表 3-3　财务战略主题目标的设定

财务方面战略主题		战略主题目标
编号	内容	
F1	股东满意的投资回报率（%）	2018 年实现净资产回报率___%，2019 年实现……，2020 年实现……，2021 年实现……，2022 年实现……，年增长率不得低于___%
F2	税前净利润（万元）	2018 年实现税前净利润___万元，2019 年实现……，2020 年实现……，2021 年实现……，2022 年实现……，年增长率不得低于___%
F3	年销售增长率（%）	2018 年实现销售收入增长率不低于___%，2019 年实现……，2020 年实现……，2021 年实现……，2022 年实现……
F4	成本费用控制率（%）	2018 年实现成本费用控制率___%，2019 年实现……，2020 年实现……，2021 年实现……，2022 年实现……，年增长率不得高于___%

【管理实践】

（一）某地产集团区域公司的平衡计分卡（BSC）

指标类型	名称	计算方法	用途	权重
基准指标	考核净利润	本年度调整后的考核净利润	衡量公司当前的业绩	用于奖金计算，不设权重
	集团资源回报率	考核净利润 ÷ 平均占用集团资源	综合衡量：盈利能力、资本结构、资产周转能力	
	总资产周转率	销售收入 ÷ 平均总资产	衡量公司的资产周转能力	
	销售收入	按签约口径计算	衡量公司的销售能力和工作量	
	销售利润率	（销售毛利 − 营业费用）÷ 签约销售额	衡量公司的销售效率	

（续表）

指标类型	名称	计算方法	用途	权重
财务方面	净利润增长率	调整后的考核净利润 ÷ 上年度调整后的净利润 ×100%	衡量公司获利的提升速度	17.5%
	土地储备周转期	（年初土地储备建筑面积＋年末土地储备建筑面积）÷（当年开工建筑面积 ×2）	衡量战略资源（土地）的获取能力	7.5%
客户方面	客户忠诚度	达成情况以集团客户满意度调查结果为准	衡量客户对公司的总体满意度和忠诚度	20%
	市场占有增长率	本年度市场占有率 ÷ 上年度市场占有率 ×100%－1	竞争市场中公司的市场占有状况	5%
内部流程方面	项目经营计划关键节点完成率	针对每个项目的各个阶段，以集团批准的经营计划为依据统计相关节点是否按时完成	衡量项目经营计划控制能力	10%
	专业工作满意度	各专业（规划设计、工作质量、销售服务、客户服务、物业服务）工作满意度 ÷5	衡量产品的总体质量情况	15%
学习与成长方面	员工综合满意度	通过问卷调查获取	衡量员工的总体满意度及其改善情况	7%
	人力投入产出	调整后的考核净利润 ÷ 公司年度人力成本	衡量组织效能	11%
	骨干人员价值流失率	当年所有骨干人员离职时月工资 ÷ 本年度骨干人员的平均月度工资 ×100%	衡量公司骨干人员的保有能力	7%

（二）某银行股份分行人力资源部的平衡计分卡（BSC）

考核维度及关键指标		计算公式 / 定义	建议权重	数据 / 信息来源
财务方面（F）	1. 部门费用预算达成率 2. 薪酬福利费用控制率	实际支出的费用 ÷ 计划费用 ×100%	20%	财务管理部报告
客户方面（C）	员工满意度	对部门培训的安排；相关手续的办理；社保及福利办理	30%	满意度调查
内部流程方面（I）	1. 计划项目完成率 2. 内部制度建设	《员工发展手册》《学习地图建设》	40%	主管领导
学习与成长方面（L）	1. 人均培训小时数 2. 员工独立工作能力	员工工作报告	10%	培训记录 主管领导

（三）某服饰上市企业平衡计分卡（BSC）中学习与成长方面（L）的指标

编号	关键成功因素	绩效指标	指标定义 / 公式	信息来源	评估频率
1	持续提高员工的技能水平	员工技能提升率	（年末技能评估得分－年初技能评估得分）÷ 年初技能评估得分 ×100%	技能评估报告	每年
2	提高员工对培训的满意度	员工对培训的满意度	员工对培训的满意度的调查结果	员工满意度调查	每年
3	确保员工参加适当的培训	员工培训时间数	员工参加的培训时间总数	培训记录	每月
4	组织有效的培训	培训组织和课程满意度	对培训组织和课程的满意度评分的算术平均值	培训满意度调查	每次
5	绩效管理体系的制定	绩效管理报告提交及时率	及时提交的绩效管理报告 ÷ 应提交的绩效管理报告总数 ×100%	绩效管理报告	每季
6	绩效管理体系的制定	绩效管理报告评估	绩效管理报告评估结果	对绩效管理报告的评估	每次
7	企业文化建设	企业文化评分	接受调研的人员对企业文化评分的算术平均值	企业文化调研	每年
8	提高企业文化的认知度	企业文化建设宣贯完成率	实际完成宣贯任务 ÷ 计划宣贯任务 ×100%	企业文化宣贯计划	每月
9	提高企业文化的认知度	宣贯载体制作	Y = A+B（分因素评估）	宣贯载体 / 工作记录	每月
10	提高企业文化的认知度	宣传 / 企业文化事务处理差错延迟次数	当期宣传 ÷ 企业文化事务处理差错、延迟次数	差错情况统计表	每月
11	提高企业文化的认知度	视频资料管理及时、正确率	1－查出管理有误或未及时更新的视频资料数量 ÷ 视频资料总数 ×100%	视频资料管理记录	每月
12	创建良好的意见和建议反馈体系	提出流程和制度合理化建议并被采纳的数量	对流程和制度提出合理化建议并被采纳的数量	合理化建议报告	每季
13	持续提高集团范围内的变革项目完成质量	集团范围的变革项目完成质量	变革项目评估报告结果	变革项目进度报告	每年
14	提高员工满意度	员工满意度	接受调研的人员对企业满意度评分的算术平均值	员工满意度调研	每半年
15	减少员工流失，留住优秀员工	员工流失率	主动离职的员工数量 ÷ 企业总人数 ×100%	员工离职记录	每月

（续表）

编号	关键成功因素	绩效指标	指标定义 / 公式	信息来源	评估频率
16	减少员工流失，留住优秀员工	员工挽留率	经挽留后留任的员工数 ÷ 主动提出离职申请的总人数 ×100%	员工挽留记录	每月
17	加强知识库共享水平	知识共享水平	知识共享水平打分	知识管理记录	每半年
18	提高员工的知识贡献 / 利用水平	有效知识贡献条数 / 知识利用水平	有效知识（文件、模板、项目 / 白皮书和解决方案等）的贡献 ÷ 利用数量	知识管理记录	每月

【实践点评】

处于不同生命周期的企业，其财务目标是不同的。对于同一家企业的不同战略单位，由于所处的阶段不同，其财务指标也存在很大的差异。优秀的企业大都注重外部指标，因为内部指标相对稳定、良好，而要想提升企业的核心竞争力，就必须在稳定良好的内部指标的基础上提高对外部指标的关注度。

企业管理真正的问题并不在于“拙劣的战略”，而在于“差劲的执行”（卡普兰和诺顿），多数企业在战略执行方面是不成功的。原因之一是战略思维与行动之间出现断层。战略思维与行动之间的断层往往是认知上的断层。战略是由一组战略主题组成的，战略主题说明了企业如何实现其市场定位。如果一项战略只是简要地说明了企业的长期目标，而不能把战略展开成为若干主题，那么战略实施也就无从谈起。对战略主题的进一步展开，可以把战略主题与价值链更好地连接在一起。战略地图中的每一个圆圈都被称为战略性衡量项目，每个项目都可以用一个或数个绩效指标来衡量。战略性衡量项目是战略主题的具体表达，同时也是设计 BSC 的基础。通过列出一组战略性衡量项目及其相互之间的逻辑联系，就可以把战略“说清楚，讲明白”（见表 3-4）。

表 3-4　战略地图

愿景						
战略主题						
战略地图	维度	组织整体	关键领域目标	平衡计分卡（BSC）		
				关键绩效指标	目标/标准	行动方案
	财务	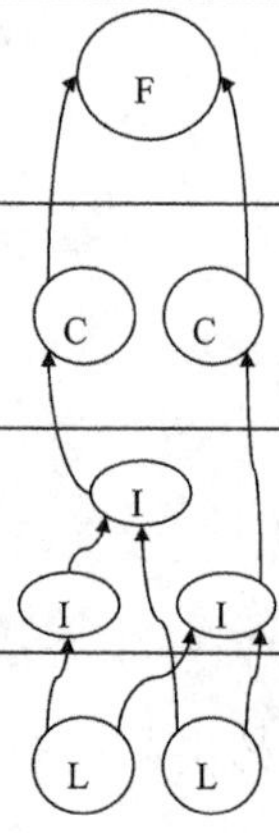				
	客户					
	内部流程					
	学习与成长					

战略性衡量项目需要用一些战略绩效指标来衡量，只有这样才能达到战略管理的目的。一般来说，许多衡量项目都对应着某些指标，因此列出指标并不困难。但 BSC 强调运用少量的指标来反映战略实现的进程。这种聚焦使管理层将创造价值这类广泛的目标转化成特定的行动方案，也帮助其了解组织中谁对于绩效提升负有什么责任。这些少量的指标通常称之为 KPI，特别是反映客户、内部流程、学习与成长方面的 KPI 必须具备价值影响力（Value Impact，即这个指标对其他绩效指标的影响）与管理影响力（Management Influence，即这个指标可以通过哪些管理手段来实现和改进）两个特性。请注意，BSC 的核心是战略地图，而非 KPI。从理论上讲，BSC 可以用来支持任何一种战略。但对于不同企业、不同类型的战略而言，BSC 的结构和内容会有很大的不同。例如，追求成长和追求收益的企业，它们的财务指标可能不同。有时四个维度不足以反映企业的运营状态，比如金融机构把风险控制、上市企业把社会责任、社会公用事业企业把利益相关者等作为 BSC 的第五个维度进行评价。BSC 的作用是把战略转化为行动，如果在战略分析与策划阶段就将 BSC 融入战略管理过程之中，就可以使战略生成与战略实施保持高度的一致性，使战略更容易被执行。

因此，各企业在 BSC 四个维度上的目标及其衡量指标皆不同，即使有相同的目标也可能采取不同的指标来衡量。另外，不同企业的指标之间的相关性也不同，即使有相同的指标也会因产业不同而导致作用不同。总之，每个企业都应开发具有自身特色的 BSC，如果盲目地模仿或抄袭，不但无法充分发挥BSC的长处，反而会影响BSC对组织绩效的正确评价。

一个适用而科学的BSC需要5 ~ 6个月去执行和磨合，再需要几个月去调整优化，使其规则化和客观化。BSC总的开发时间经常需要一年或者更长的时间。衡量指标有可能很难去量化，而衡量方法又会产生太多的绩效衡量指标。BSC的四个维度是彼此连接的，要提高财务维度，首先要改善其他三个维度，要改善就要有投入，所以实施BSC首先出现的是成本而非效益。更为严重的是，效益的产生往往会很滞后，这使实施BSC的投入与产出、成本与效益之间有一个时间差，可能是6个月，也可能是12个月，甚至是更长的时间。

BSC的应用应该从企业高层团队开始，逐级向下宣传贯彻，有企业全体人员的参与，才可能成功。高层团队在BSC应用中的主要作用是从总体上把握企业战略，与其他成员沟通企业的战略，对其他团队成员提供政策和资源配置方面的支持。中层团队是应用BSC的核心团队，他们对企业的业务有全面的理解，能够抓住企业成功的关键因素，并且在沟通高层领导的战略意图和基层员工的意见之间起着不可替代的作用。

不同的企业面临着不同的竞争环境，需要不同的战略，因此需要设定不同的目标。每个企业在运用BSC法时都要结合自己的实际情况建立BSC指标体系。

实施BSC时必须做到以下几点。

（1）量身定做：即针对自身情况量体裁衣，BSC的应用只能借鉴，不能照搬。

（2）全员参与：BSC关系到企业的各个方面，涉及企业的各个子系统和分支系统。

（3）反复沟通：不管是设计还是实施BSC，均需要企业上下的反复沟通与磨合，只有这样才能减少企业中的摩擦和能耗，实现最佳的协调与平衡。

（4）及时修正：BSC形成后并非一成不变的，在实施的过程中，要及时对其进行修正和调整。

（5）考虑差异：考虑不同被考核的职能部门/业务单元的差异性，加强绩效管理的针对性和可比性，做到“分类设计，分类指导”，既体现横向的可比性，又体现纵向的差异性。

（6）重视过程：BSC实施过程的价值更胜于其结果，这个过程是企业每个参与者学习和提升的宝贵机会，它胜过其他任何形式的培训。

在进行战略主题确认后，最终会形成KPI库，指标库及其指标标准的设计关系到绩效管理的成败。在设计每一个指标及其标准时，都要对其进行检视和求证（见表3-5），做到“未雨绸缪”，防止指标与战略不一致、企业对指标控制能力弱、实用性差、有效性弱等问题和缺陷，绩效管理的最终目的是实现企业的战略目标和绩效改进。

表 3-5　指标检视

指标		检视要素									处理结果
维度	指标名称	一致性	控制性	实用性	有效性	可衡量	低成本	易理解	必要性	替代性	
财务											
客户											
内部流程											
学习与成长											

当然，指标并不是经检视和求证之后就可以使用的，还要对指标的定义、衡量方式、考核周期、数据来源等要素进行一一界定（见表 3-6），经检视、求证并界定后的指标才能通过绩效管理的实际应用进行若干次的验证、优化和改进。

表 3-6　指标界定

维度	编号	名称	目的	定义	衡量方式	目标设定	考核周期	数据来源	支持文件	收集频次
财务										
客户										
内部流程										
学习与成长										

在进行指标界定时，要注意相关要素的定义。

（1）维度：是表明指标所归属的 BSC 中财务、客户、内部流程、学习与成长的实际维度。

（2）编号：是为了区别名称相同但属于不同层面的指标，比如成本控制指标在公司级 BSC、部门级 BSC 中考核的侧重点及周期有很大的差异。

（3）名称：要反映指标的内涵，在命名时要注意借鉴同行业其他企业的指标名称，并尽可能通俗易懂。

（4）目的：描述指标设置的意义，即主要驱动战略的哪些方面。

（5）定义：主要对指标做进一步释义，多用计算公式、计量方式、计算过程等注意事项进行明确。

（6）衡量方式：即数据获取的方式，多采用公式计算（这时候多与定义合并）、统计方式以及表单工具使用等，比如在进行客户满意度调查时可借助第三方调查报告。

（7）目标设定：表明指标在不同考核节点上应该达到的数值，多采用基准值、目标值、理想值等进行分级设计，比如企业年销售额的基准值为 12 亿元，目标值为 15 亿元，理想值为 18 亿元，这样设置有助于激励方式的设计。

（8）考核周期：指考核的周期长度以及一个自然年度内的考核次数，多采用 1 次 / 年（年度）、4 次 / 年（季度）、1 次 / 月（月度）等。

（9）数据来源：特指统计、收集或提供数据的部门或岗位。

（10）支持文件：提供主要数据的报表、流程或表单，比如人效数据来源于财务销售收入、人力资源人工成本分析报告等。

（11）收集频次：是指数据收集的周期长度，数据收集的周期越长，数据造假或瑕疵就越容易存在，在收集数据时，应注意规避数据的"垃圾进垃圾出"现象，对于收集周期过长的数据，要进行数据切分。例如，在某个重大工程项目的成本管理过程中，整体工程数据收集周期约数年，应以预算、造价相结合的方式对基础设施、基础工程、阶段进度等进行成本数据收集，这样做更有意义和价值。

在实践中，对指标的界定还包括指标的滞后 / 领先性（表示指标在 BSC 中是滞后的还是领先的）、计量单位（表示个数、吨数、万元、百分比、日 / 月数）、指标极性（表示指标数呈现的数值是越大越好还是越小越好，还是越中性越好，比如员工流失率肯定是越小越好，销售额增长率一定是越大越好）等要素。

从战略到战略地图再到 KPI 设定和标准设计这个过程就是战略解码的过程，该过程多采用业务价值树模型，将战略地图基于 BSC 的财务、客户、内部流程、学习与成长维度进行从关键成功因素到 KPI 的分解（见图 3-5）。KPI 是企业战略目标的最直接表述，可通过企业中团队和个人的业绩来实现。KPI 的核心是"抓大放小"，关注核心，并坚持 KISS 原则，即"指标精致，员工认同"。

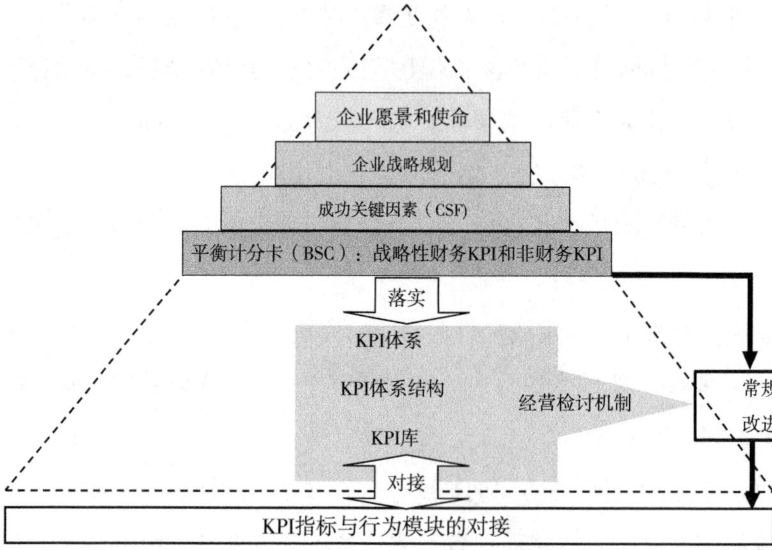

图 3-5　BSC 解码过程

企业应通过对各维度关键成功因素的层层分解，找出承接各个关键成功因素的 KPI 及其主要责任部门；通过一系列的行动，最终形成 KPI 库。

【管理实践】

（一）某上市食品企业指标库（摘要）

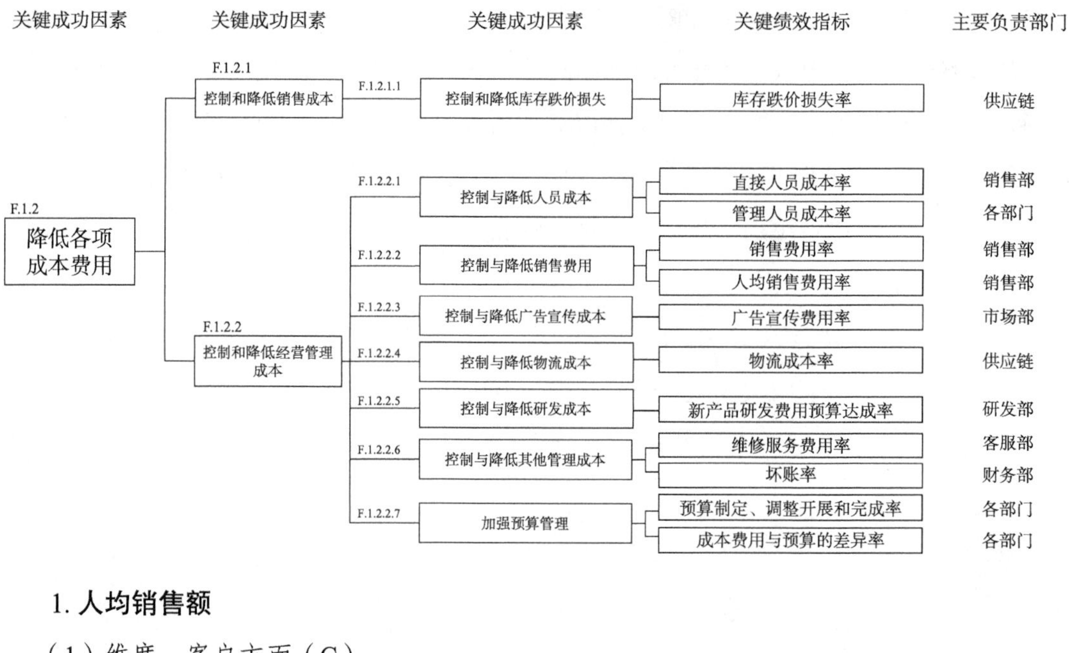

1. 人均销售额

（1）维度：客户方面（C）。

（2）名称：人均销售额。

（3）设置目的：衡量团队中每一位员工对销售的贡献。

（4）计量单位：万元。

（5）指标定义：人均销售额是指在一定时期内，每一位员工对销售的贡献。

（6）计算公式：人均销售额 = 当期销售总额 ÷ 当期员工总数。

（7）使用范围：销售部负责人 / 区域负责人。

（8）考核周期：通用周期，包括月度、季度、年度。

（9）量化考核：周期内人均销售额达 a 万元，计 b 分；每高出 c 万元，奖励 d 分；每减少 e 万元，扣除 f 分。

（10）信息来源：①采集点为销售部、财务部；②采集时间为每周期结束后 5 日内；③采集方法为数据查证法。

（11）使用说明：当期员工总数是指计算期内的所有在职员工，包括一线销售人员和后台服务支持人员。

（12）失真提示：因考核当期员工总数或销售总额的统计结果有误或有瑕疵（影响周期数据的离职员工、新入职员工），导致考核结果与实际不符。

2. 考核数据准确率

（1）维度：学习与成长方面（L）。

（2）名称：考核数据准确率。

（3）设置目的：用于评估绩效考核数据的真实性、有效性。

（4）计量单位：%。

（5）指标定义：考核数据准确率是指在一个考核周期内，正确数据占考核数据的比例。

（6）计算公式：考核数据准确率 = 查实正确考核数据 ÷ 当期绩效考核数据总数 ×100%。

（7）使用范围：人力资源部负责人 / 绩效管理负责人 / 数据提供部门负责人。

（8）考核周期：通用周期，月度、季度、年度。

（9）量化考核：周期内考核数据准确率为 100%，计满分；每发现一处数据有误，扣____分；考核数据错误超过____处或影响三个岗位以上考核数据的，该项得分为 0 分。

（10）信息来源：①采集点为人力资源部（投诉记录 / 绩效分析）；②采集时间为每周期考核数据公布后 3 日内；③采集方法为数据查证法。

（11）使用说明：提升目标值，保证企业考核数据的准确率，因此，考核者在收集数据时，必须由数据提供部门负责人进行确认。

（12）失真提示：因部分企业绩效考核所需数据不公开、不透明，出错数据无法被及时发现，造成考核结果失真。

（二）某电气公司 KPI 词典（摘要）

1. 销售增长率

（1）指标名称：销售增长率。

（2）指标定义：当前产品的销售额相比于去年同期增长的百分比。

（3）设立目的：反映当期产品销售与去年同期销售相比的增长情况。

（4）计算公式：销售增长率 =（本期实际销售额 − 去年同期销售额）÷ 去年同期销售额 ×100%。

（5）相关说明：按产品种类统计；销售额要以实际出货为基准；在管理运用上，按营业区做统计分析。

（6）数据收集：市场部、财务部。

（7）数据来源：市场部的销售统计和财务报表。

（8）数据核对：财务部。

（9）统计周期：每月一次。

（10）统计方式：相关数据和趋势图。

2. 合同执行比率

（1）指标名称：合同执行比率。

（2）指标定义：以月度或年度为周期的合同的执行情况。

（3）设立目的：该指标针对市场部或业务员对合同的预审及追踪能力。

（4）计算公式：合同执行比率 = 当期合同执行金额 ÷ 当期合同应执行金额 ×100%。

（5）相关说明：预先获得客户书面展延的合同以展延的日期为统计基准；展延通知的提出日期由公司决定。

（6）数据收集：市场部、财务部。

（7）数据来源：市场部的货款统计和财务资料。

（8）数据核对：财务部。

（9）统计周期：每月或每年一次。

（10）统计方式：相关数据和趋势图。

【实践点评】

绩效指标设计是决定绩效管理成功与否的关键环节，企业必须对各个指标的定义、评估/计算方式、数据来源以及目标标准等做清晰的界定，并根据绩效数据的变化及时对绩效指标进行调整和优化。

仅为了绩效考核而采用BSC是本末倒置的做法，BSC本身并不能改善企业业绩。企业一定要领会其思想精髓，不要完全照搬照抄，切记要从企业的实际情况出发。在进行战略解码和KPI设计时，不必为了量化而量化，一些导向性的KPI是很难找到完全切合的考量点的，如果一定要量化，有可能是想得到“西瓜”却得到“芝麻”。不一定要将关键成功因素分解到底，分解的层级越多，分解的逻辑越复杂，底层指标与顶层指标的逻辑关系就越模糊，而且管理行为本身也需要考虑成本。如果BSC的考核结果只是为了建立相应的激励制度，员工行为会变成以下模式：企业考核什么员工就努力做什么，企业不考核什么员工就不做什么。任何考核内容都不可能包含所有的工作，如果BSC只强调KPI，有些事无人问津的现象就会经常发生，从而造成混乱的局面。

BSC成功的关键是高层要全身心地投入进去。大卫·诺顿在《平衡计分卡报告》中指出，“在研究我们的平衡计分卡成功名录上的企业时，我们发现每一家企业的CEO都有一位合作伙伴在引进平衡计分卡的过程中起着领导作用”。一定要明白，BSC是一种战略工具，无论如何，整个企业的战略管理不能只交给一个职能部门来做，单纯靠人力资源部的力量是无法保证BSC的有效实施的。BSC不是一项一劳永逸的工程，不同的企业有不同的情况，其BSC的实施情况自然不尽相同。同一企业在不同的发展阶段、不同的内外部环境中，也会有不同的战略，其BSC也需重新设计。企业必须把变革思维融入企业文化中，融入组织战略中。简而言之，在BSC的实施过程中，没有什么能取代高层不懈的、积极的、富有见地的参与和支持。

因此，在实施BSC时，其核心的流程步骤是必不可少的。

（1）简洁明了地确立企业使命、愿景与战略。

（2）成立BSC实施团队及组织，由其解释企业的使命、愿景与战略。

（3）在企业内部各层次展开组织愿景与战略的宣传、教育和沟通工作。

（4）建立财务、客户、内部流程、学习与成长以及利益相关者等具体的财务和非财务指标体系及评价标准。

（5）明确数据处理规则。根据指标体系收集原始数据或历史数据，通过打分、实测、模拟确定各个指标的权重，并对数据进行综合处理、分析。

（6）将 BSC 指标分解到企业、部门和个人。对各级 BSC 指标与目标进行比较，找出数据变动的因果关系（注意结合各部门自身的特点及部门发展战略，在BSC中应有独特的、不同于其他部门的目标与指标，尽可能包括利益相关者指标，形成部门级 BSC，实现战略解码）。

（7）通过战略解码，预测并制定年度、季度、月度的战略绩效衡量指标，并与企业年度经营计划和全面预算管理相结合。

（8）根据战略解码，进行年度绩效合同 / 绩效目标责任书的签订，将年度薪酬激励机制与企业绩效目标相结合。

（9）实施 BSC，进行月度、季度、年度的持续监测和反馈。

（10）不断根据经营计划完成情况及企业环境，修正各级 BSC 指标并改进企业战略。

一定要注意 BSC 衡量指标的筛选标准。

（1）驱动性：该指标是否能帮助决策者了解战略执行的情况，并且就执行结果与员工进行沟通；该指标是否能驱动所期望的行为；选择的绩效指标是充分聚焦于战略，还是削弱注意力、扭曲绩效，或使行为次优化。

（2）有效性：选择的绩效指标是否可量化；业绩指标的提高是否有可量化的目标值来体现（清晰地表达所期望的业绩）。

（3）动态性：该指标能否重复收集；能否定期更新（如月度、季度）；是按月度更新还是按季度更新更有意义；如何掌控每个周期的指标完成情况。

（4）可靠性：在所属的行业或市场内，随着时间的推移，选择的绩效指标是否可靠；该指标的数据来源是否客观、可靠，资料收集成本是否过大。

（5）责任性：该指标是否能起到鼓励和规范责任的作用；通过“层层分解”等手段，团队能否针对绩效指标建立责任制。

构建流程和标准是为了确保 BSC 功能的发挥，防止把 BSC 仅当作绩效考核的手段来使用，要切记 BSC 的出发点是目标的导向和资源的分配；BSC 关注的是对过程的控制、反馈和评估；BSC 能防止绩效实施过程中仅关注财务指标的单一化倾向；在指标设计上，BSC 要求指标与目标具有一致性；指标对目标的实现具有保证性；指标的标准具有明确性；指标的衡量手段具有可靠性；指标的权重大小要确切反映 BSC 的利益价值判断。

核算数据时，在确定了定量、定性数据及各项指标的权重后，就要对数据进行综合处理。数据处理采用逆序法，即先计算第三级指标值，再计算二级指标值，最后计算一级指标值。需要注意的是，计算最终值的绝对值并没有多大意义，对数据的分析才是重要的，包括横纵向、内外部、主客观、短长期等，以及企业级、部门级和岗位级。

企业级 BSC、部门级 BSC 与岗位级 BSC 之间不是简单的叠加关系，而是战略协同关系，是战略目标自上而下的层层解码与自下而上的层层承接，就像钟表一样，岗位级 BSC 是秒针，部门级 BSC 是分针，企业级 BSC 是时针。秒针驱动分针，分值驱动时针，三者之间是协同关系（见图 3-6）。

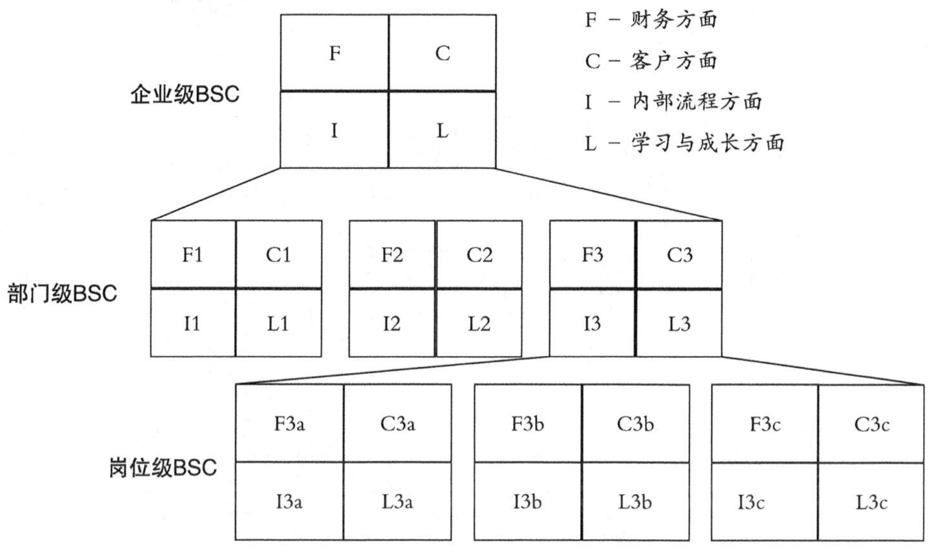

图 3-6 各层级 BSC 的关系

运用 BSC 的难点在于试图使其“自动化”。实施 BSC 时经常会遇到一些困难，比如财务指标之外的三类指标的创建和量化比较难，需要企业管理层根据企业的战略及运营的主要业务、外部环境加以仔细斟酌；确定结果与驱动因素间的关系比较困难。在建立和完善 BSC 的过程中，不要因噎废食，要不断完善数据系统，不能指望一蹴而就。出色的 BSC 应该把组织战略的结果（滞后指标）和绩效驱动因素（领先指标）适当地结合起来。

BSC 揭示的是一个持续的、有一定周期的过程，在这个周期中，前一步骤可预测后一步骤，是后一步骤的领先指标；后一步骤是前一步骤的结果，是前一步骤的滞后指标。

在 BSC 层面下，制定具体人员的 KPI 时应注意：

（1）高层的 KPI 数目越少，结果性越强，量化性越高；

（2）基层的 KPI 数目越多，过程性越强，数量与质量性皆有；

（3）下级的 KPI 应与上级的 KPI 有因果关系，确保“1 + 1 > 2”；

（4）在 KPI 数量上，遵循“5-7-9 原则”，即高层不超过 5 个，中层不超过 7 个，基层不超过 9 个；

（5）每个 KPI 都必须设定衡量标准；

（6）KPI 的比例之和为 100%，应有主次之分，一级指标的权重应不少于 10%；

（7）KPI 应主要衡量与企业当年年度经营计划相关的重要成功因素，而不是记流水账；

（8）KPI 的目标值应每年水涨船高，以反映出企业发展的脚步；

（9）高层应共同分享与承担组织绩效的成败；

（10）KPI 体系和对应目标值在实施过程中要根据企业实际情况进行改进。

BSC 四个维度的参考权重如图 3-7 所示。

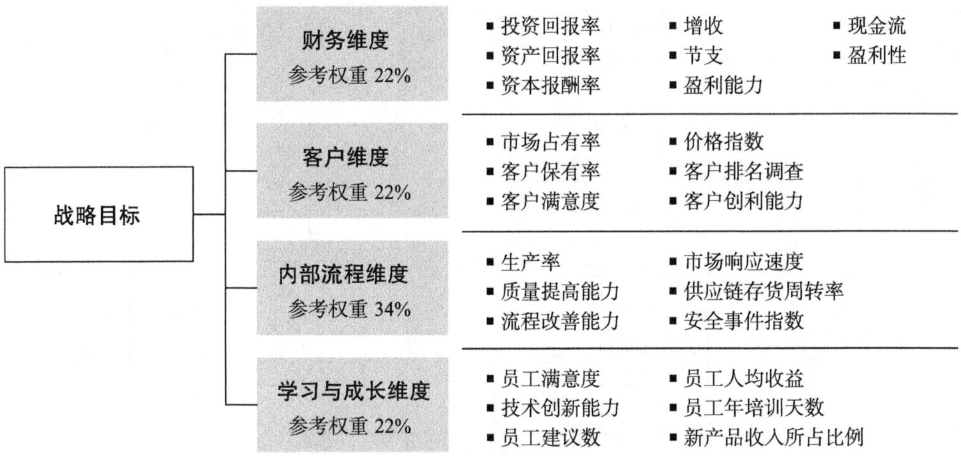

图 3-7　BSC 四个维度的参考权重

在绩效管理中，要为 KPI 设定一个目标范围，而不是一个具体的目标值。确定一个可接受的范围要比具体的目标值更有效果，因为设定一个范围能够考虑到未来的变化，因此，对环境变化有更大的承受能力。随着时间的变化，应对“可接受的范围”不断进行调整和优化。选取 KPI 旨在明确企业“期望获得、改善和提升什么”，以及明确企业“考核什么，激励什么”。因此，KPI 的主要来源：一是企业的愿景、战略与规划，二是企业年度经营计划目标，三是企业的绩效期望，四是制约企业发展的短板或瓶颈。需要注意的是，KPI 体系的构建难点是缺乏一套系统的框架。KPI 不像 BSC，BSC 有一个框架，即财务、客户、内部流程、学习与成长四个维度，而 KPI 则没有，因此 KPI 是 BSC 实施落地的必要路径和关键工具。

通常情况下，要构建 KPI 体系，就要基于 BSC 理念，从两条主线进行：一是纵向依据企业战略目标自上而下地进行责任及目标分解；二是横向分析管理及业务流程。也就是说，KPI 体系的构建可采用功能分析法（Function Analysis System Technique，FAST）和流程分析法（Process Analysis System Technique，PAST）。

功能分析法也称为职责分析法，主要是从企业战略目标的角度出发，通过识别与关键成功因素（KSF）相关的部门职责，寻找到与关键成功因素有逻辑关系的部门职责，将部门职责进一步分解到各岗位，然后再提炼 KPI 的一种方法。这很像“目标—手段”方法，即明确要达成企业的预期目标，应当采取什么方法，各个部门应当承担什么样的责任。它是一种自上而下、由高到低、纵向延伸的方法。其原则是企业和部门之间，以及部门和岗位之间必能回答为什么这样做（Why）和如何去做（How）的问题，下一层级 KPI 必须是达成上一层级 KPI 的必要条件。使用功能分析法时可以用鱼骨图来分解 KPI。

流程分析法分为风险列举法和流程图法。风险列举法是根据企业的流程，列举出各个环节的所有风险。流程图法是将企业运营过程的一切环节系统化、顺序化，并制成流程图，以便发现企业所面临的风险，即通过对流程的每一阶段、每一环节逐一进行调查分析，从中发现潜在风险，找出导致风险发生的因素，分析风险发生后可能造成的损失以及对整个企业可能造成的不利影响。使用流程分析法时可以用业务价值树模型进行分析。

KPI 有两个主要来源：一是来自企业的战略与战略目标，即从战略与战略目标分解出来的 KPI，它偏向于计划类指标；二是来自企业的任务系统、部门与岗位的职责，它偏向于职责类指标。

测定 KPI 的目标值时，只要符合 SMART 原则就是适宜的、有效的。真正的 KPI 是用来反映组织关键成功要素的量化的衡量措施，必须满足能反映组织的目标、对组织的成功是关键的、是可以量化的三个条件。战略一致性、敏感性、有效性、可靠性、可接受性是判断 KPI 体系是否有效的标准。遇到外部形势、客观条件发生重大变化，或者上级组织的绩效期望出现重大调整时，应对 KPI 的目标值进行调整或重新测定。

三、GS 指标承接

绩效指标就是指挥棒。要激励尽可能多的员工，就一定要清楚绩效指标的第一作用不是约束而是引导。

KPI 通常被称为定量的 KPI，那么定性的 KPI 是什么呢？定性的 KPI 也称工作目标设定（Goal System，GS）指标，是衡量被考核人工作范围内的一些相对长期性、过程性、辅助性的难以量化的关键任务的考核方法，比如员工满意度调查报告、管理制度有效性、部门工作计划制订周密性等。在实践中，KPI 与 GS 指标在绩效管理中相互配合，互为补充。

在管理过程中，对于职能部门的人员，他们的工作对于企业整体的成功起着至关重要的作用，但他们的工作表现却不能全部由绩效量化指标来衡量。在此情形下，GS 指标的价值就在于：①提供了绩效管理的客观基础和全面衡量标准，以弥补仅采用完全量化的 KPI 所不能反映的方面，更加全面地反映员工的工作表现；②将 KPI 与 GS 指标相结合，使各级管理者，特别是中高层管理者对企业价值的关键驱动活动有更加清晰、全面的了解；③各层级各类人员都能对本职岗位职责和工作重点有更加明确的认识。

在进行 GS 指标设计时，要遵守相关原则：①明确具体原则，即有明确的具体的结果或成果；②可以衡量的原则，包括质量、数量、时间、成本等 QQTC 模型，或者能够通过定性的等级划分进行转化；③相互认可原则，即上下达成一致，认可所设定的指标；④可实现原则，即指标既有挑战性又是可以实现的；⑤与企业经营目标密切相关原则，即所设定的指标必须与企业经营目标紧密相关，而且是强相关。

在设计 GS 指标时应考虑的问题：①与 KPI 的设计一样遵循 SMART 原则，但侧重不易量化衡量的领域；②职能部门的 GS 指标是 KPI 的补充，基层岗位的 GS 指标是全年的绩效计划；③设计 GS 指标时，只针对企业有价值、有贡献的关键工作区域，而非所有工作内容；④选择的 GS 指标不宜过多，一般不超过 5 个；⑤不同的 GS 指标应针对不同的工作层面。

对 GS 指标完成效果的评价，不同于对 KPI 完成效果的评价，不是根据现有的企业经营计划统计数据得出的确切的绩效结果，其完成效果是以上级对下级的评价来实现的，可采用 360 度反馈评价法。GS 指标完成效果评价级别是用来衡量被评价人的工作表现的，是根据被考核对象在每项 GS 指标上的完成情况，对其工作绩效确定相应的等级——通常分为三级（也可根据不同的 GS 指标的特点及可以区分的程度进一步细分为五级）。

第一级为未达到预期：在关键工作中，有数项工作未达成基本目标；在关键工作中的表现低于合格水平，妨碍了上级单位整体业务和本单位整体业务目标的实现；未表现出胜任所在岗位应具备的个人素质及能力。

第二级为达到预期：在职责范围内，大部分关键工作达成了基本目标；在少数工作领域的表现达成了挑战目标；为上级单位整体业务和本单位工作目标做出了贡献；表现出了稳定、合格的个人素质和能力。

第三级为超出预期：员工在职责范围内的许多关键工作中，实际表现达成挑战目标；完成了额外的工作，并为上级单位的整体业务目标和本单位工作目标的实现做出了贡献；表现出了超过预期基本目标要求的个人素质及能力。

好的 GS 指标应该能够衡量出岗位成功所需要的品质和价值观；衡量出难以定量的绩效组成；与 KPI 不重复；定义评价标准中不能量化的，细化评价指标，减少评估中的主观因素。GS 指标更适用于不易定量衡量业绩的岗位，如人力资源、行政后勤、财务管理岗位；需要衡量独特技能和专业知识而不是通用技能的岗位，如审计、研发、法务岗位；企业新业务岗位，如风险投资岗位。GS 指标不太适用于有定量绩效指标的岗位，如生产经理、销售经理；对业绩有更高责任的高级管理者，如营销总监、人力资源总监；个人业绩更重要的岗位，如销售代表、市场推广员、置业顾问。

另外，设计 GS 指标时一定要对所选定的指标从及时性、准确性、系统性、完整性、效果性及参考性等要素进行评价并以此评价确定 GS 指标的权重。

【管理实践】

某医疗器械企业绩效管理手册（摘要）

各岗位评估周期及考核关系如下所示。

<table>
<tr><th>岗位</th><th>评估周期</th><th>考核主体</th><th>考核内容</th><th>备注</th></tr>
<tr><td rowspan="3">高管</td><td>半年度</td><td>总裁</td><td>半年 GS 指标 + 加减分项</td><td>与半年度绩效工资挂钩</td></tr>
<tr><td rowspan="2">年度</td><td rowspan="2">总裁</td><td>工作责任书（KPI+ 重点工作）+ 加减分项</td><td rowspan="2">与年度绩效工资挂钩</td></tr>
<tr><td>素质能力评价（KCI）</td></tr>
<tr><td rowspan="3">部门负责人</td><td>季度</td><td>高管</td><td>季度 GS 指标 + 加减分项</td><td>与季度绩效工资挂钩</td></tr>
<tr><td rowspan="2">年度</td><td rowspan="2">高管</td><td>工作责任书（KPI+ 重点工作）</td><td rowspan="2">与年度绩效工资挂钩</td></tr>
<tr><td>素质能力评价（KCI）</td></tr>
<tr><td rowspan="3">员工</td><td>季度</td><td rowspan="3">部门负责人</td><td>KPI+GS 指标 + 加减分项</td><td>与季度绩效工资挂钩</td></tr>
<tr><td rowspan="2">年度</td><td>工作责任书（KPI+ 重点工作）</td><td rowspan="2">与年度绩效工资挂钩</td></tr>
<tr><td>素质能力评价（KCI）</td></tr>
</table>

【实践点评】

不同的企业面临着不同的竞争环境，需要不同的战略，因此需要设定不同的目标和考核内容。每个企业在运用绩效管理工具时都要结合自己的实际情况建立指标体系。

鉴于 BSC 在实践过程中出现的问题，美国斯特恩·斯图尔特咨询公司将经济增加值（EVA）指标与平衡计分卡（BSC）相结合，创立了一种新型的“EVA 综合计分卡”，较好地解决了 BSC 存在的一些弱点。EVA 是斯特恩·斯图尔特咨询公司对剩余收益进行诸多改进之后得到的一个经济利润指标，它等于经济调整后的营业净利润减去现有资产经济价值的机会成本后的余额。与过去其他绩效评价指标相比，经济增加值的最大特点就是从营业利润中扣除了资金成本，并且对会计体系中不合理的部分进行了必要的调整，这使它能更准确地衡量股东价值的创造，与企业的价值也最为相关（未来经济增加的现值之和就是市场增加值）；而且，它还是一个流量指标，这便于人们的行动及进行绩效评价。通过对EVA指标进行分解和敏感性分析，可以找出对EVA影响较大的指标（即关键的价值驱动因素），从而将其他关键的财务指标和非财务指标与EVA这一企业价值的衡量标准紧密地联系在一起，形成一条贯穿企业各个方面及层次的因果链，从而构成一种新型的平衡计分卡。该评价方法增加了时间尺度，包括下一年的预算年度、两到三年的中期以及三至五年的更长时期，而且将EVA作为企业所有战略和指标的核心。

需要注意的是，企业要构建一个综合各种因果关系链、联系各种不同的指标，以全面表述战略方面的BSC，在战略、战略转化、目标设计、指标和目的等方面都达成一致，需要付出不小的努力。只有在企业花费足够多的时间讨论相关的问题，实现从理论到实践的过渡时，才可以取得最佳的效果。无论企业是自己设计还是借助外力，短时间内是不可能完成的，也不应该完成，因为试图盲目加快其中任何步骤都是不成熟的做法。BSC是基于一个较为完整的价值链所建立起来的战略和业绩管理工具。企业应基于组织战略，通过在局部有所侧重，以达到整体的平衡，不可在部门和个人层面片面地理解“平衡”，不可盲目地进行相关职能的平衡。

实践证明，只有将BSC的原理与企业的具体情况相结合才能发挥BSC的功效，不能简单地模仿其他企业已经开发完成的BSC。BSC强调企业未来发展的重要性，企业能否实现财务、客户、内部流程指标的目标，归根结底要根据其学习与成长能力来定。学习与成长维度不但在BSC应用实践中至关重要，在整个企业运营管理中都至关重要。

【管理知识】

平衡计分卡并不适用于企业战略的制定。卡普兰和诺顿指出，运用这一方法的前提是企业已经确立了一致认同的战略。同时，平衡计分卡并不是流程改进的方法，并不是告诉企业如何去做，而是以定量的方式告诉企业做得怎么样。

第四节　目标与关键成果（OKR）应用实践

一、OKR 的发展

2013 年以来，管理界充斥着一种观点：随着环境的快速变化，传统的 KPI 考核已不能够适应时代的发展，目标与关键成果（Objective and Key Results，OKR）即将成为主流。人们对传统的 KPI 考核甚至 BSC 等战略绩效管理工具提出了质疑。

如今，OKR 十分火热，甚至出现了“懂 OKR 就是合格的管理者，用 OKR 就是优秀的企业”的论调。OKR 真的如此神奇吗？ KPI 真的过时了吗？

这个疑问暂且放一下，先了解一下什么是 OKR。OKR 直译为目标（我们想实现什么）和关键结果（我们如何实现），是在一定周期内为企业和团队设定的战略和目标。OKR 的思路源自德鲁克的目标管理（MBO）理论，其核心思想是倡导由命令驱动式的管理向目标驱动式的管理转变。OKR 由英特尔前首席执行官安迪·格鲁夫首创，谷歌将其发扬光大。谷歌是第一家真正把 OKR 视为创新驱动器的企业。换句话说，谷歌的 OKR 不同于英特尔的 OKR，前者是后者的进一步迭代。现在广为人知的 OKR 源起于谷歌的 OKR，而非英特尔的 OKR。两者有着相似的“形体”，却有着不同的“灵魂”，“形似而神不似”，英特尔搭建了 OKR 的框架，但在配合了谷歌的开放、平等、自由的文化氛围后，OKR 才如虎添翼。

OKR 是先确定目标，然后明确目标需要实现的结果，再对结果进行量化，最后完成评价。其本质上与其他绩效管理思维没有大的差异性，可以说等于 MBO+KPI 或 BSC+KPI。当然，严格意义上说 OKR 不是传统的绩效管理工具，因为它的主旨不是解决绩效问题，而是进行目标管理。本·拉莫尔特（Ben Lamorte）在其所著的《OKR：源于英特尔和谷歌的目标管理利器》一书中对 OKR 的定义是：OKR 是一套严密的思考框架和持续的纪律要求，旨在确保员工紧密协作，把精力聚焦在能促进组织成长的、可衡量的贡献上。

1954 年，彼得·德鲁克在《管理的实践》一书中提出目标管理的重要性和实施方法。在 20 世纪 70 年代末，为将英特尔的业务实现从存储器往处理器的转型，时任董事长的安迪·格鲁夫希望找到一个方法，同步工作重心，统御工作目标，实现“上下同欲，则胜”的目的。当时，作为德鲁克忠诚“粉丝”的安迪·格鲁夫打着“HOM（High Output Management）”（安迪·格鲁夫写的一本书，直译为《高产出管理》或意译为《高效能管理》）的大旗，发明、推行了“OKRs”。因此，安迪·格鲁夫被管理界誉为“OKR 之父”。

同一时期，Oracle（甲骨文）的创始人拉里·埃里森（Larry Ellison）也提出了 MOKRs（Mission，Objectives，and Key Results），其直译为使命、目标和关键结果。后来成为谷歌董事的约翰·杜尔（John Doerr）因为当时在英特尔效力，对这个工具深以为然。1999 年，已是知名风投 KPCB（凯鹏华盈，美国最大的风险基金，主要承担各大名校的校产投资业务，并投资无数知名科技企业）合伙人的约翰·杜尔，把 OKR 这套管理方法带到了谷歌，经过不断的尝试和改进，OKR 在谷歌终于得以实施，约翰·杜尔又被称为“谷歌的 OKR 之父”。

谷歌将 OKR 模型划分为四个层级，由上至下依次是：企业级 OKR，它描述的是企业的核心目标和预期；部门级 OKR，它描述的是各个业务单元的预期；团队级 OKR，它描述的是团队的目标和预期；个人级 OKR，它描述的是员工的工作目标和预期达到的关键结果。每一个层级的 OKR 都是在上一个层级的 OKR 的基础上形成的，最终所有的 OKR 都与企业战略和总体目标保持一致，有效地保证了组织内部的所有成员都聚焦在一致的方向上。

由于谷歌的成功，OKRs 方法在领英、Facebook、Zynga、AOL.、BMW 等企业风靡。约翰·杜尔介绍，谷歌在所有它所投资的企业中，都要专门进行关于 OKR 系统的培训和实施。2013 年，OKR 被从硅谷回国创业的人带入国内，明道、豌豆荚、知乎、小米、华为、百度、京东、阿里巴巴、腾讯等企业开始使用 OKR，OKR 被国内一些管理学者誉为“管理神器”。

至此，可以对比了解一下 OKR 与 KPI。

KPI（Key Performance Indicator）即关键绩效指标，是指通过对组织内部流程的输入端、输出端的关键参数进行设置、取样、计算、分析、评价、反馈，以衡量流程绩效的一种目标式量化管理指标，是把企业的战略目标分解为可操作的工作目标的工具，是绩效管理的基础。建立明确的切实可行的 KPI 体系是做好绩效管理的关键。KPI 是用于衡量员工工作绩效表现的量化指标，是绩效计划的重要组成部分。KPI 基于一个原理和一个原则：原理为“20/80 原理”；原则为 SMART 原则，即绩效指标必须是具体的（Specific）、可以衡量的（Measurable）、可以达到的（Attainable）、有一定的相关性（Relevant）、有明确的期限（Time-bound）。需要注意的是，SMART 原则中可衡量的目标并不等于必须将目标量化。

OKR 系出“名门”，出生于英特尔，成长于谷歌，被国内一些管理者誉为是“管理神器”，于是有人会提出疑问：谷歌没有 KPI 吗？谷歌确实没有 KPI，只有 OKR，就是整个公司、团队和个人都要设立目标（Objective），以及衡量这些目标完成与否的关键结果

（Key Results）。OKR 是一套定义和跟踪目标及其完成情况的管理工具和方法。英特尔公司发明的 OKR，是基于公司、团队、个人量身定制的一套考核系统。后来，OKR 被约翰·杜尔推广到甲骨文、谷歌、领英等高科技公司并逐步流传开来，现在广泛应用于 IT、风险投资、基金、游戏、创意等以项目或互联网为主要经营单位的企业，这类企业最大的特点就是其外部环境具有不确定性，其员工属于知识型员工并强调底层创新。

OKR 可以分成“O”（目标，定性描述，即想实现什么）、“KR”（关键结果，这是一种定量描述，即实现目标需要达成哪些关键结果）和“Action”（行动计划，KR 在执行过程中可以用甘特图或 WBS 分解形成行动计划）三层结构，“O”和“KR”是必选的，“Actions”则是可选的。

在 OKR 系统中，企业应制定一个目标，设定一系列关键结果，借用“行动计划”（A）用来衡量目标是否达成。同样，OKR 也适用“20/80 原理”和 SMART 原则，即 OKR 的关键结果应设置 3 ~ 5 个，过多反而会导致精力不聚焦，要把主要精力集中在少数关键结果的达成上。另外，OKR 在实施过程中依然要符合 SMART 原则，即具体的（Specific）、可以衡量的（Measurable）、有挑战性的（Aspirational）、有一定的相关性（Relevant）、有明确的期限（Time-bound）。OKR 在适用 SMART 原则时，只是把 KPI 中需要符合 SMART 原则中的“可以达到的”（Attainable）进一步提升到了“有挑战性的”（Aspirational）的程度。OKR 适用 SMART 原则的目的就是确保每一位团队成员都能看懂当事人的 OKR，特别是跨部门团队成员。目标设置领域专家埃德温·洛克（Edwin Locke）和加里·莱瑟姆（Gary Latham）证实，当设置的目标具体并且有挑战性时，绩效表现最好。当然，在设定有挑战性的目标时一定要有具有挑战性的理论根源做支撑。“谷歌的 OKR 之父”约翰·杜尔说：“我认为我们将在量化工作或人类科学的领域看见愈来愈多的系统，它将让我们拥有的最宝贵资源，就是我们的团队更有效率”。

OKR 与 KPI 是存在共同点的，两者关注的都是企业的关键绩效目标，都强调通过对关键绩效目标的聚焦，引导组织成员做出高效的绩效行为，最终实现期望的绩效结果。但是两者又具有本质的差别，具体如表 3-7 所示。

表 3-7 OKR 与 KPI 的相同点和不同点

<table>
<tr><th>方法</th><th colspan="2">OKR</th><th colspan="2">KPI</th></tr>
<tr><td>特点</td><td colspan="2">简单：操作简单，每个主体的目标不超过 5 个，目标多了方向不清晰，重点不明确；每个目标设计 3 ~ 5 个关键结果（KR），抓重点
直接：每个 KR 都必须能够直接完成相应的目标，不是间接，更不是协助完成
透明：每个部门 / 个人的目标和 KR，以及最终的评分对整个企业，甚至对每个人都是公开和透明的</td><td colspan="2">精细：量化 KPI 不是目的，验证才是；KPI 量化程度要求高，指标数量控制在 5 ~ 7 个，指标权重在 5% ~ 30%，容易陷入量化之困
流程：KPI 的运行需要良好的制度环境和平台，流程相对较长，涉及范围较广
行为：KPI 常把对员工的考核转变为对其行为的考核，灵活性不足</td></tr>
<tr><td rowspan="3">相同点</td><td>前提</td><td colspan="3">企业存在明确的价值取向和目标，员工职责明确，企业愿意承担考核成本</td></tr>
<tr><td>假设</td><td colspan="3">员工会采取积极的行动来努力达成事先确定的目标</td></tr>
<tr><td>目标 / 指标产生</td><td colspan="3">在组织内部全员共同参与，确定目标 / 指标</td></tr>
<tr><td rowspan="8">不同点</td><td>界定</td><td colspan="2">OKR 是一套定义和跟踪目标及其完成情况的管理工具、方法和工作模式</td><td>KPI 是根据功能结构将战略目标层层解码，并细化战术目标的绩效考核工具</td></tr>
<tr><td>聚焦</td><td colspan="2">我要做的事</td><td>要我做的事</td></tr>
<tr><td>目标</td><td colspan="2">相对模糊，它更关注提出极具挑战性和追踪意义的方向</td><td>非常明确的指标，它所追求的就是高效地完成这些指标</td></tr>
<tr><td>设计过程</td><td colspan="2">通常是自上而下命令式的</td><td>多向互动的过程</td></tr>
<tr><td>驱动机制</td><td colspan="2">通过外在物质因素的激励引导员工的绩效行为</td><td>强调利用员工的自我价值驱动实现绩效目标</td></tr>
<tr><td>实质</td><td colspan="2">目标管理方法（考核员工是否称职）</td><td>绩效管理工具（考核员工是否高效）</td></tr>
<tr><td>关注点</td><td colspan="2">关注的是员工有没有好好干活，OKR 存在的主要目的不是考核某个组织 / 员工，而是时刻提醒每个人当前的任务是什么</td><td>关注的是量化和非量化的指标，默认工作完成情况直接或间接地对企业财务结果产生影响，侧重考核工作的完成情况</td></tr>
<tr><td>导向性</td><td colspan="2">产出导向：关注做事情输出的成果，而不是仅关注事情做了没有</td><td>结果导向：关注事情做了没有及其产生的直接或间接结果</td></tr>
</table>

OKR 的兴起并不意味着 KPI 完全失去了用武之地，对大多数传统行业来说，KPI 依然是行之有效的。虽然目前使用 OKR 的主要群体是互联网企业，但这并不代表 OKR 不适合其他企业。OKR 更重要的意义是激发员工的工作热情、团队合作意识和对组织的责任感，让组织的每一位成员为企业整体绩效目标的实现贡献力量，这些行为虽然很难被量化，但却是保证组织顺利运转和长足发展的关键因素，周边绩效应当成为考核的一部分。

通过对比可以发现，OKR 是目标管理工具，那么有人会问：谷歌等使用 OKR 的知名企业没有绩效考核吗？有，但不是 OKR，而是员工评估（Peer Review），它近似我们非常熟悉的一个工具——基于胜任力的360度评价。360度评价作为考核工具的最大缺陷就是太主观，国内企业应用得好的不多。谷歌、微软、英特尔等企业都采用了类似360度评价的员工评估。最初谷歌在实施OKR时配合同行评议一起实施了员工评估并产生了好的效果。同行评议最初存在于学术圈，学者在发表论文前，需要同行权威对论文进行评论。后来，谷歌实施OKR时将同行评议引进到企业内部并结合周边绩效进行运用。

对于绩效管理这个世界性难题，每个企业都有很多尝试和实践，360度评价虽然多受诟病，但如果构建好胜任力模型及任职资格管理体系，并结合KPI、OKR等管理工具，规避其主观性太强的缺陷则是可以做到的。只不过目前只有谷歌等企业将360度评价/员工评估与OKR进行了有效结合，并且效果相对较好。OKR评分并不是谷歌对员工进行职务晋升的依据，但通过评分，每个员工都可以了解自己过去所完成的工作和项目，如果某位员工可能晋级，人力资源部可以很快捷地看到此人过去的成绩。

OKR源于组织战略。从组织战略出发，明确目标，并且在更短的周期内聚焦关键成果，这正是OKR的实施要点。更准确地说，目标通常需要支撑组织战略的达成，而关键结果则要支撑目标的达成，如果有行动计划，那么行动计划一定要支撑关键结果的达成，形成层级支撑关系，共同服务于整个组织的战略体系。OKR采用了全然不同的方式制定团队目标，用自下而上的方式达成了组织预期目标，团队成员能够充分参与团队目标的制定。

二、OKR的价值

OKR强调公开透明、敏捷开放、自下而上和评价解耦（两个或两个以上的体系，或者两种运动形式间通过相互作用而彼此影响以至联合起来的现象），能显著激发员工的潜能。那么，OKR的核心内容是什么呢?

（1）目标要有野心、较激进，需要有挑战性；关键结果要支撑目标的实现；OKR要可量化，这是OKR的第一个核心特质。目标是对期望实现的成果的文字描述，可以不使用数字来量化；目标应该是基于现有能力的挑战；目标指向的结果应是可控的。

（2）目标刚性，设定得简单明了，并且在组织内公开透明。OKR最多有五个目标（行动/挑战目标），每个目标最多有四个关键结果。关键结果是具体的、详细的成果，不是任务；关键结果既是“常规工作”，也是一个“关键结果”；关键结果必须是能直接实现的，是和时间相联系的，必须具有进取心、敢创新，可以不是常规的；关键结果需要做到明确且定量，易于跟踪。

（3）企业、部门、团队、个人都有自己的 OKR，目标必须上下级互相认可，而且必须达成一致，不能采用命令的形式，大多数 KR 都应该来源于 KR 所有者，即 60% 的目标来源于基层。

（4）OKR 每个周期都要打分并且公示，所有人都必须对 OKR 进行协同；原则上一个周期制定一次 OKR，周期结束后需对 OKR 进行评审；每周做一次 OKR 回顾，每月做一次 OKR 调整。

（5）OKR 要有挑战性，争取做到 0.6 ~ 0.7 分，满分 1 分并不意味成功，这反而说明目标不具有挑战性，目标过高或过低都不好。

（6）只有未完成的 KR 仍然很重要时，该 KR 才会在下一次周期的设定中继续存在；KR 是可以调整的，目标不能调整。在执行 OKR 的过程中，有的企业对于上一个周期没有完成的 OKR 不知道应不应该在下一个周期继续沿用。这主要取决于企业在新周期所处的环境和需要聚焦的重点，也就是存在的必要性。

（7）部门级 OKR 应能支撑企业级 OKR 的实现，在制定部门 OKR 时应该提前和可能涉及的合作部门沟通，把双方的工作写进彼此的 OKR 清单里。

（8）谁有利于目标的实现，就由谁负责；谁提出目标，就由谁负责。

（9）OKR 的内容一页纸最好，两页是最高限。

（10）OKR 结果不直接与绩效、薪酬和晋升挂钩，OKR 不是绩效管理工具，而是目标管理工具。这是 OKR 的第二个核心特质。

OKR 的实施流程如图 3-8 所示。

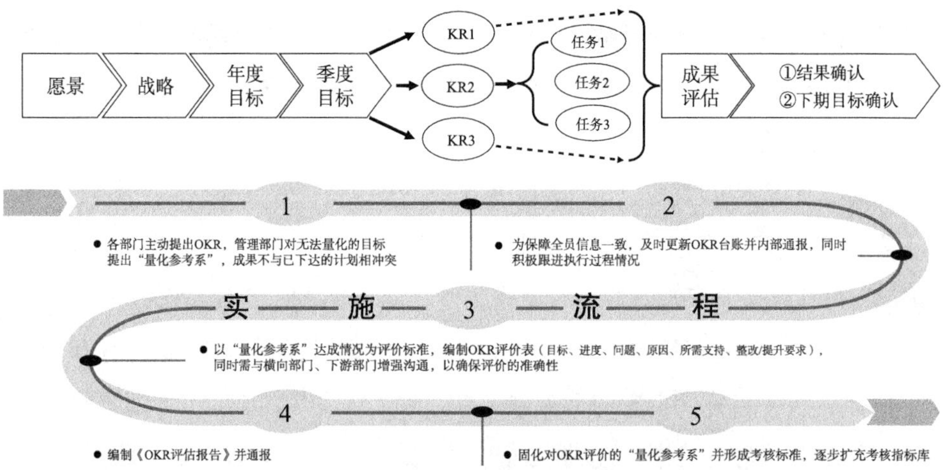

图 3-8　OKR 的实施流程

实施 OKR 对企业的要求是非常高的。

（1）组织架构：组织趋向扁平化。OKR 需要提供配套机制来解决激励问题，如果采用 OKR，那么企业的整体经营模式则需要按“自主经营”“模拟独立核算”或“内部企业制”的管理方式，给每个独立的经营单元充分授权，通过分享团队的经营利润的方式来激励员工。

（2）团队素质：对团队的综合能力要求较高，要求团队成员为“自我实现”的人，是能与其他成员通力合作的人，而不是倾轧或“你好我好大家好”的“老好人”。

（3）文化支撑：企业文化必须是包容的、多元化的，具有充分协商和沟通的氛围与传统，并放弃控制，抓“产出导向”。OKR 的建立基于企业战略，其应用于制定目标、分解关键结果、实施、回顾、评估等整个过程中，这就要求企业全员积极参与，理解战略的实施，这一点与 BSC 是一样的。一位谷歌管理者表示，在谷歌，如果你总是制定一个不具有挑战性的 OKR，得分总是接近 1 分，那么你会被别人看不起，周边同事会认为你没有追求。

（4）体系支持：企业必须有配套的体系支持 OKR 的实施，特别是信息化体系、利益与风险共享激励机制（这一点类似国内企业的内部合伙人模式），使任务分解及目标、成果、得分完全公开、透明。

（5）沟通机制：OKR 的一对一的交流和全公司的会议沟通机制必须建立并完善。

研究结果表明，如果给员工定下的目标清晰简明、具有挑战性并且可以达成的话，那么员工的表现将优于那些仅被指示要“尽量好地完成任务”的员工，其原因是目标有助于个人或团队专注投入，有利于绩效评定，方便评估是维持原方案还是改变方向，以及在达成目标时获得成就感。无论是哪个层级的 OKR，都应当为企业的整体目标服务，因此确保所有 OKR 在方向上的一致性十分关键。

在设计 OKR 时，目标关注的重点是运营类目标和挑战性目标，在目标的设计上应采用 6W2H 法、鱼骨图或业务价值树，基于组织战略目标进行解码和确定；而在 KR 的设计上需要从能量化尽量量化、不能量化要细化、不能细化要流程化、不能流程化要标准化等方面考量，这一点与 KPI 如出一辙。作为管理创新工具，OKR 有其独特优势：更聚焦，把精力集中在重要的事情上；数据是公开透明的，以激发员工的工作积极性，获得相互认同；评分时，不是越高越好。在绩效考核中，通常是分数越高越好，但在 OKR 中却不是，KR 是用 1 分的标准来设定的，但一般无法得到 1 分的结果，如果达到了 1 分，就说么这个目标设定得太低，没有激励性。OKR 完成 0.4 ～ 0.7 分为优秀，0.4 分以下为不合格，如果完成 0.7 分以上反而会被认为不正常，此时员工要自我反思原因是什么，是否是目标设定得太低。在实践中，OKR 关注三个刻度，即 1 分、0.7 分、0.3 分：1 分代表不可思议的成果，结果远远超出预期，这几乎是不可能达成的目标，要求我们改变思维定式，用不同的方式去思考；0.7 分代表希望达成的程度，可能有一定的难度，但还是可以达成的（50% 的可能性）；0.3 分代表肯定能达成的程度，自己不需要付出比处理“常规工作”更多的努力或不需要帮助也能达成。最佳的 OKR 不一定是 100% 完成，完成 75% 就很好了。获得高分并不一定会受到表扬，如果本周期目标不具有挑战性，那么在下个周期制定 OKR 时则需要调整。获得低分也不会受到指责，而是通过分析工作数据，找到下个周期 OKR 的改进办法，周期多采用月度评估跟进，季度评估调整。这一点与 KPI 考核中的设立底限值、基准值和努力值三个层级的考核标准的理念是一致的，只是很多企业在采用 KPI 时只设置了基准值而已。

谷歌认为，如果多数 OKR 得分在 0.9 分以上，说明目标设置得过于简单；如果多数得分在 0.4 分以下，说明目标设置得过高，或者目标定位错误，将本不属于重要和核心的领域当作工作重点；得分为 0.6 ~ 0.7 分是比较理想的，说明在正确的方向上取得了不错的结果。需要注意的是，这只是谷歌基于自身实践总结出来的一个经验值，这是一种文化导向，不是一个固定标准。我们要关注员工的贡献，而不是看目标完成率和分数。

为提高 OKR 的实施效率，企业应建立电子表单系统，以方便多人一起评估，并在企业内部互联网办公平台上呈现出每个周期中企业级、部门级、团队级、个人级 OKR 的情况和评分，通过公开、透明的信息化方式来提升效率；评价时应做到评价解耦；当常规业务与 OKR 冲突时，OKR 优先；在 OKR 的实施过程中，要建立一个委员会，由该委员会来关注并确保组织当中的每个人都朝着共同的目标努力。同时，如果员工没有及时展示其 OKR，管理者要定期检查，必要时予以调整，列出黑名单或问责；建立激励机制配合 OKR 的实施，让员工明白职位和薪酬晋级标准；构建公开透明的管理和流程平台，以及高效沟通的工具或平台；实施胜任力模型、任职资格体系等员工能力承接发展机制；实施时，可多应用于短期项目、灵活项目、目标明确的项目、过程可灵活调整的项目。

需要注意的是，OKR 目标的有效达成并不是依赖于选择出科学的 KR，而是需要设计出切实有效、尽责执行的任务项，并且连续跟踪这些任务的完成状况、遇到的问题及其改进方案。这里强调的是“设计”，而不是“分配”，这是因为 OKR 目标所对应的问题通常不是常规运营问题，更不是逐步改良性的目标，而是阻碍企业成长的关键问题，必须集中精力去实现跃升。依靠一般的任务分配所能够达到的成效是很难获得惊喜的。

为了有效推动 OKR 的进展，OKR 工作周报（见表 3-8）和 OKR 检查表（见表 3-9）就成为检验目标、关键结果和行动计划所必需的管理工具。OKR 在实施时最容易出现的错误是目标与关键结果之间缺少逻辑链条，产出导向与结果评价之间没有关联性。在确定 OKR 目标及关键成果的过程中，必须用业务价值树找出两者之间的逻辑关系，找出强关系，剔除弱关系。

表 3-8　OKR 工作周报

目标（O）	关键结果（KR）	KR 得分	最新进展	同比上周	进展	关注量	何人关注（最近 5 ~ 10 人）	最新评论（最近 5 条）

表 3-9　OKR 检查表

类别	检查要项
目标（O）	个体的目标是否支撑团队目标？个体的目标必须来源于团队目标
	个体的目标是否聚焦？个体的目标不多于 5 个
	个体的目标是否鼓舞人心？进行定性描述，尽量鼓舞人心，使其富有激情
	……
关键结果（KR）	个体的关键结果是否支撑个人的目标？个体的关键结果对应个体相关目标
	个体的关键结果是否聚焦？个体的关键结果不多于 5 个
	个体的关键结果是否具有挑战性？如果个体的关键结果易于达成，就会失去相应的价值
	……
综合评价	OKR 的解耦关系是否确定？其 OKR 目标的实现是否依赖其他 OKR 目标的实现，其相互关系是否厘清

三、OKR 的应用

请注意，OKR 不是绩效管理工具，不解决绩效管理问题，它是目标管理工具，是一种价值创造手段。OKR 管理的是组织所制定的目标，让组织的目标更加清晰且容易实现。OKR 将目标管理和评价管理分离开来。目标管理专注于目标的设定和目标的达成及反馈，而绩效评价环节专注于对所做贡献的公平回报。OKR 不是一个绩效管理系统，它更多的是一套组织自律性系统。那么有人会问：能不能用 OKR 进行绩效考核？不可以。OKR 只是一个战略—目标统一工具，不应该涉及对员工的评价，如果考核会让员工回避挑战性较大的目标，产生不必要的部门利益冲突，也容易失去创新所需要的自由空间。

OKR 的核心是“在关键的领域保持专注”，因此在设计 OKR 时要先明确哪些工作才是最重要的，并针对它们设计 OKR，避免面面俱到。在实践中，有些企业会在制定 OKR 时坚持“3-3-10”原则：第一个“3”，即 3 个目标，常规运营类目标不计算在内，并至少有一个目标是自己主动的创意；第二个“3”，即每个目标至少有 3 个关键结果做支撑，建议不超过 5 个；“10”倍原则，即鼓励设置指数级增长的目标，同时认为有 30% 以上的机会就可以放手一搏，实现了 50% 以上就是胜利。

经常有企业咨询，其团队或者部门是否可以应用 OKR。回答一般是否定的。像销售、市场、人力资源、行政管理等部门，如果彼此独立设定 OKR，必然是无法与企业的聚焦目标对齐的；这些业务相对独立的部门无法形成完整的业务链条，如果不能从企业或业务单元的角度出发，就无法识别出影响企业成长的瓶颈问题和可能存在的增长动因，也就无法做有意义的聚焦。产品技术团队是否适合独立引入 OKR 呢？要想让 OKR 在企业中发挥出成效，不产生部门本位主义，产品技术团队就必须做到：①能够对产品的设计、开发和交付整体负责，并且技术团队具有主控性，不受制于多个部门的配合；②采用非项目服务业务模式，即产品技术团队服务的是本企业的产品，而不是客户的产品，否则这个团队的核心管理体制很难超越项目管理本身，何况外包项目的生命周期也不足以激励 OKR 的实施；③企业的业务成效在很大程度上取决于产品自身的定位、特性与市场需求的适配度和产品质量，销售和营销职能起到的是放大器作用。如果以上条件不存在，那么产品技术团队独立实施 OKR 的成效是不乐观的。事实上，缺乏自主度和管理关注度的产品技术团队很难有动力自行发起目标管理，即使实施 OKR，也只是为了响应企业自上而下的管理要求而已。

如果是首次使用 OKR，那么企业应该在正式进行 OKR 的设计与实施前做一些必要的准备工作，以帮助后续工作顺利开展：思考“企业为什么要使用 OKR”；是否能获得高层的一致支持，特别是 CEO 的支持；是在全企业还是在哪个层级实施 OKR。通常情况下，首次引入 OKR 的企业应选择在范围较小的层级进行试验。这样不仅可以让管理团队理清企业发展的核心要务，还能为未来的全员推广提供范例，更利于员工接纳和使用 OKR。

在互联网及扁平化管理思想的驱动下，目标管理衍生出了 OKR 这个新的工具，这是一个管理上的创新。作为目标管理工具的 OKR，与 MBO 的区别在于两个特质上：OKR 的目标具有挑战性并且不与绩效挂钩。管理的创新不是否定和代替，而是融合，而是新思维，所以一定要记住，OKR 是达成目标的工具。OKR 和 KPI 各有所长，谁都无法真正的替代对方，二者融合才能给绩效管理带来惊喜和再一次创新。其实 OKR 实施起来并不难，难的是企业如何基于企业实际采用最佳的绩效管理方法，学习优秀企业最佳实践的理念、思维。企业施行 OKR，其实就是构建一个组合，即 OKR+ 绩效评估，可以是 OKR+KPI 或者 OKR+360 度评价等。组织管理变革的难点在于“转变思维”，而不是工具和方法。每个企业都是不同的，各企业针对各自的实际情况设定不同而独特的绩效策略是必然的，也是有益的，只有这样才能实现激励员工、驱动组织绩效实现的目标。OKR 需要团队领导者具备变革领导力，以愿景、使命和工作意义去驱动员工自我努力，而不是用单纯的物质激励进行驱动。

【管理实践】

（一）某互联网金融企业 Q2 季度销售部负责人 OKR 表

OKR 计划					OKR 评估		
序号	目标（O）	关键结果（KR）	KR 权重	O 分值	KR 完成情况	KR 得分	O 得分
1	销售目标 8000 万元	4 月实现 2000 万元	25%				
2		5 月实现 2000 万元	25%				
3		6 月实现 4000 万元	50%				
4	新增客户 100 个	4 月增加 25 个	25%				
5		5 月增加 25 个	25%				
6		6 月增加 50 个	50%				

（二）某 IT 企业 OKR 表

OKR 计划					OKR 评估		
考核方向	目标（O）	关键结果（KR）	KR 权重	O 分值	KR 完成情况	KR 得分	O 得分
工作业绩							
团队协同							
创新能力							
团队培养（管理岗位）							
加减分项							
复盘							
主管综合评价							

（三）某电商企业 OKR 评分结果定义

定义	参考分值	评估后需要思考和关注的	处理方法
目标具有较大的挑战性，几乎不可能完成，但实际超出了预期	1 分	关键因素是什么？是否可以总结一下经验和方法？关键团队或成员是谁	标黑色
达到期望值的结果，困难且有挑战性	0.7 分	鼓励团队追求的目标；关注突破、创新和成长的员工	标绿色
同期望值相近但有差距	0.5 分	差距在哪儿？可以提升的空间和可能性有多大	标蓝色
距离期望值有很远的差距，或付出较少的努力就能达成的目标	0.3 分	KR 是否有问题？工作方法是否有问题？是否存在资源或获取支持问题？是否需要协同进行？其他需要改变的方面有哪些	标橙色
工作完全没有进展，或取得不可接受的结果	0 分	需要解释原因；考虑该目标是否需要继续下去	标红色

【实践点评】

工具再好也只是工具，任何好的结果都必须依赖持续的管理智慧，应多思考“什么是适合的”，少思考“应该怎样”。

MBO、BSC、OKR、KPI 都是绩效管理或目标管理工具。在使用这些工具时，绩效管理的初衷是不变的，只不过不同的管理工具的实施策略或侧重点是有差异的，或者说某些在传统考核工具中很重要，但是被其忽略的环节被新工具突出强调了而已。在 KPI 模式下，目标是封闭的，员工无法便捷地看到其他相关同事的目标；而在 OKR 模式下，目标是开放的，员工可以便捷地看到其他同事的目标，这样能更好地增进团队成员之间的相互了解，从而促进协同。“霍桑效应”启示我们：“当人们意识到自己正在被关注或者被观察时，会刻意去改变一些行为或言语表达”。目标开放的 OKR 事实上就带来了霍桑效应。Better Works 公司的创始人之一克里斯·杜根（Kris Duggan）表示，传统上按年度给员工设定目标和评估绩效的方法完全过时了，要想真正提高业绩表现，就需要更频繁地设立目标，目标要更透明，让企业其他人都知道，而且要更频繁地测量目标进度。阿尔卡特朗讯公司坚持“721”法则。其中，“7”代表在考核权重中，对企业业绩的贡献占比 70%；“2”代表团队产出占比 20%；“1”代表 10% 是对个人能力成长的考核。因此，拥有一个透明的、促进员工成长的绩效管理机制非常重要，该机制能够促使团队自发地越来越优秀。

OKR 的出发点是员工发展，KPI 等传统绩效管理工具的出发点是员工评价。KPI 和 OKR 在发展导向和评估导向的理念上虽然存在差异，但是在目标制定与关注过程的问题上，两者都要确定一个任务目标，并细化为具体的行动步骤或行动计划。KPI 和 MBO 并不是只关注结果，不关注过程，而是一再强调要关注过程，关注关键事件，进行绩效过程控制、辅导、沟通、改进等，只是在实践中有很多企业在其绩效文化没有形成的时候，没有做到位或跑偏了。德鲁克指出，当我们知道目标时，目标管理是有效的，不幸的是，我们很少知道目标。

有评论者批评唯 KPI 论，认为一切都是 KPI 惹的祸。但关键的问题并不是出在 KPI 身上，而是出在 KPI 的制定者或执行者身上。KPI 是关键绩效指标，指标不等于目标，所以 KPI 应该在目标的指导下实施。KPI 没有错，在使用 KPI 的时候，要了解设置 KPI 的原因，要了解目标是什么。在战略目标下，KPI 就能被合理地应用于绩效管理。有时候方向对了，KPI 设定错了，所以要调整它。而 OKR 的优势在于，OKR 对目标提出了可量化的关键结果。无论是 KPI 还是 OKR，都需要强目标驱动，单纯谈 KPI，可能会丢掉目标。KPI 本身并没有问题，关键在于使用者本身“忘记为什么出发的初心”。在使用 KPI 的时候要紧扣目标，实现绩效管理闭环，这样有助于产出的改进。OKR 创造性地提出了 KR，但也要防止 KR 陷阱。随着越来越多的企业面临的是不确定性问题域，很可能会出现所有的 KR 都很好，但关键目标并未达成的情况。

OKR 看似是一个围绕短期绩效、高速迭代的执行落地方法，但它的有效性依赖于使用者对长期绩效和价值创造的绝对关注。OKR 背后的理论基础是内在动机，是一种实操性很强的目标管理方法，出于激发员工内在动机的目的，OKR 不应与绩效评价捆绑，但 OKR 所产生的客观贡献应当用于绩效评价的输入。能否通过 OKR 促进企业的创新，取决于企业能否通过管理机制和企业文化激发员工的内在动机。在实践中，不少企业错误地采用“胡萝卜加大棒”的激励理念来应用 OKR，把 OKR 做成了 KPI，最终起到了事倍功半的负效用。

无论是 KPI、BSC 还是 OKR，其本质都大同小异，每种管理模式都要求从战略的角度出发，科学地设定和分解目标，不忘战略意图，并且三者都同样重视量化评估。衡量绩效好坏的最简单方法就是数据分析，只有数据才会让人信服，绩效管理的关键就是用数据说话，而不是用工具说话。谷歌一位高管曾说过，如果销售团队、流水线能用 KPI，千万别用 OKR。这就告诉我们，管理工具没有最好的，只有最合适的。

【管理知识】

当 KPI 的绩效管理方法的局限性凸显时，OKR 能解救绩效管理吗？是否“敏捷绩效管理”（如 OKR+ 绩效评估）才是适合企业的绩效管理变革最佳实践？对此，企业只有基于自身实际不断求证，才能找到绩效管理的最佳工具。

第五节　360 度反馈应用实践

一、360 度反馈的理念

360 度反馈也称全视角反馈、360 度胜任力考核、360 度评估反馈、360 度考核法或全方位考核法，是由被考核者的上级、同事、下级和客户（内外部客户）以及被考核者本人担任考核人，全方位、多角度地对被考核人进行考核，再通过反馈程序知晓各方面的考核意见，达到改变被考核人的行为、提高被考核人能力的目的的评价方法。

传统的绩效评价主要是被评价者的上级对其进行评价。而 360 度反馈则是由与被评价者有密切关系的人，分别匿名对被评价者进行评价，被评价者自己也对自己进行评价。然后由人力资源专业人员根据有关人员对被评价者的评价，对比被评价者的自我评价向被评价者提供反馈，以帮助被评价者提高其能力水平和业绩。

360 度反馈在国内外很多企业中都得到了广泛的应用，也被很多企业称为 360 度考核。“反馈”与“考核”一词的差别反映了观念的差别，也正是这个差别造成了 360 度反馈在国内企业实践中备受折磨，出现了“看上去很美，亲近时伤痕累累”的情况。正因如此，吴春波老师曾表示，360 度反馈是美丽的陷阱，是真实的谎言。由此可见，由于缺乏经验、存在认知误差以及能力不足，找到 360 度反馈在国内的最佳实践还需努力！当然，作为一个管理的实践者，要相信管理方法或工具不存在好与坏，关键是如何使用，在什么条件下使用。任何一个管理方法或工具都需要在实践中不断改进。也就是说，“管理无定式”，每一个管理方法或工具都有其独特的价值，关键是管理者能否创造适合其使用的环境，并有效运用其价值。

360 度反馈强调从与被评价者发生工作关系的多方主体那里获得被评价者的信息。这些信息的来源包括来自上级监督者的自上而下的反馈，来自下属的自下而上的反馈，来自平级同事的反馈，来自企业内部的协作部门的反馈，来自企业内外部客户的反馈，以及来自自我的反馈。

360 度反馈这个被世界 500 强企业广泛使用的“最佳实践”，国内诸多企业在实施时却总是出现这样或那样的问题，导致所有参与者都叫苦连连、怨声载道。殊不知，360 度反馈是一个岗位胜任特征模型评价反馈系统，360 度反馈并不适合绩效考核，而是更适用于基于职位的胜任力评价。从评价问卷的设计到实施、应用，每个步骤都包括了诸多需要考量的因素。如果真的想进行绩效考核，就应经常与 KPI 绩效评价相结合，使评价更全面。切记，考核不等于评价，考核与评价应当分开。而有很多企业在导入 360 度反馈时，从理念到实践的各个环节都存在认识和操作上的误区，进而影响到 360 反馈的有效性。

胜任力又称素质、资质，由哈佛大学教授戴维·麦克利兰（David-McClelland）于 1973 年正式提出，是指能将某一工作中的卓越成就者与普通者区分开来的个人的深层次特征，这些特征可以是动机、特质、自我形象、态度或价值观、某领域知识、认知或行为技能等任何可以被可靠测量或计数的并且能显著区分优秀与一般绩效的个体特征。胜任力是员工绩效卓越与绩效一般的根本原因，包括知识、技能、职业素养等多层次内容，尤其强调动机、特质等深层因素。

员工综合素质的高低直接决定了企业战略发展目标和年度经营计划能否顺利实现。因此，如何进行选（价值评价）、用（价值创造）、育（价值提升）、留（价值维护）、流（价值保持）成为人力资源管理工作的重中之重。企业通常用冰山模型（见图 3-9）来表现胜任力特征，上半部冰山表示表象的特征，下半部冰山表示潜在的特征，冰山从上到下，越向下对应的能力越不容易挖掘与评价，冰山上半部分的知识与技能则是容易被评价的特征。态度、个性和内驱力可用来预测行为，行为则产生结果。

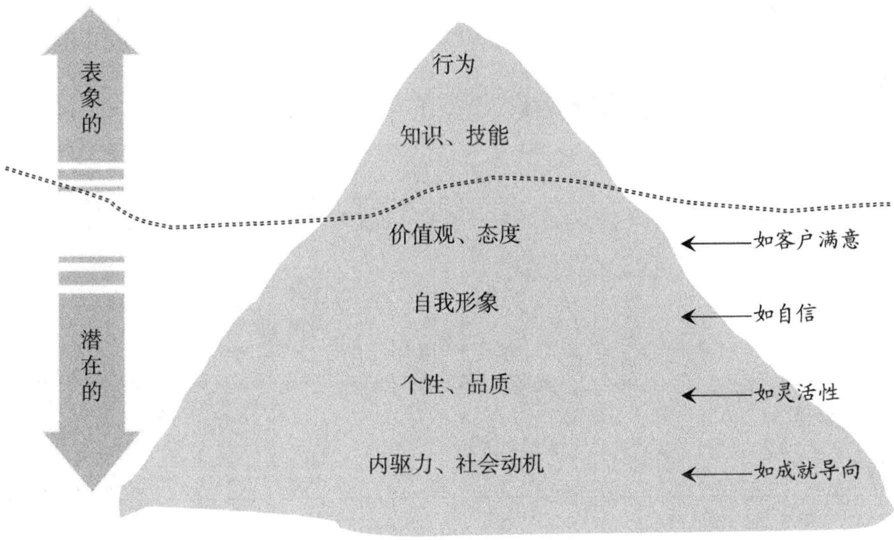

图 3-9　冰山模型

企业应根据自身实际先选择关键岗位作为建立胜任力模型的对象，待时机成熟后，再分步推广。关键岗位胜任力模型由通用胜任力模型、管理岗位胜任力模型组成。通用胜任力模型是根据企业文化和战略目标，找出企业所有员工必须具备的通用素质。管理岗位胜任力模型主要是根据岗位的重要程度，以及其承担的工作职责对企业的重要性，明确该岗位应该具备的素质。

【管理实践】

（一）某实业集团胜任力模型指导手册（摘要）

本流程对胜任力的建立进行简要说明，为集团建立针对单个关键岗位或重要岗位的胜任力模型提供参考。

序号	具体工作	流程说明
1	胜任力模型项目策划	选择建立胜任力模型的具体岗位，对模型的结构和内容进行规划；成立建模小组，制定项目推进方案
2	选择绩效标准与样本	确定什么是绩优和关键绩效指标，从岗位中选择优秀的员工作为分析的样本
3	收集并分析数据信息	（1）进行绩优员工行为事件访谈与资料分析 （2）进行集团战略规划、目标、文化、业务流程资料分析
4	胜任力模型设计	提炼岗位素质能力项，设计能力素质模型
5	素质模型验证访谈	征求该岗位员工的意见与看法
6	胜任力模型应用	在人力资源管理工作中加以应用

（二）某汽车制造企业胜任力素质模型（摘要）

<table>
<tr><td colspan="2">指标名称：战略导向</td></tr>
<tr><td colspan="2">指标定义：深入理解并认同企业的发展目标和战略，以此作为工作的出发点，指导具体的决策与行动，确保各项经营管理活动与企业总体发展战略相一致</td></tr>
<tr><td colspan="2">指标理解：
● 表现为理解企业战略、认同企业战略、落实与推动企业战略、关注企业未来发展的意识和行为
●（高层）不仅强调要充分理解、认同，大力推动、落实企业战略，更强调在自身分管的专业领域积极为企业的未来发展献计献策，参与企业战略的制定</td></tr>
<tr><td>行为等级</td><td>行为等级关键词及典型行为示例</td></tr>
<tr><td>4 级
（高层）</td><td>思考与参与战略
➢ 分析行业发展方向及外部环境变化对企业的影响，对企业战略调整提出专业性、建设性的意见或建议
➢ 不断思考和评估既定战略是否适应内外部环境（政策、市场、技术等）变化，并积极采取行动避免或减少风险
➢ 敏锐识别自身分管领域的政策、制度、流程是否能有效支撑企业战略，并适时做出相应调整</td></tr>
</table>

（续表）

行为等级	行为等级关键词及典型行为示例
3 级	**落实与推动战略** ➢ 结合企业战略对自身分管领域的前瞻性要求，拟定本领域的工作重点和发展规划 ➢ 运用企业战略指导自身分管领域的具体经营管理工作，始终关注工作方向与战略的一致性，并进行及时调整 ➢ 根据企业阶段性战略重点，调整相关资源，为企业战略的实现提供支持
2 级	**理解与认同战略** ➢ 关注企业发展战略的最新变化和动态调整，主动思考战略变化对自身的最新要求 ➢ 积极学习企业最新战略文件，认真领会企业战略精神 ➢ 认同企业下一步的发展规划，并思考自身工作如何与企业总体战略相配合
1 级	**漠视与质疑战略** ➢ 对企业的未来战略定位不理解，不清楚企业战略发展的重点和核心 ➢ 对企业的战略执行和落实不到位，只关注分管领域的眼前利益 ➢ 不认同企业战略目标，对企业战略目标的实现缺乏信心

（三）某制造业岗位胜任力模型评估手册（摘要）

绩效导向	以结果作为衡量工作成效的主要依据；重点关注提高绩效、实现目标和产出结果
级别	**定义**
★	**设置目标**：为自己、下属和组织设定清晰、可衡量的、具有挑战性的工作目标
★★	**跟踪绩效**：密切关注目标的实现状况，掌握工作进展
★★★	**提升绩效**：主动寻找影响绩效的问题和机会，寻求改进绩效的方法
★★★★	**评价绩效**：以可衡量的业绩为主要依据对员工进行绩效评价

（四）某企业集团胜任力分级素质词典（摘要）

关系建立（RB）：能与他人建立或保持友好、互利、良好的关系或关系网。（这人是否能主动去建立人际关系？）

计算分析时切记：对于大型企业中的各级经理，关系建立素质可以是在企业内产生，并作为一个建立正式工作流程的辅助工具。对于销售型企业、高科技型企业和研究型企业，关系建立主要表现在企业外的事件中。

具体要求如下。

（1）能进行非正式接触：能与他人在工作环境之外进行非正式接触，包括就工作相关问题或孩子、运动、新闻等方面随意闲聊。

（2）建立融洽关系：能在朋友和熟人中建立或保持一个广泛的融洽圈，能与同行、客户或其他俱乐部、餐厅、体育界的朋友保持友好的关系。

（3）建立社交关系：通过举行晚会、郊游或其他特殊聚会改善或加强相互关系，包括邀请他人到家里或去他人家里聚会，或积极参与现有的社交活动。

（4）建立个人之间的友谊：友谊的建立包括谈及个人的一些隐秘以建立或保持融洽的关系，应承认在取得某项业务目标时某位朋友或熟人的贡献。

（5）建立坚固的个人之间的友谊：友谊的坚固性往往表现为某位朋友为了自己业务目标的顺利达成所给予的支持与帮助，甚至代表自己所从事的业务推进工作。

【实践点评】

虽然胜任力不尽相同，但胜任力一旦被确定，企业必须通过培训、宣贯、实施等方式促使其任职者进行学习并达到胜任力要求。

胜任力模型的构建以战略演绎法为主，以标杆法为辅，自上而下地建立。胜任力模型有助于在组织内部建立共同的语言，充当“黏合剂”，将不同的人力资源管理职能联结成一个整体，带来持续性和连贯性。企业可以利用胜任力模型识别其领导团队的行为是否可以带领整个企业达成预期的发展目标。胜任力对于预期目标的影响是可以衡量的，企业可以利用胜任力的可衡量性来评价其领导者目前在胜任力方面存在的差距以及未来需要改进的方向和程度。

二、360 度反馈的应用

360 度反馈的产生背景是单源考核（上级对下级）有失公平、公正，要么偏重绩效，要么偏重胜任；绩效考核无法对职能部门进行有效评价（绩效难量化），无法满足员工长期能力发展和价值观塑造等方面的需求。因此，360 度反馈的基本原理是强调从与被评价者发生工作关系的多方主体那里获得被评价者是否胜任的评价信息；强调服务对象的评价权重最大，如果客户没有参与评价，那么被评价者的直接上级的评价权重应该是最大的，通常占 60% 左右。

在实践中，定性评价多寻找正向的行为进行描述，很容易让评价者凭感觉进行评价或推断。适当增加负向的行为进行描述是必要的、可行的。切记，负向行为描述问题并不能解决参与态度的问题。各评价者参与 360 度反馈的态度受评价目的、实施过程、结果应用、企业文化以及360度反馈操作实施培训等多种因素的影响。大多数参与者更愿意从积极的角度对他人做出评价，即使被评价人有负向的行为，除非这种负向行为的影响面很大，否则评价者或被评价者是不愿在评价时提供负向信息的。因此，负向行为描述问题会让参与者产生戒备心理，进而影响评价的效果。当然，如果必须进行负向行为问题设计，应注意选择合适的评价人，运用指导语提醒其应注意的问题，并对评价的全过程进行保密，以确保负向行为评价的有效性。

在使用360度反馈前应进行需求分析和可行性分析，确定评价目标，决定是否采用360度反馈；同时，要设计胜任力模型，编制基于岗位胜任力模型的评价问卷；在实施过程中，"反馈"才是核心，如果失去了反馈的流程和动作，360度反馈将只能是"看上去很美"，导入绩效管理中的必然是"360度反馈是美丽的陷阱，是真实的谎言"。对此可以进行两轮360度反馈，即720度胜任力考核。这里的反馈可以采用口头的面谈方式进行，也可以采用评估报告的方式进行。当然，不建议周期过短、频次过繁地进行360度反馈，确实需要实施绩效管理时，一定要结合BSC、KPI、OKR等绩效管理工具进行。

【管理实践】

（一）某建筑集团720度胜任力考核实施说明

第一条　胜任力考核释义

1. 360度胜任力考核释义

360度胜任力考核是由被考核人的上级、同事、下级和客户以及被考核人本人担任考核人，从多个角度对被考核人进行360度的全方位考核，再通过反馈程序，达到改变行为、提高绩效等目的。

360度胜任力考核的优点：

（1）具有全方位、多角度的信息收集、反馈渠道；

（2）在考虑工作产出的同时，还考虑深层次的胜任特征；

（3）有助于强化企业的核心价值观，增强企业的竞争优势，建立和谐的工作关系；

（4）采用匿名评价的方式，消除考核者的顾虑，使其能够客观地进行评价，保证评价结果的有效性；

（5）充分尊重组织成员的意见，有助于组织营造更好的工作氛围，激发组织成员的创新性；

（6）加强了管理者与组织员工的双向交流，提高了组织成员的参与性；

（7）减少了出现偏见的可能性；

（8）更加了解他人对自己的期望，促进员工的个人发展；

（9）改进对绩效的自我感知，帮助员工管理其职业生涯。

2. 720 度胜任力考核释义

720 度胜任力考核是对传统的 360 度胜任力考核的进一步完善和升级，旨在对员工的工作绩效进行监督、测量和提供有效反馈，鼓励员工实现自己的目标。鉴于 360 度胜任力考核存在被考核人在考核前对自己的目标并不是十分明确、对反馈信息和辅导效果如何不得而知的问题，720 度胜任力考核的最大特色在于连续进行两次 360 度胜任力考核与反馈，员工可以有效获得前反馈信息、发展性反馈信息及后反馈信息三种类型的胜任力绩效反馈信息。

第二条　720 度胜任力考核的实施

720 度胜任力考核的实施主要分为三个阶段。

第一阶段：实施第一次 360 度胜任力考核，获得前反馈信息及确立胜任力绩效目标。

第一步，"360 度胜任力考核表"的设计及评估。企业应基于知识、能力、态度三个维度，明确专业技能、学习能力、沟通能力、决策能力、计划能力、激励能力（管理人员）、工作品质、协同性、责任心等要素指标，并在此基础上设计出"360 度胜任力考核表"。指标的定义及评分标准见"知识维度考核指标与标准释义表""能力维度考核指标与标准释义表""态度维度考核指标与标准释义表"。

360 度胜任力考核表（管理人员）

被考核人		岗位		
序号	指标	权重	等级评价	考核得分
1	专业技能	15%		
2	学习能力	10%		
3	沟通能力	10%		
4	决策能力	10%		
5	计划能力	10%		
6	激励能力	10%		
7	工作品质	15%		
8	协同性	10%		
9	责任心	10%		
考核得分 =∑（知识、能力、态度维度单项指标得分 × 权重）				
考核说明：			考核人：	____年__月__日
备注：				

360 度胜任力考核表（一般员工）

被考核人		岗位		
序号	**指标**	**权重**	**等级评价**	**考核得分**
1	专业技能	15%		
2	学习能力	15%		
3	沟通能力	10%		
4	决策能力	10%		
5	计划能力	10%		
6	工作品质	20%		
7	协同性	10%		
8	责任心	10%		
考核得分 = ∑（知识、能力、态度维度单项指标得分 × 权重）				
考核说明：			考核人：	____年__月__日
备注：				

第二步，前反馈信息的获得。通过 360 度胜任力考核，管理人员可以获得关于被考核人的反馈信息。由于这是在 720 度胜任力考核（两次 360 度胜任力考核）中获得的第一次反馈信息，所以称之为前反馈信息。

第三步，提供反馈和辅导。通过来自上级、同事、下级和客户各方的反馈，可以让被考核人全面地了解自己的长处和短处，更清楚地认识到企业和上级对自己的期望及目前自身与这些要求之间的差距。

第四步，确定胜任力目标。管理者与员工在进行深入交谈的基础上，就要达成的目标形成共识，并以此作为员工今后的行动指南。设计好胜任力目标后，管理者应该详细给出实现这些目标的方法，以便员工在胜任力考核之后据此进行改进。

第二阶段：直接上级与员工进行持续的、长期的互动，获得发展性反馈信息。

第一步，获得员工的请求信息。720 度胜任力考核鼓励员工将自己遇到的困难或自己的建议、要求等向直接上级表达，从而在上级的帮助下实现既定目标。

第二步，直接上级向员工提供指导。对于员工的请求，直接上级应该采取相应的措施，逐一加以解决，以确保员工胜任力考核目标的实现。员工遇到的困难、直接上级发现的问题及相应的解决措施均需在“720 度胜任力考核沟通表”中加以记录，直接上级可以书面的形式对员工遇到的问题加以确认并督促问题的解决，同时根据员工培训、员工发展、绩效考核指标的优化等积累数据资料。

720 度胜任力考核沟通表

<table>
<tr><td colspan="2">被考核人：</td><td colspan="2">直接上级：</td></tr>
<tr><td colspan="4">考核周期：</td></tr>
<tr><td colspan="2">员工遇到的困难及相对应的措施</td><td colspan="2">直接上级发现的问题及相对应的措施</td></tr>
<tr><td>困难 1</td><td></td><td>问题 1</td><td></td></tr>
<tr><td>措施 1</td><td></td><td>措施 1</td><td></td></tr>
<tr><td colspan="2">直接上级确认：</td><td colspan="2">被考核人确认：</td></tr>
<tr><td>困难 2</td><td></td><td>问题 2</td><td></td></tr>
<tr><td>措施 2</td><td></td><td>措施 2</td><td></td></tr>
<tr><td colspan="2">直接上级确认：</td><td colspan="2">被考核人确认：</td></tr>
<tr><td>困难 3</td><td></td><td>问题 3</td><td></td></tr>
<tr><td>措施 3</td><td></td><td>措施 3</td><td></td></tr>
<tr><td colspan="2">直接上级确认：</td><td colspan="2">被考核人确认：</td></tr>
<tr><td>……</td><td></td><td>……</td><td></td></tr>
<tr><td>……</td><td></td><td>……</td><td></td></tr>
<tr><td colspan="2">直接上级确认：</td><td colspan="2">被考核人确认：</td></tr>
<tr><td colspan="4">综合说明：</td></tr>
<tr><td colspan="2">被考核人：</td><td colspan="2">直接上级：</td></tr>
<tr><td>备注</td><td colspan="3"></td></tr>
</table>

第三步，直接上级定期检查员工胜任力目标的实现情况。直接上级需要监督员工胜任力目标的实现过程，并且通过定期检查的方式，了解员工在达成目标的过程中所遇到的困难。在检查中，直接上级可以了解到员工的需求与期望，满足员工的要求。

第四步，发展性反馈信息的获得。通过与员工的互动以及定期检查，直接上级将会获得员工在实现既定目标过程中的大量信息，即发展性反馈信息。

第五步，培训及目标的改进。通过前四步，直接上级可以发现在第一阶段所建立的目标是否有效，并在此基础上进行进一步的改进。针对员工在实现目标过程中所面临的困难，人力资源部需要开展相应的培训，以帮助员工克服这些困难。直接上级可以营造有利于员工达成绩效目标的工作环境。

第三阶段：实施第二次 360 度胜任力考核，获得后反馈信息。

第一步，对员工胜任力及其目标实现情况进行评价。按照 360 度胜任力考核指标和标准，对评价项目以及前期所设立目标的完成情况进行评价。

第二步，获得后反馈信息。根据第二次 360 度胜任力考核结果，可以发现员工的绩效实现情况、影响员工目标实现的因素以及直接上级在第二阶段所采取的措施的有效性和所设定的考核指标的合理性，并将相关信息记录在“720度胜任力考核反馈表”中。这些信息就是后反馈信息。

720度胜任力考核反馈表

<table>
<tr><td colspan="2">被考核人：</td><td colspan="2">直接上级：</td></tr>
<tr><td colspan="4">考核周期：</td></tr>
<tr><td colspan="2">干预措施的有效性分析</td><td colspan="2">考核指标的合理性分析</td></tr>
<tr><td>措施</td><td>是否有效</td><td>指标</td><td>是否合理</td></tr>
<tr><td></td><td></td><td></td><td></td></tr>
<tr><td></td><td></td><td></td><td></td></tr>
<tr><td colspan="2">干预措施的改进</td><td colspan="2">考核指标的优化</td></tr>
<tr><td colspan="2"></td><td colspan="2"></td></tr>
<tr><td colspan="4">综合说明：</td></tr>
<tr><td colspan="2">被考核人：</td><td colspan="2">直接上级：</td></tr>
<tr><td>备注</td><td colspan="3"></td></tr>
</table>

第三步，获得胜任力考核的依据，对胜任力考核目标进行改进。

后反馈信息的作用主要体现在：首先，可以作为员工最终的年度绩效考核依据；其次，可以衡量第二阶段所设定的目标的完成情况，以及在完成目标的过程中，直接上级所采取的措施的有效性，对于效果不明显的干预方法应加以改进；最后，可以作为下一次720度胜任力考核的前反馈信息，依据此信息可以继续确立所要达成的目标，或者对前期目标进行进一步的改进，从而使胜任力考核处于一种动态双循环的过程中。

第三条 胜任力考核说明

（1）360度胜任力考核包括知识维度、能力维度和态度维度，指标的定义及评分标准见“知识维度考核指标与标准释义表”“能力维度考核指标与标准释义表”“态度维度考核指标与标准释义表”。

（2）360度胜任力考核的考核对象、考核主体及权重见《绩效管理实施细则》的有关规定。

第四条 胜任力考核风险

（1）考核人容易在考核中将自己的个人偏见和个人情感表现出来。

（2）高权力距离的阻碍。即下级对上级多采取顺从迎合的态度，对上级的评价普遍较高，而上级一般也不愿意接受下级的评价。

（3）人际关系及主观情感的阻碍。在绩效文化不明显的组织中，员工很注重人际关系和主观情感，在评价时有对他人的正性评价超过负性评价的倾向，这样会导致多数人的评价分数都集中在较高的等级。

（4）因权力与责任不对等造成推卸责任的心理。由于是匿名打分，考核人不会为考核结果的真伪承担责任，因此往往会产生推卸责任的心理。

（5）考核人缺乏经验或能力不足。在考核人进行考核前未对其进行培训，则容易造成考核结果失真。

（6）使用不当容易造成负面影响。在实施 360 度胜任力考核的过程中，员工容易把目光停留在消极方面和缺陷上面。反馈、培训和运用不当，会在组织内造成紧张气氛，影响员工的士气。

（7）信息来源不一致，信息收集和处理成本大。

第五条　胜任力考核注意事项

（1）必须营造公开、公平、和谐的企业文化环境。360 度胜任力考核只有在具有支持公开、坦诚沟通文化的组织中才能得到最大发挥。

（2）必须获得高层领导的支持。

（3）明确 360 度胜任力考核的目的。360 度胜任力考核最重要的价值不是评估本身，而是能力开发；考核仅适用于人员发展和培训，不适用于岗位调整和薪酬管理。

（4）确定从事 360 度胜任力考核的管理人员并对其进行培训。

（5）对 360 度胜任力考核进行宣贯，并将考核信息公开化。

（6）注重开放性问题，并与 KPI 绩效考核工具相结合，使考核更全面。由于考核人心理因素、对被考核人的了解程度、不同考核人的考核尺度不同，因此会不可避免地造成考核结果与实际情况的偏差，必要时，回答开放式问题对考核结果的准确性和有效性是一个非常重要的补充。同时，为了全面评价被考核人，应经常与 KPI 绩效评价相结合，并与每位考核人进行沟通，确保考核人的意见真实可靠。

（7）建立申诉通道。

（8）注重员工发展评价。

（9）防止考核过程中出现作弊、合谋等违规行为；准确识别和估计偏见、偏好等对绩效考核结果的影响。

（10）注重及时反馈信息，对考核人的个别意见进行保密。

（二）某智能环境公司关于对财务中心总监 360 度评价的分析报告

1. 评价说明

（1）评价目的：了解公司人员对财务中心总监在部门职责及角色认知、任职资格、积极性、工作质量、关键事件等18个维度的认可程度。

（2）评价对象：财务中心总监。

（3）评价人员：评价对象的上级、同级和下级。

（4）评价方式：匿名、书面、邮件等方式相结合。

（5）评价内容：部门职责及角色认知、任职资格、组织协调能力、决策和分析判断能力、工作质量等18个维度，总分为100分。

（6）评价标准：部门职责及角色认知、任职资格等17个维度的满分为5分；关键事件维度的满分为15分。

2. 统计分析

（1）评价参与

共18人参与评价，收到评价表18份，其中自我评价表1份，上级评价表1份，同事评价表16份。

（2）各维度得分统计

考核维度	自我评价（分）	上级评价（分）	同事评价（分）	平均得分（分）
部门职责及角色认知	5	3	4.1	4.0
任职资格	4	2	3.9	3.3
遵章守纪	5	3	3.9	4.0
积极性	4	3	3.7	3.6
原则性	5	3	3.8	3.9
协作性	5	3	3.4	3.8
责任心	5	4	3.9	4.3
管理与专业知识	3	3	3.9	3.3
组织协调能力	4	3	3.6	3.5
创新能力	3	4	3.3	3.4
决策和分析判断能力	4	3	3.6	3.5
沟通能力	5	4	4.3	4.4
用人授权能力	5	4	3.6	4.2
工作数量	3	3	3.9	3.3
工作质量	3	3	3.9	3.3
工作速度	4	4	3.6	3.9
综合成绩与目标达成	3	2	3.6	2.9
关键事件	15	0	12.0	9.0

（3）维度得分对比

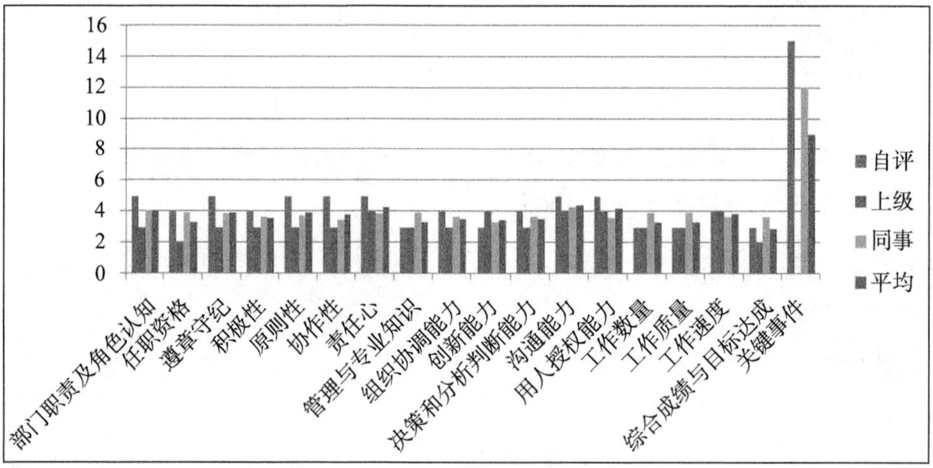

（4）各维度得分结果分析

类别	考核项目	项目标准分值说明	评价结果
工作职责	部门职责及角色认知	对部门职责及职务角色是否定位清晰	总体评价满意：能清晰认识本部门职责及关联部门的职责，并对本部门工作风险关键控制点进行持续控制与重视
	任职资格	个人资质与岗位任职要求是否匹配	总体评价良好：个人资质与岗位任职要求基本匹配，并具有改进提升意识
工作态度	遵章守纪	规章制度执行力度及自我约束力	总体评价满意：能贯彻执行公司规章制度，平时亦有检查与督促，本年度无违纪现象
	积极性	在无人监督、无人审核状态下的部门及个人工作状态	总体评价良好：日常事务无需他人跟进与监督，对本部门的新任务能主动跟进，积极进取
	原则性	公司规则及原则性问题的处理态度	总体评价良好：在一般情况下能够坚持原则
	协作性	与其他部门/人员在工作上的协作程度	总体评价良好：能正确认识部门间协作的必要性，并能有效地与其他部门/人员进行协作，共同完成工作任务
	责任心	是否能自发工作，能否主动承担责任	总体评价满意：责任心强，能清楚地知道自己的责任，并勇于负责
	管理与专业知识	对岗位必需专业知识/管理经验的掌握程度	总体评价良好：掌握足够多的管理经验和专业知识，无需别人指导
	组织协调能力	部门事务的有序开展程度	总体评价良好：能事前制订较为明确合理的工作计划，并组织与带领部门人员有序开展
	创新能力	工作中的创意、创新以及新方法、新思路应用	总体评价良好：有一定的创新能力，在面临问题时能较快地提出应对方案

（续表）

类别	考核项目	项目标准分值说明	评价结果
工作能力	决策和分析判断能力	处理问题的正确性	总体评价良好：能正确分析问题，对待问题一分为二、不偏见，所做决策基本无失误
	沟通能力	与他人沟通的技巧及达成的结果	总体评价满意：沟通时说服力较强，言简意赅，态度诚恳明确，善于疏导，沟通效果较好
	用人授权能力	合理安排下属的工作及授权情况	总体评价满意：部门授权有效，下属人员工作职责明确，协作性好，善于用人
工作业绩	工作数量	工作量是否满负荷	总体评价良好：工作量适当
	工作质量	工作是否正确、清楚	总体评价良好：工作基本满意，质量处于平均稍上水平
	工作速度	工作完成的速度	总体评价良好：在保证质量的前提下，基本能按时完成任务
	综合成绩与目标达成	部门既定目标的达成与取得的成绩	总体评价勉强：基本完成部门目标，工作成绩平常，起色不大
关键事件	在要求评价者描述被评价者日常工作中一个关键事件，并做出评价时，综合得分为 9 分，总体评价为基本满意。但是上级评价只给出了 0 分，基本上说明上级对其工作不满意		

3. 综合评价

综合相关数据，公司人员对财务中心总监在部门职责及角色认知、任职资格、积极性、工作质量、关键事件等 18 个维度的认可程度为总体评价良好。但被考核人应在综合成绩与目标达成、与上级工作协作配合及管理理念贯彻执行等方面做出努力。

【实践点评】

在 360 度反馈的应用中，一定要注意抓住“360 度”“反馈”“评价”三个关键词，从胜任力维度去实施，这样才会取得良好的效果。

在组织中，大多数管理者都喜欢用比自己差的人，因为他们害怕下属的能力比自己强，从而威胁到自己的地位，结果导致整个组织永远都发展壮大不了，这就是“俄罗斯套娃现象”。基于胜任力的 360 度反馈能很好地规避这个现象。360 度反馈能够全方位、多角度地进行评价反馈，不仅考虑工作产出，还考虑深层次的胜任力特征；不仅有助于强化企业的核心价值观，而且采用匿名评价的方式，使考核人能够客观地进行评价；不仅充分尊重员工的意见，有助于组织营造更好的工作氛围，而且能促进员工的个人发展。

任何事物都有两面性，360 度反馈也具有侧重于综合评价，定性评价比例大，定量评价比例小；信息收集难度和处理成本比较大；若数据处理不当，会影响员工工作积极性等缺点。有缺点就容易进入误区，360 度反馈各维度对被评价者而言，服务对象所占的权重最大，上级所占的权重其次，如果没有纳入服务对象评价，那么上级权重应该最大，如图 3-10 所示。需要说明的是，参与 360 度反馈的主体所评价的内容和侧重点是不一样的。例如，360 度评价主体都参与评价被评价者“领导能力”这一胜任素质，客户评价的重点应该是其领导的团队的整体形象；上级评价的重点应该是团队的整体效率；同级评价的重点应该是团队的整体氛围；而下级评价的重点应该是团队整体激励。

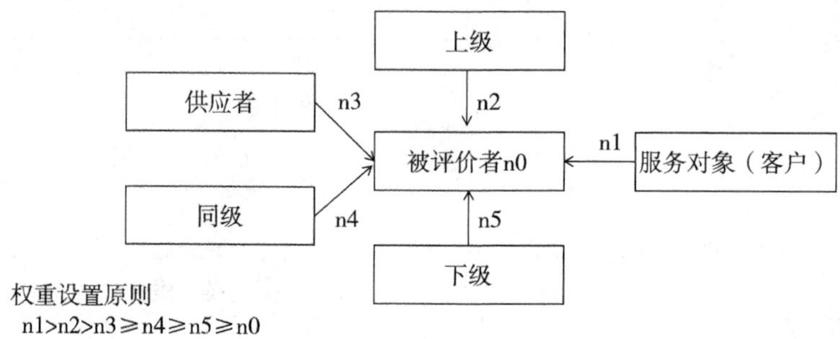

图 3-10　360 度反馈各维度的权重

只有把握“360 度”“反馈”“评价”三个关键词，以组织需求、胜任需求、绩效需求三个方面为导向，在评价维度、评价权重、问题方向、流程控制等环节进行精心设计并不断借鉴最佳实践案例，用心寻找 360 度反馈的“美”，才能拨云见日，见证其效。

【管理知识】

企业在构建人力资源管理体系的时候需要从经营、治理结构的角度来思考，不仅要关注人力资源的专业职能建设，更要基于组织发展、人才发展、学习发展创建优化、高效的人力资源管理系统。

第六节　积分制（PS）应用实践

一、PS 的底蕴

积分制管理其实很普遍，信用卡积分、会员卡积分、个别城市的入户积分、手机话费和加油等消费积分，以及垃圾分类积分等都是积分制的表现形式。可以说我们身处于积分环境中。那么，我们身边接触的积分和用于绩效管理的积分是否有区别呢？事实上，其本质是一致的，只是用于绩效管理的积分制更复杂、更全面、更细致。

巴鲁克学院经济学和金融学教授杰克·弗朗西斯（Jack C.Francis）说："你可以买到一个人的时间，你可以雇一个人到固定的工作岗位，你可以买到按时或按日计算的技术操作。但是，你用金钱雇不到热情，雇不到创造性，更雇不到全身心的投入，你不得不设法去努力争取这些"。积分制管理是建立在绩效管理理念的基础上，对员工的个人能力、工作业绩、日常行为等，用奖励或扣罚的方式进行全方位量化，并借助信息化手段，在组织内广泛使用的一种管理方式。积分制主要用于对员工进行精神和物质的双向激励，除了间接影响员工的收入，还会引导企业文化建设工作。

如果积分制设计得当，就可以用来评价员工的综合表现：积分越多，说明员工对企业的贡献越大，表现越好。企业可以根据积分的排名，来评定专业类和综合类优秀员工。用于企业管理的积分可以长期使用，不需要清零，积分使用的周期越长，越能反映员工对企业贡献的大小。累计的积分可以鼓励员工长期为企业服务，类似工龄工资的激励性，但比工龄工资更能客观地评价员工的价值贡献。年度的积分排名还可以充分激励员工的工作热情和工作积极性。

积分制的设计一定要根据企业的实际情况进行。一般来讲，积分分为固定类积分、任务类积分、临时类积分等。固定类积分是指企业根据固定的标准对员工进行赋分，比如学历积分、职称（资格）积分、职务积分、技能积分、特长积分、荣誉积分、工龄积分、工作积分、培训积分等。当然，部分企业在设计固定类积分时，会一次性给出一定的基础积分，并且根据岗位等级的不同，赋予不同的基础积分。任务类积分是指企业在某些特殊时期分配特殊任务时，明确责权利的一种常用的赋分形式，比如团建、年会、庆典等活动。任务类积分一方面可以鼓励员工主动参加这些活动，节约一定的成本；另一方面还不会引起其他员工的不平衡。临时类积分是指员工完成非常规、突发性、个性化、非本职等工作时给予的赋分，比如发现跑冒滴漏情况、制止违法违规违纪行为、举报违法违纪违规行为等，这类积分有利于企业文化的建设，防止出现“事不关己，高高挂起”的情况。

当然，除了奖分，还可以设计扣分，特别是在工作、培训、考勤等与绩效相关的方面，若应该做好的事情没做到位或没做好，则给予扣分。具体的扣分项要根据企业实际来设计，注意导向性，鼓励什么就给予奖分，限制什么就给予扣分。但前提是一定要合情、合理、合法。

在实施积分制时，一定要构建积分制管理组织，如积分管理委员会、积分制推行办公室等，并明确其相关职责。

【管理实践】

某企业积分管理委员会管理办法（摘要）

（一）积分管理委员会主任

（1）负责积分制管理方案的完善及落地。

（2）负责积分管理委员会内部的协调管理工作。

（3）每周五下午召开积分管理委员会内部会议。

（4）每月上旬组织一次积分管理委员会内部积分制的培训学习。

（5）每周向企业行政例会汇报一次积分制进展情况，并根据会议决议组织进行积分制的优化改进。

（6）每月上旬指导积分管理委员会成员组织完善积分制管理方案。

（二）积分管理委员会秘书处

1. 秘书长

（1）负责每周一在早会时公布上周的员工积分情况。

（2）负责每天积分统计的复核工作，并对积分进行公示。

（3）负责对各部门人员提交的奖扣积分单进行审核，检查是否符合流程，是否合理、真实、有效。

（4）负责发放奖励通知单。

（5）负责组织积分管理委员会会议并发布会议纪要。

2. 秘书专员

（1）负责收集各部门在积分制操作过程中遇到的问题，于每周五交至积分管理委员会。

（2）负责将当天审核无误的奖扣积分单录入相关系统。

（3）负责统计汇总积分，并报秘书长审核。

（4）负责统计汇总所有管理者的奖扣分。

3. 指导专员

（1）负责对积分制实施期间员工有不明白的事情进行讲解。

（2）负责制定和审核宣导流程，制订详细的宣导计划。

（3）负责解决各部门在积分制运行过程中出现的问题，并提出问题解决方案。

（4）负责完善积分制管理操作流程方案。

4. 监督专员

（1）负责处理积分制运行期间出现的问题及投诉。

（2）负责每周抽查两次奖扣分的真实性，每次抽查 30% 左右。

（3）负责抽查秘书处录入数据的准确性。

（4）负责监督、考核积分管理委员会成员的行为。

（5）负责兑换积分奖品。

（6）负责对所有管理人员的奖扣分进行监督。

……

（五）积分管理委员会利益

（1）固定职位加分：专员 50 分 / 月，秘书长 100 分 / 月，委员会主任 150 分 / 月。

（2）对审核出弄虚作假情况的人员，奖励 100 分 / 次；对发现不合格单据的人员，奖励 10 分 / 次。

（3）外出学习优先权。

【实践点评】

管理不是只控制过程，忽视结果，也不是只强调结果，忽视过程，管理的实施是过程与结果的统一，其控制措施是确保正确的过程产生正确的结果。

二、PS 实施方式

在绩效管理过程中实施积分制时，多采用以下几种方式。

（1）设置固定类基础分。固定类基础分又称原始积分或固定积分。固定类基础分的设置没有固定的模式，需要考虑不同的级别和情况，在原则一致的前提下，确定固定类基础分值，主要包括工龄、学历、职称（资格）、职务、技术水平、专业能力、个人特长、考勤情况、加班、产值、工作量、业绩、遵纪守法等积分。对于工龄积分，不建议实行动态值，在设计之初，可以给予一定分值，如 300 分 / 年、30 分 / 月，一次性把工龄积分核算进去，作为固定类基础分计入总分中。对于一些固定类基础分，可以根据各要素一次性按岗位层级给予一定分值，比如按员工—主管—经理—高管的等级划分给予 2000 ~ 5000 的分值。另外，还有一些固定类基础分会基于考勤情况，先提前设定好标准，然后对迟到、早退、请假、病假、工伤等分别赋予一定分值即可。无论企业是否采用积分系统，均可借助互联网手段进行计算。给予基础分时一定不能太多，初期设计时要预估一下，原则上应该在总分的 10% 左右。太高就很容易影响到总分，太低对基础分要素重视不够，这些都会影响员工的积极性。

在设计产量、工作量、绩效积分时，会存在一定的局限性。例如，销售类、生产类岗位积分的设计更容易一些，销售额、利润率、回款率、市场占有率、客户投诉、新客户开发、市场信息反馈以及产量、合格率、废品率、能耗、人均产能、交货时间等方面的积分很容易量化和收集，比如完成销售任务积 50 分，达到利润率积 50 分，回款率≥ 95% 积 50 分。其他类型的岗位积分，如人力资源、行政、财务、研发等岗位的积分相对难以量化和收集。因此，对于销售类、生产类岗位，可以根据产量、绩效等进行积分设计。对于人力资源、行政、财务等岗位，可以根据工作量进行积分设计，重点关注工作任务、工作进度、流程节点等日常工作，但这对企业的流程化、标准化、规范化管理要求相对较高。例如，财务报表于每月 9 日上报董事长，按时上报积 10 分，无差错积 10 分，未按时上报或有差错扣 8 分等。

其他固定类积分可以根据企业实际需要进行设计，比如未穿工装扣 10 分，按时提交工作计划积 10 分……诸如日常管理行为规范等，都可以设计相应的奖励或扣罚分值。

在设计任务类积分时要针对参与任务的程度、角色、对任务的贡献等进行赋分。例如，在年会中，参与会场布置等保障任务的积 20 分，参与年会节目演出的积 30 分，参与年会主持、礼仪等任务的积 50 分。任务较重时，要借助 WBS 进行任务分解，根据任务分解矩阵确定各个环节的参与积分。

临时类积分是解决企业临时性工作和任务的积分设置。企业在复杂的环境中运行必然会有一些临时性、突发性的工作和任务，部分企业在特殊时期，会抽调相关岗位人员支持工作比较繁忙的部门。例如，“双 11”期间电商企业的仓库会抽调行政、人力资源、财务等岗位的人员支援仓库发货、理货等，可以给予支援人员相应的积分。

除了上述积分之外，还有自定义积分，比如员工见义勇为积 100 分，员工利用自己人脉关系帮助其他员工解决困难积 30 分，等等。

积分制管理就是用奖分和扣分，对员工的能力和综合表现进行全方位的量化考核，通过系统记录确认和永久性使用，以积分形式衡量员工的价值和潜能，激励员工的积极性和主动性。简单而言就是对员工的个人能力、工作业绩、行为表现进行积分管理，也就是对员工在工作中所呈现出来的态度、行为、结果进行积分管理。例如，员工绩效如何，做了多少任务，都与积分挂钩；服务好每一个客户，让每一个客户满意，可得到积分奖励；每一项技术 / 管理创新和每掌握一项新技术，可得到积分奖励；员工提出合理化建议或者提供有价值的信息，可得到一定数量的积分奖励；员工为企业找人才、挖人才，根据情况，可得到一定的积分奖励……

【管理实践】

（一）某地产企业集团培训发展积分（摘要）

类别	积分项目	积分计算	积分对象
学习培训	参加集团组织的内训、外训课程、读书交流会、专题研讨会，项目考察等（各部门自行组织的，需提前三天报备至人力资源部，并提交相关的培训资料与信息，如培训课件、会议签到表等，部门常规工作的项目考察不予计入）	1 分 / 学时；若未明确学时，按 1 学时 / 小时计算；项目考察 5 分 / 次	个人
	参加外部培训课程后，在集团内部予以转训（需提前三天将培训计划报人力资源部，并提交完整的培训资料与信息，如培训签到表、培训教材等）	20 分 / 场	个人
	组织部门内部培训（需提前三天将培训计划报人力资源部，并提交完整的培训资料与信息，如培训签到表、培训教材等），部门常规工作的分享不予计入	部门 20 分 / 场；主讲者 15 分 / 场	个人 / 部门
	参加集团组织的专项考试	5 分 / 项	个人
	完成职业资格证或职称评审要求的继续教育学时	1 分 / 学时，最高 12 分 / 证 / 年	个人

（续表）

类别	积分项目	积分计算	积分对象
知识积累	在集团内发表与集团经营管理、企业文化及个人工作相关的各类文章（报道、评论、心得、感想等，可通过企业论坛学习培训版块、企业微信公众号、企业各类电子期刊等平台发表）	5 ~ 10 分 / 篇，根据所发表文章的内容而定	个人
	撰写各类知识文件	获得集团 A 级文件，得 30 分 / 篇；获得集团 B 级文件，得 20 分 / 篇；获得集团 C 级文件，得 10 分 / 篇；其他知识文件，得 5 分 / 篇	个人 / 部门，以个人为主导的，个人得分；部门（2 人及以上）共同完成的，部门得分；跨部门协作完成的，参与部门平均得分；不重复计算
	在集团外部专业刊物上发表专业文章	在国家核心期刊发表，得 200 分 / 篇；在专业期刊上发表，得 120 分 / 篇；在其他普通刊物上发表，得 50 分 / 篇	个人
在岗培训	辅导新人、传授技能；作为新人入职辅导人，为新人制订入职培养计划，并按计划完成培养，最终由部门分管领导签字确认培养效果	完全按计划执行，效果良好，得 8 分 / 月；基本按计划执行，有一定成效，得 4 分 / 月；每位新人仅设定 1 名入职辅导人，且辅导期限以 3 个月为限	个人
	开发集团所需内部课程，成为集团内部培训师，并根据集团需要授课	每新开发一门课程，根据课程难易程度，分别得 10 ~ 30 分 / 门；课程首次授课，得 10 分 / 学时，后续 5 分 / 学时；部门每输出一名内部讲师并在年度内有授课，部门得 30 分	个人 / 部门
专题报告	在集团级或各类集团条线会议中做专项报告或专题报告	在集团级会议中做专项报告，得 20 分 / 小时；在各专业条线会议中做专题报告，得 10 分 / 小时	个人
能力提升	学历获取，职称晋升，职业资格证书考取	新获硕士学历得 30 分，本科学历得 20 分，大专学历得 10 分；新取得高级职称得 30 分，中级职称得 20 分，助理职称得 10 分；考取高级职业资格证书得 30 分，中级得 20 分，初级得 10 分；其他考试根据难易程度，分别得 10 ~ 30 分 / 门	个人

（二）某教育培训集团企业内刊撰稿积分方案（摘要）

为鼓励广大员工积极融入企业生活，踊跃为企业内刊杂志撰稿，规定以下撰稿积分方案。

文章类型	文章质量积分			文章字数积分		
	A+	A	A−	2000+	900+，2000−	900−
经营管理	120 分	112 分	104 分	30 分	28 分	26 分
感念（企业文化类）	160 分	144 分	128 分	40 分	36 分	32 分
活动（动态、生活方式、其他）	80 分	72 分	64 分	20 分	18 分	16 分
教学技能	120 分	112 分	104 分	30 分	28 分	26 分
微信文章	120 分	112 分	104 分	30 分	28 分	26 分

（1）稿件成功选登企业内刊杂志后，可按上表获得相应积分。

（2）所有类型的稿件均按“文章质量”和“文章字数”两个维度分为三个级别，每个级别对应不同的积分。

（3）每篇文章积分＝文章质量积分＋文章字数积分。

（4）对于文章类型及级别的划分标准，集团品牌部另行公布。

（三）某机械制造企业证书积分标准（摘要）

持有国家正式颁发的相关职称（资格）证书（必须与企业工作有关的证书）的积分规定：

（1）叉车驾驶证、电工特种作业操作证、电工进网作业许可证、特种设备操作证、货运证 30 分 / 月；

（2）机动车驾驶证 10 分 / 月；

（3）英语 4 ~ 6 级证书、英语口语证 30 分 / 月，英语 8 级证书 50 分 / 月；

（4）其他职业（资格）证书初级（三级）30 分 / 月，中级（二级）50 分 / 月，高级（一级）80 分 / 月。

【实践点评】

在进行积分项目设计时，要注意积分项目与战略目标保持一致；积分项目清晰明了，让员工能很直观地知道具体要做什么，输出什么结果，以及不能做什么，做了会承担什么责任；评价简单，无需复杂的数据统计；达成行为和结果的难度适中，积分确认周期适当，热炉效应反馈及时。

积分制管理应遵守热炉效应，确保及时发现、及时兑现、及时奖罚。对企业做出了贡献的员工，无论贡献大小，都应得到及时的认可和回报，这样激励作用会大大增加。传统绩效管理会存在延期奖罚的情况。这很容易产生奖罚矛盾，比如可能月初犯的错，结果在月底表现好时被罚，打击了员工的积极性。积分制就是通过不断、及时的刺激，使好的行为成为习惯，以持续保持积极向上的状态。

积分制管理的积分建议永久使用，可分月度、季度、年度制订激励计划，或者在企业有特殊活动时应用。时间周期越长，积分越高，激励效用周期就越长。使用的时间越长，员工积分越高，企业重视员工的程度就越大；员工个人在积分制下得到的好处越来越多；积分体系越完善，人才就越多，企业运行会越来越好。在周期内应用积分制时可以将积分应用到年终奖、优秀员工评选，甚至在适当的时候引进到配（购）置车辆、住房、合伙人、期权、股权激励等长期激励机制中。当然，积分兑换时也可以兑换与工作、生活相关的物品，将传统的奖金、涨薪等激励模式改变为福利模式。如果积分被综合应用，那么可将积分设计成 A 类积分，可以兑换物质奖励，规范好积分与货币的兑换关系；而 B 类积分只用于管理，是积分管理的核心。积分排名时，要做到多角度、多维度、多层面；分值应用时，要做到多用物质，少金钱，其中激励的人数比例应该是基层为 8∶2，中层为 5∶5，高层为 2∶8；采用抽奖形式时，少设置或不设置大奖，多设置小奖；积分的设置应立体，近中远结合，大中小结合；福利组合要提前预算、公布，以引导员工的参与性和主动性。

在实践中，积分制管理具有的优势是不言而喻的：不受行业和业务的限制，积分制管理是相通的，其差异性在于企业实际、企业文化和管理团队；不受企业规模限制，各类企业都可以采用积分制，只是企业规模大时，应先试点再推广，先局部再辐射；采用的是加减法，操作起来简单，便于量化；在推广实施时，容易被员工理解，同时可以借助互联网手段进行积分处理；无需进行太多变革，制度流程无需修改；只需要把积分机制与制度流程相融合即可，实施成本低；部分企业的管理实践可以直接借鉴。可以说积分制是边际效益最高、边际成本最低，最简洁、最直观、最灵活的敏捷激励模式。

积分制管理是一个基于共同利益、共同承担、共同价值观和企业生态的激励系统，利用积分管理，能够有效激励员工，使员工从关注薪酬数字转化为创造薪酬收入，以积分的形式持续满足员工实现价值、创造价值的动机。这一点与 OKR 的内在动机导向很近似。

积分项要从各岗位工作中提取出来，所占比例为个人总积分的 65% ~ 80%；按照一定的比例将与绩效相关的工作数量、工作质量等数值标准换算成积分。在换算过程中要针对传统绩效考核结果等级设置差异积分换算比例，以确保高绩效员工能够获得高积分。在实践中，不同企业或同一个企业内不同的岗位，积分项的名称可以一样，但分值应有所差异，因为战略需求不同、运营管理不同、管理侧重点不同，对同一类岗位的重点要求也不同。当然，不同的岗位所享受的福利“菜单”也可以不同，但福利“菜单”一定要有吸引力并且有较强的可选择性，否则激励的效果就会打折扣。

确定积分额度时需要注意的原则是：从企业最迫切、最核心、最亟需解决的问题开始，关注主要矛盾；阶段性实施的积分项不能多，要将员工行为阶段性地聚焦；积分项要同时兼顾结果和行为，包括分享知识、提出可行性建议等各个方面；积分项要避免 KPI 化，用积分项覆盖 80% 的岗位职责，尽可能全部采用正激励模式；企业级行为积分额度大于部门级行为积分额度，结果类积分额度大于行为类 / 动作类和分享类积分额度；每个积分项对应一个积分区间，可根据行为价值确定最终额度；针对积分的奖励金额不宜太大，精神性与物质性并重；积分项的设计要灵活，根据企业发展实际情况定期或不定期地进行调整。

【管理实践】

某企业基于 BSC 的积分项设计（摘要）

维度	编号	战略主题	积分项
财务方面	F1	利润增加	提出增加利润的方法
	F2	销售额增加	提出增加销售额的方法
	F3	成本降低	提出降低成本的方法
客户方面	C1	提高客户满意度	获得客户的赞扬
	C2	实现客户增加	提出增加新客户的方法
	C3	提高客户获利	提出增加客单价的方法
内部流程方面	I1	优化客户服务系统	提出客户服务优化建议
	I2	优化质量控制系统	提出产品质量改进建议
	I3	优化供应链管理系统	提出供应链管理改进建议
学习与成长方面	L1	销售团队建设	推荐优秀销售人员入职
	L2	生产团队建设	推荐优秀生产人员入职
	L3	企业文化建设	主动协同其他部门开展工作

【实践点评】

在积分制管理中，可以把基于绩效考核的分值转化为积分进行使用，设计时依然是对好的行为或给企业带来价值的行为，给予奖励积分；对企业不提倡的行为或给企业造成损失、负效用的行为，给予扣罚积分。

与员工绩效相关的积分，包括日平均分 / 日平均产量（销量）积分、按天计算岗位积分、按事件计算积分以及按产值计算积分；与员工行为相关的积分，包括 360 度评价结果积分、意见建议积分、好人好事积分、人才寻访积分、文明礼貌积分、孝敬父母积分等。在奖励和扣罚积分上，原则上可以与企业管理的任何行为挂钩。在积分管理过程中可针对一些行为或管理权限进行分值区间设计，以防止滥奖滥罚现象。例如，部门经理日奖励分为 120 分，罚扣 30 分，每周奖分不少于 8 人次，扣分不少于 4 人次（管理人员未完成的奖扣任务差额，要从自己的积分账户中扣除）；推荐各类人才入职企业，积分为 30 ~ 300 分。如果贡献或损失特别大，需要向积分管理组织申请。企业规定中有奖扣标准的，管理人员不需要请示，严格按标准执行即可。企业规定中无标准的，各级人员在权限范围内执行奖扣分，奖扣结果企业均要认可；超过权限范围的，向上级申请批准后执行。

在进行积分制激励设计时，有必要为员工设定一个享受福利的"门槛"，即积分达到一定数额才能换取福利，或积分制实施多久之后才能兑换福利。需要说明的是，在合理的问题上，不合理是绝对的，合理是相对的；拉开积分的差距比积分的合理性更重要；同时，积分应用范围越广，不合理的现象就越少。

管理中通常存在两种力量，即驱动力和障碍力。积分制的应用一定要致力于将障碍力转变为驱动力，将积分制设计与人才发展、学习发展、组织发展等衔接和融合。例如，积分达到 8000 分，外派学习一次；培养一个接班人或储备主管，奖励 300 积分；各岗位中积分超过 8000 分以上的，年度奖金享受 1.3 的系数奖励。

积分制管理的核心就是让优秀员工不吃亏，这符合"以奋斗者为本"的理念，各种福利待遇向积分高的人群倾斜，员工的表现通过积分得到认可，将过去的扣钱变为扣分，扣分比扣钱更人性，员工易于接受。

企业管理就是要实现绩效目标。什么是绩效呢？绩效是基于组织战略目标的组织业绩产生的效率、效力、效果、效益和"笑容"，其中最关键的是"笑容"——客户的笑容、投资者的笑容、管理者的笑容、员工的笑容、利益相关者的笑容。而积分制应用于企业管理时，依然要实现绩效管理的相关的"xiao"，而实现"xiao"一定要实现驱动力，这个驱动力在很大程度上与企业员工的积极性、主动性、创造性等相关。积分管理的归宿一定是回归管理常识——符合人性。积分制解决的不是企业眼前的问题，而是企业长远的问题。

【管理实践】

某企业年度积分分红说明（摘要）

为了推动全体员工不断进步，鼓励团队成员积极创造、积极贡献，充分调动团队成员的积极性，企业实行全员分红制。

（1）积分分红基数为企业年度净利润的 12%，具体数额以年度财务报表为准。

（2）2020 年年度企业积分排名前 15 名的员工入围，其中销售中心不少于 6 人，技术研发中心不少于 4 人。

（3）所有入选的员工按其在 15 名员工总积分所占的比例进行分红额分配，即个人分红额＝个人积分总额 /15 名入选员工总积分之和 ×100%× 年度净利润 ×12%。

（4）积分排名计算为 2020 年 1 月 1 日—12 月 31 日的积分总额。

【实践点评】

只要坚持从实际出发，就可以将积分制导入到企业文化、目标管理、质量管理、精益管理、6S 管理、营销管理、客户服务、人才培养、环境卫生、供应商管理等各项企业管理工作中。

在实施积分制时，要做到简单启动，逐渐增加；先营造氛围，再普及推广，注意积分的系统性问题、公平性问题、平衡性问题、激励性问题，稳步实施，持续优化，逐渐将其转变为绩效管理工具。

积分管理的实施通常分为以下阶段。

第一阶段（启动期，1 ~ 6 个月）：宣传发动，建立积分系统，以奖分、认可为主，目的是营造积分管理的氛围。

第二阶段（调整期，6 个月 ~ 1 年）：根据企业实际增加积分项目，构建积分管理系统，用积分制打破平衡，形成积分的拉力和推力，将希望做的事情与积分挂钩。

第三阶段（深入期，1 年以上）：细化积分管理，逐步将制度、流程、工作任务、生产管理、质量管理、企业文化等与积分挂钩，将员工的行为、表现和能力全面量化。

与其他管理一样，积分制落地依然是一把手工程，必须先落实信心和信念！小企业先标准后体系，大企业先体系后标准。

与积分制类似的还有工分制。工分制是以劳动工分作为计量劳动和分配个人消费品的尺度的一种劳动报酬制度。

需要说明的是，工分制与积分制之间有差异性。工分制主要是对作业班组层面建立统一标准，以标准工时为度量单位，以作业工时为计量基础，再辅以成员角色系数、任务属性等要素修正形成工作积分。1个工分是指1个中等技能水平（或胜任者）的员工在同等作业条件（工作环境）下操作或工作1小时的劳动价值。工时积分一般采用同价计酬机制。

【管理实践】

（一）某公用事业企业工分库（摘要）

基本分为300分，不设置权重，可加分，封顶400分。

指标名称	评价标准
劳动纪律	未遵守劳动纪律，迟到、早退、脱岗每次扣5分，缺勤一天扣10分
	未履行请假手续无故不参加部门会议、学习培训的，每次扣5分
服务质量	处理一般客户诉求事件，每处理一件加2分（抢修故障，按运维积分核算）
	处理重大客户投诉事件，每处理一件加4分
……	……

（二）某能源公司员工培训学分制管理办法（摘要）

……

第二章　组织管理与分工

第四条　员工培训学分实行统一标准、分级管理、分级统计与考核。

（1）公司人力资源部负责公司经营管理人员培训学分的统计、公示；负责公司本部员工学分的统计、公示。

（2）公司所属基层单位人力资源部负责本公司员工（不含领导班子成员）培训学分的统计、公示，兑现培训结果并上报公司人力资源部。

第五条　公司培训中心（培训承办机构）负责建立所承办项目的员工培训档案，并完成公司人力资源信息系统维护等工作；公司所属基层单位人力资源部负责建立所承办项目的员工培训档案，并完成公司人力资源信息系统维护等工作。

第三章　培训学分统计标准

第六条　公司经营管理人员、专业管理人员与技术管理人员，年度培训须达到7个学分；公司生产技能人员，年度培训须达到7个学分；对于其他人员，公司所属基层单位依据实际情况自定学分标准。

第七条　统计标准：按人员岗位类别分别设定培训学分统计标准。

（1）公司经营管理人员、专业管理人员与技术管理人员在统计年度内，每接受一次基础知识、相关知识或职业素养培训，按1个学分统计；每接受一次专业知识培训，按2个学分统计。

参加远程网络培训，并完成公司规定要求，按2个学分统计；自学课程并经员工所在单位人力资源部考核确认后，按1个学分统计。公司经营管理人员、专业管理人员与技术管理人员每年必须至少参加一次基础知识、相关知识或职业素养脱产培训，以及一次专业知识脱产培训。

（2）公司生产技能人员在统计年度内，每接受一次基础知识、相关知识或职业素养培训，按1个学分统计；每接受一次专业理论培训，按2个学分统计；每接受一次技能操作培训，按2个学分统计；进行现场培训并经员工所在单位人力资源部考核确认后，根据情况确认学分，最多按2个学分统计；参加远程网络培训，并完成公司规定要求，按2个学分统计；生产技能人员每年至少参加一次基础知识、相关知识或职业素养脱产培训、一次专业知识脱产培训，以及一次技能操作脱产培训。

第八条 各类员工培训信息必须在公司人力资源信息系统中进行维护，年末学分统计来源于公司人力资源信息系统及公司远程培训系统。

（三）某建设集团二级公司总经理积分制绩效管理（摘要）

……

第四条　积分考核项目

（1）经营效益积分：集团系统月（年）度各子（分）公司经营效益进行累计排名，第1名积8分，第2名积7分，第3名积6分，第4名积5分，第5名积4分，第6名积3分，第7名积2分，第8名积1分，倒数第3名扣1分，倒数第2名扣2分，倒数第1名扣3分。但排在倒数1～3名且经营效益完成情况达到公司标准的不扣分。

（2）营销业绩积分：集团系统月度各子（分）公司销售合同额完成率进行累计排名，第1名积8分，第2名积7分，第3名积6分，第4名积5分，第5名积4分，第6名积3分，第7名积2分，第8名积1分，倒数第3名扣1分，倒数第2名扣2分，倒数第1名扣3分。但排在倒数1～3名且销售合同额已达到公司标准的不扣分。

（3）资金管理积分：集团系统子（分）公司每季度审计部门审计的付款额度是否超标与合理进行累计排名，第1～3名积3分，第4～6名积2分，第7和第8名积1分，倒数第3名扣1分，倒数第2名扣2分，倒数第1名扣3分；按集团系统子（分）公司当月无退款额计算，第1名积6分，第2名积5分，第3名积4分，第4名积3分，第5名积2分，第6～8名积1分，倒数第3名扣1分，倒数第2名扣2分，倒数第1名扣3分；同时呆账每产生退租、退售一套物业扣5分，每产生退款1万元扣1分，此项扣分上限为6分。

但如遇特殊情况，退租、退售、退款可以申请减少扣分。

（4）计划工程进度完成率积分：集团系统月度各子（分）公司对计划工程进度完成率进行累计排名，第1～3名积3分，第4～6名积2分，第7～8名积1分，倒数第3名扣1分，倒数第2名扣2分，倒数第1名扣3分。但排在倒数1～3名且系数利润完成率大于1的不扣分。

（5）物业管理积分：集团系统月度各子（分）公司对已有物业经营的维护与续租管理进行累计排名，第1～3名积3分，第4～6名积2分，第7～8名积1分，倒数第3名扣1分，倒数第2名扣2分，倒数第1名扣3分。但是排在倒数1～3名且并无重大业主投诉或重大物业维修的不扣分。

（6）综合绩效积分：集团系统月度各子（分）公司绩效总分进行累计排名，第1～3名积3分，第4～6名积2分，第7～8名积1分，倒数第3名扣1分，倒数第2名扣2分，倒数第1名扣3分。

（7）业绩进步积分：上述各项指标中相对上月排名进行比较。如有进步，则前进1名积1分，前进2名积2分，前进3名及以上的积3分；如有退步，则退步1名扣1分，退步2名及以上的扣2分。

（8）团队管理积分：团队成员在集团系统组织的各项竞赛或考试中获得奖励的，则获一等奖积3分，获二等奖积2分，获三等奖积1分；本单位提拔部长一名积1分，副总经理一人积2分，总经理一人积3分；按集团需要调出一名副部级人员积1分，调出一名正部级以上人员积2分；人力资源部每季度要对各子（分）公司副部长级以上管理团队能力和作风做一次综合测评，测评成绩第1～3名积3分，第4～6名积2分，第7～8名积1分，倒数1～3名扣2分。

（9）学习培训积分：集团系统各子（分）公司副部长级以上管理团队月度要有学习读物和1000字以上的读书笔记、季度要有理论考试、年度要有论文。每月无申报学习读物的扣1分，抽查学习读物不合格的扣1分。每季度的理论考试前3名的积2分，第4～12名积1分，倒数1～3名扣1分。年度论文评比前3名积3分，第4～6名积2分，第7～12名积1分，倒数1～3名扣1分。参加长期外训且获得证书的积1分。

（10）员工认同积分：每季度人力资源部组织一次员工满意度调查，第1～3名积3分，第4～6名积2分，第7～12名积1分，倒数第3名扣1分，倒数第2名扣2分，倒数第1名扣3分。

（11）客户认同积分：每半年人力资源部组织一次商家客户（业主代表）满意度调查，第1～3名积3分，第4～6名积2分，第7～12名积1分，倒数3名扣2分。造成公司优质客户丢失的扣 1 ~ 3 分。客户投诉经查属实且是本人（或公司内部其他员工）自身原因造成的扣 1 ~ 3 分，情节严重的由集团提出书面批评。对客户进行人身攻击、利用手中权力有意打压客户、在客户处谋取了不当利益的扣 3 ~ 6 分。

（12）荣誉积分：本人被评为集团系统“先进”的，每次积 2 分，获得市、省、全国性荣誉的，每次分别积 2 分、4 分、6 分，属于出钱就可以拥有的荣誉不在此评价范围之内。所在单位被评为集团系统“先进”的，每次积 3 分。获总裁表扬的，每次积 3 分。

（13）个人品格积分：违反公司三条高压线，或出现重大经济问题（如受贿、造成资金流失等）的，每次扣 6 分。不按公司规定报批购销合同，造成重大损失的，每次扣 4 分。违反公司财务管理制度 / 规定，擅自挪用公司资金、私设个人账户、开设小金库、超授信欠款、超授权决策担保的，每次扣 6 分。

（14）特殊贡献积分：本人或团队成员因创新管理或突出业绩为公司产生特殊贡献的，每次加 1 ~ 6 分。对于公司里的突发事件，任何一位高级管理人员都有协助相关部门处理突发事件的义务，对于处理突发事件有功（对公司有重大贡献）或有过的，进行奖励或处罚，每次加（扣）1 ~ 6 分。

（四）某能源公司“1 ＋ N”模式同价计酬机制（摘要）

“1+N”模式即确定 1 种基础方法和 N 种补充方法，根据作业任务特点构建以“计划派工法”为基础的“1+N”派工管理机制。同时，根据作业任务生产、执行和变化规律使用以“标准定额”为基础的“1+N”计分方法。

【实践点评】

每个工具背后都有逻辑，表单格式是次要的，逻辑是最重要的，管理的灵魂在于灵活应用工具的逻辑及价值并进行实践、创新和赋能。

工分制管理的模式类似积分制管理，在工分的设计过程中，依然分为基础分（基于岗位、职称 / 资格、工龄等）、工作分（基于工作相关的考勤、行为、质量、事件等）。在设计时，其原则和注意事项与积分制基本一样。工分制和积分制的差异体现在工分制是把劳动分工涉及的工作内容进行分类分级，并分别赋予一定的分值。其实在积分制中，这一点直接被岗位层级完成了。工分制和积分制管理类似 OKR 管理的公开透明，在一定程度上能有效激励员工的积极性，找出滥竽充数者，激励创造价值的员工，这才是其本质和核心。

积分制也好，工分制也罢，工具本身不重要，重要的是管理理念与管理实际的融合，只有切合实际的管理，才能实现高绩效。与其他工具相比，积分制和工分制管理几乎没有难度（除了积分的核算统计需要借助信息化手段外），更具深度开发性；不受绩效管理常见“百分制”“权重”等限制，可以无限量化、无限定价；同时，考核指标不受KPI或KR数量的限制，任何与行为、动作、时间、周期、质量、事件、结果相关的都可以作为分值，都可以量化并进行应用。

在实践中，积分制结合KPI、OKR、MBO等目标管理工具，可以让团队更加关注对企业最有价值的工作，对激励那些自身努力而又关注目标的员工，能起到很好的管理效果。

【管理知识】

绩效管理既是一门科学，也是一门艺术。为了绩效管理的顺利实施，企业并不能认为设计了一套较为规范化的绩效管理体系就万事大吉了，而是应该在实施过程中注意科学与艺术的结合，坚持“权变”思维，以达成预期的目标。

第七节　个人绩效承诺（PBC）应用实践

一、PBC内涵

PBC（Personal Business Commitment）即个人绩效承诺或个人事业承诺，最早是由IBM公司于1996年制定出的绩效考核模式，是以战略与经营目标为基础而层层分解目标和工作的考核方式，旨在激励每位员工不断制定更有挑战性的目标。其核心是“承诺”，反映了IBM公司绩效管理的真正目的——“为业务而承诺”。PBC本质上是一种围绕业务开展而进行评价的绩效管理工具，先后被华为、海尔、德邦等企业采用。

要了解PBC模式，就必须先了解业务领导力模型（Business Leadership Model，BLM），因为BLM（见图3-11）是战略规划管理工具，PBC则是配套使用的战略执行落地系统，两者结合是黄金组合。PBC是基于战略制定的，是保障战略执行落地的工具。因此，华为公司在向IBM公司引进BLM的同时，也引进了PBC。

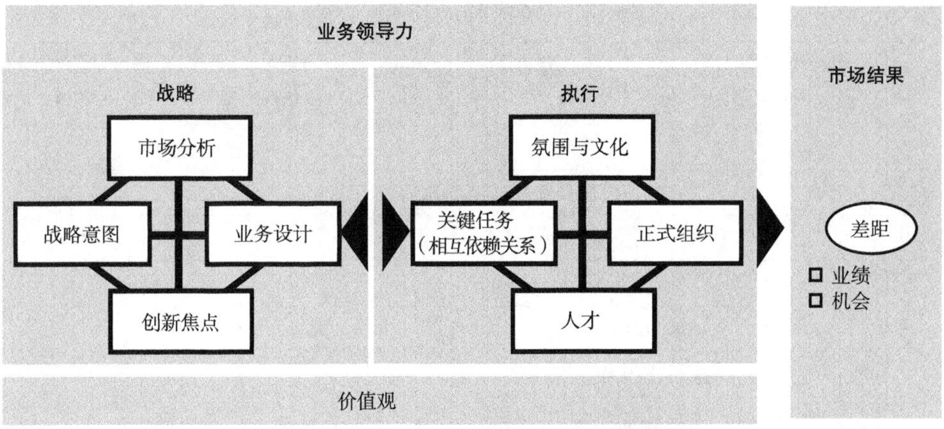

图 3-11 BLM

BLM 是一个 IBM 公司中高层用于战略制定与执行相连接的方法与平台，它从市场分析、战略意图、创新焦点、业务设计、关键任务（相互依赖关系）、正式组织、人才、氛围与文化，以及业务领导力和价值观等各个方面帮助管理层在企业战略制定与执行的过程中进行系统思考、务实分析、有效地调配资源及执行跟踪。BLM 使 IBM 公司成功的四要素包括战略、执行、价值观与领导力，这四个要素为 IBM 公司拟带来了多方面的业务价值。

IBM 公司的 PBC 建立在制胜力、执行力、团队三个原则的基础上。

（1）制胜力以结果为导向，即明确目的及为达到这个目的所应付出的努力；承诺必胜，为赢得市场和客户将抓住任何机会去获胜，胜利是第一位的，完成业绩最重要。

（2）执行力以过程为导向，即明确要完成这些目标需要做的事情，执行力则是实现目标的保障，必须承诺执行，针对赢市场和赢客户的目标，去执行、去实现、去完成。

（3）团队是指任何个体都不如团队的力量大，完成目标需要团队成员的配合，个体目标要支撑团队目标，要用团队精神、协同精神去完成团队目标。IBM 公司采用的是成熟的矩阵式组织结构管理模式，强调跨部门的沟通和协同，以充分发挥公司的整体优势和充分利用公司的资源。

PBC 模式对一般员工具有重要意义，其结果不仅影响一般员工的奖金分配、薪酬调整，还影响其未来的职业生涯——成长和发展。被赋予管理职能的管理者要在 PBC 的基础上，根据员工调查意见、高级主管面谈和门户开放政策的反馈信息对 PBC 业绩评价衡量指标进行补充。一般员工的个人业绩承诺表如表 3-10 所示。

表 3-10 一般员工的个人业绩承诺表

<table>
<tr><th>序号</th><th>本季度参与的
跨部门项或团队工作</th><th>投入程度
（%）</th><th>投入的
时间段</th><th>项目中
扮演的角色</th><th>涉及的绩效评价者
（各项目主管）</th></tr>
<tr><td></td><td></td><td></td><td></td><td></td><td></td></tr>
<tr><td colspan="6">职位应负责任或部门总目标（KPI）</td></tr>
<tr><td colspan="6"></td></tr>
<tr><td rowspan="4">个人承诺</td><td colspan="3">计划</td><td colspan="2">计划承诺</td></tr>
<tr><td colspan="3">结果目标承诺</td><td colspan="2">结果</td></tr>
<tr><td colspan="3">执行措施承诺</td><td colspan="2">结果</td></tr>
<tr><td colspan="3">团队合作承诺</td><td colspan="2">结果</td></tr>
<tr><td>说明</td><td colspan="5">● 结果目标承诺：员工承诺的本人在考核期内所要达成的绩效结果目标，以支持部门或项目组总目标的实现。“结果目标”是指在绩效周期内主要有哪些结果输出，通过结果目标的制定，明确任职者究竟应该做什么，做到什么程度
● 执行措施承诺：为达成结果目标，员工与考核者对完成目标的方法及执行措施达成共识，并将执行措施作为考核的重要部分，以确保结果目标的最终达成。“执行目标”是指针对结果目标，需要采取相应的措施、策略，并对工作执行过程进行规范，以保证目标的达成
● 团队合作承诺：为保证团队整体绩效的达成，更加高效地推进关键措施的执行和结果目标的达成，员工须就交流、参与、理解和相互支持等方面进行承诺。“团队目标”是指需要提供或获得其他同事、部门及上级的支持与合作</td></tr>
</table>

IBM 公司的企业文化中特别强调“双向沟通”，这种沟通模式不存在单向的命令和无处申述的情况。IBM 公司提供了四条制度化的通道给员工进行“双向沟通”的机会。

（1）员工调查意见：IBM 公司通过对员工进行征询，可以了解员工对管理阶层、福利和工资待遇等方面有价值的意见，使之协助公司营造一个更加完善的工作环境。人们很少看到 IBM 公司管理者态度恶劣的情况，这与该通道关系密切。

（2）高级主管面谈：员工可以借助“与高层管理人员面谈”制度，与高层经理进行正式的谈话。这个高层经理的职位通常会比员工的直属经理的职位高，也可能是员工的经理的经理或是不同部门的管理人员。员工可以选择任何个人感兴趣的事情找高层经理讨论。这种面谈是保密的，员工可以自由选择面谈内容，包括员工对问题的倾向意见、自己所关心的问题。针对员工所反映的情况，公司将会交直接有关的部门处理，并且会对面谈的问题进行分类集中处理，不会暴露面谈者的身份。

（3）门户开放政策：这是一种申诉政策，是 IBM 公司的一个管理制度。IBM 公司前总裁路易斯・郭士纳曾经反向执行门户开放政策，即直接跑到下属的办公室问某件事干得怎么样了。IBM 公司用门户开放政策来尊重每一位员工的意见。员工如果有关于工作或公司方面的意见，应该首先与自己的直属经理讨论。与自己的直属经理讨论是解决问题的捷径，如果有解决不了的问题，或者员工认为不便于和直属经理讨论，可以通过门户开放政策向各事业单位主管、人力资源部经理、总经理或任何总部代表申述，申述会得到上级的调查和执行。

（4）直言不讳：在 IBM 公司，一位普通员工的意见完全有可能会送到管理者的信箱里。直言不讳就是一条直通通道，可以使员工在毫不牵涉其直属经理的情况下获得高层领导对自己所关心的问题的答复。没有经过员工同意，直言不讳的员工的身份只有一个人知道，那就是负责解决员工问题的协调员，所以员工不必担心畅所欲言过后会带来的风险。

在 PBC 模式中，制胜力、执行力和团队三个维度存在严密的逻辑关系，其本身体现了强调团队合作、承诺必胜和共同参与的公司价值观和企业文化。IBM 公司提倡尊重个人，追求卓越，激发潜能，实现高绩效。在 IBM 公司，谈起业绩考核时，人们经常说的一句话是“让业绩说话”。因此，IBM 公司的 PBC 要求员工在做到以上三点的基础上，再去设定具体的目标、指标，这样才是真正有意义的。

PBC 是 IBM 公司创立的基于战略的绩效管理系统。IBM 公司的所有员工要围绕“力争取胜，快速执行，团队协同”的价值观来设定各自的 PBC。PBC 协议书一般包括三部分：①业务目标（权重为 80%），包括 KPI 和关键任务；②管理目标（权重为 20%）；③个人发展目标（参考指标）。

二、PBC 的实施

IBM 公司在实施 PBC 的过程中包含业务目标、员工管理目标及个人成长目标。

（1）业务目标必须符合企业战略发展目标要求、所在部门的业务策略要求；必须基于部门目标和团队目标制定，但同时应体现出个人对自己的业务达到什么样的结果做出承诺，公司鼓励员工可以完成更有挑战性的目标；必须包括关键绩效指标（KPI）和关键工作任务指标（KPA），通过对企业、部门指标的分解，结合岗位职责和重点任务制定，突出业务重点。业务目标以 5 ~ 7 个为宜。

（2）员工管理目标必须能反映出管理人员有效领导员工，并创造一个让人脱颖而出的管理氛围的能力；必须只针对具有管理任务的管理人员制定，引导管理人员关注团队建设、培育下属，培养管理人员的领导能力。员工管理目标以 2 ~ 4 个为宜。

（3）个人成长目标必须能反映出管理人员增强实现业务目标和管理目标的能力，同时实现个人发展计划或其他发展要求的能力；必须明确员工个人今后想要在个人能力上有怎样的进步与成长，以及个人能力的提升能够给个人业务目标的完成带来怎样的帮助。个人成长目标以 2 ~ 4 个为宜。

提取业务目标时应从以下六个方向去思考。

（1）企业战略发展思路：今年企业的总体业务目标是什么？

（2）企业价值观：什么是企业鼓励、提倡的？什么是应该避免的？

（3）部门职责与部门绩效指标：部门职责是什么？年度考核的指标是什么？哪些是需要员工承担的？

（4）岗位职责：岗位价值是什么？岗位的日常工作是什么？

（5）部门阶段性重点工作：部门今年需要做好哪几件重点工作？

（6）来自上级、同事和客户的信息：上级期望员工做什么？员工需要和同事有哪些配合？员工要向客户传递什么价值？

设定业务目标时应从以下五个方面去考虑。

（1）员工应当在经理的指导下设定一系列符合自己岗位、职级和责任的业务目标。

（2）在实现目标的过程中应当描述达成关键目标的最重要的执行方式。

（3）每个业务目标用一两句话描述即可，可采用两步法来设定业务目标。

（4）常规性指标，主要是关键绩效指标，包括财务、客户层面的指标，根据部门定位来进行分别设置，具体包括收入、利润、费用、客户满意度等指标，这些指标来源于对结果性指标的分解。

（5）动态性指标，主要是关键任务指标，用于支撑各部门关键任务的达成，其衡量指标是对关键绩效指标的补充和完善；通过两者的结合保证部门整体业务目标的达成。

设定员工管理目标时应从以下四个方面考虑。

（1）业务目标对组织建设、员工管理的要求。

（2）年度工作计划中的人员管理要求。

（3）领导力素质模型。

（4）管理岗位要求（层级、角色、经验）。企业应着力从识别管理岗位重要的行为，即什么是团队管理工作的重点（What），以及设定评估这些行为的特定目标或方法（How）两个方面出发确定管理岗位要求。例如，要求优秀管理者应该具备目标承接、团队合作、绩效管理、鼓励创新、发展下属、承认贡献、氛围营造七个管理行为。对于实施 PBC 的企业，构建岗位胜任力体系是必要的。

设定个人成长目标时应从以下四个方面考虑。

（1）扩展知识面，深入研究某领域的知识。

（2）获取新的专业技术。

（3）巩固和提升某一领域或者岗位所需的能力和素质。

（4）增加经验值。

与其他绩效管理工具相比，PBC 有以下五个特点。

（1）PBC 基于企业战略的分解与关键任务，通过过程管理与辅导，保障战略目标的达成。

（2）PBC 整合了 KPI、目标成果、项目管理、胜任力评估与职业发展等指标，评估内容更加全面。

（3）PBC 增加了管理者在绩效评价过程中的纠偏职能，有利于保证评估的公平与客观性。

（4）PBC 强化了岗位绩效与组织绩效的结合，建立了利益共同体，有利于形成团队意识。

（5）PBC 弱化了以 KPI 分数作为唯一的评价标准的情况，增加了关键任务、胜任力等要素对评估的影响。

PBC 设置的核心原则是以责任结果和关键事件作为行为导向，引导员工做正确的事，从而实现目标、改善绩效，而不是为了扣钱。出发点和动机不同，结果是完全不一样的。设置 PBC 目标时，要确保个人目标和组织目标的一致性。PBC 强调的不仅仅是员工应该做什么，更告诉员工该如何做。既然是“承诺”，那么自然有些类似于“军令状”，企业会根据员工最终 PBC 的完成情况做出绩效评估，并将评估结果体现在奖金、薪酬、职位、激励以及绩效改进等方面。设置完业务目标、员工管理目标、个人成长目标后，可以用“PBC 目标设定检查表”（见表 3-11）进行检查。

表 3-11　PBC 目标设定检查表

序号	PBC 目标设定评价维度	是 / 否	说明
1	目标是否反映了要完成的至关重要的结果		
2	目标是否具有合适的难度		
3	目标是否与员工的层级相符		
4	目标是否反映了企业的价值观		
5	目标是否能提升员工的行为，从而超越客户期望		
6	目标是否促进了创新		

（续表）

序号	PBC 目标设定评价维度	是 / 否	说明
7	目标是否建立了基于信任、协助和尊重的员工关系		
8	目标是否明确		
9	目标是否说明了具体的衡量方式		
10	目标是否与部门和企业的目标一致		
11	目标是否以结果为导向		
12	目标是否确定了完成的时间节点		
13	目标是否经过上下沟通并达成一致		
14	员工目标加总后是否略大于部门目标		

需要注意的是，与各项目标相关的执行措施不是具体的工作计划，而是达成目标需要采取的措施、策略；采用任何一种管理工具都应围绕关键点，点太多就会失去管理的本质，抓住关键点即可。执行承诺的制定是针对较重要的结果目标，让上下级就结果目标达成的关键措施进行认真分析，把相关风险、外部障碍、资源配置等问题尽量考虑到位，使双方做到心中有数。对于执行目标，更多的是一种过程性的定性描述，不一定要有明确的定量衡量指标，主要是在进行PBC绩效考核时看员工是否按照规范的要求去做。对于结果目标，应有定量的衡量指标，说明做到什么程度或何时做完，这是在周期末衡量员工绩效目标是否达成的主要依据。“团队目标”更多的是起一种导向和牵引作用，它强调对周边绩效、流程上下游及上级的支持与配合等。

结合“PBC 目标设定检查表”，PBC 指标的设定依然遵循 SMART 原则，如表 3-12 所示。

表 3-12 “PBC 目标设定检查表”应遵循的 SMART 原则

SMART 原则	正确的做法	错误的做法
S （Specific，具体的）	• 切中目标 • 适度细化 • 跟随情景变化	• 抽象的 • 未细化 • 复制其他情景中的指标
M （Measurable，可衡量的）	• 数量化 • 客观的 / 行为的 • 数据或信息的可获取性	• 主观判断 • 非客观的 / 非行为的 • 数据或信息无法获取
A （Achievable，可实现的）	• 在付出努力的情况下可以实现 • 在适度的时限内可以实现	• 过高或过低的目标 • 周期过长

（续表）

SMART 原则	正确的做法	错误的做法
R （Relevant，相关的）	• 与企业、部门目标相关联 • 被考核者可控的目标 • 可证明的	• 个人主观认为的或感兴趣的目标 • 被考核者不可控的目标 • 假设的
T （Time-based，有时限的）	• 使用时间单位 • 关注效率	• 不考虑时效性 • 时间概念模糊

IBM 一般在年初制订 PBC（计划），自上而下地制定过程。各部门领导先根据企业的战略目标制订出个人的 PBC，然后部门员工根据部门领导设定的目标将自己的工作与任务制订成本年度的工作计划。制订计划时应遵循 SMART 原则，并且从制胜力、执行力、团队三个角度来制订，如表 3-13 所示。在实施过程中，计划是可以调整的，但这种调整不是随意的，一定要回到目标分解，寻找依据，并提交独立的部门审核才行。

表 3-13　制订计划的三个角度

角度	不合格 PBC	合格 PBC
制胜力	达成客户满意度	收集客户反馈信息，客户满意度提高 10%
执行力	完成一次对客户的调查分析	10 天内完成客户满意度调查并进行分析
团队	学习如何衡量客户满意度	本月内推动跨部门解决客户满意度问题

PBC 的结果对员工来说非常重要，涉及员工的薪酬、奖金、晋升以及绩效改进。PBC 考核不仅是在年末的时候进行统一评价，还要在执行过程中不断地进行持续反馈及指导。PBC 的考核结果是根据员工自评、上级直属领导评价以及对关键事件的记录等对员工进行综合评价，并结合 PBC 和实际执行情况对比做出的基本测评。另外，在应用 360 度反馈时，应就员工的表现收集客户、同事、下级对员工的评价，以此作为绩效参考，其他包括员工调查意见、高级主管面谈及门户开放政策等也可作为参考。

部门 / 团队直属领导最终会根据本年度团队各个成员的相对贡献按 15（PBC1 级）：70（PBC2 级 /PBC3 级）：15（PBC4 级 /PBC5 级）实行强制分布（见图 3-12）。值得一提的是，如果承担管理职责的员工想要成为 PBC1 级就必须在员工管理目标项上达到平均水平以上（PBC2 级）。PBC 绩效考核结果出炉后，对 PBC1 级员工进行升职加薪，对 PBC4 级及 PBC5 级员工进行绩效改进，PBC2 级及 PBC3 级员工属于企业中的大部分，企业会给予其一定的激励。

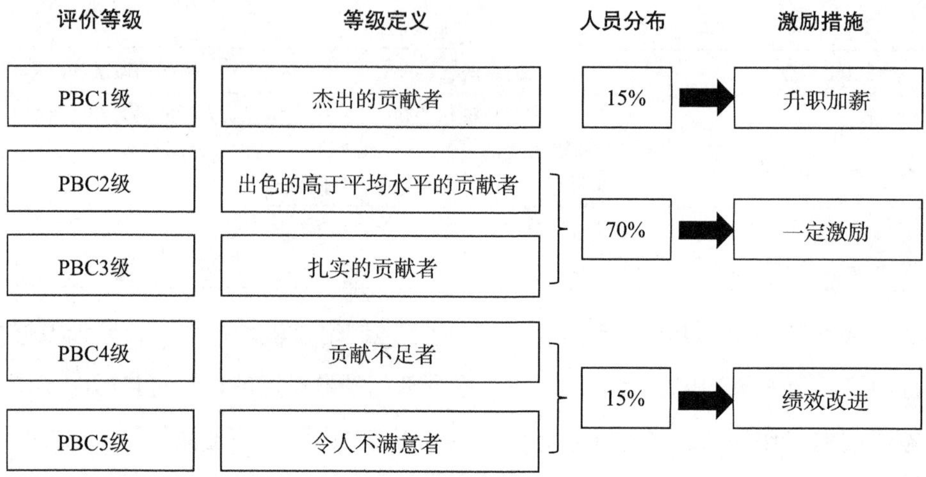

图 3-12　PBC 考核结果

PBC 绩效考核结果公布后，直属管理者会根据员工的考核结果与员工进行绩效面谈，对其上一年的表现进行回顾，找出做得比较好和不好的点，针对记录的关键事件与员工进行核对，用事实说话。同时，聆听员工内心的想法，给予员工充分的解释机会并一起探讨找到解决办法，让员工更清楚自身目标的达成情况，对绩效考核的过程和结果有更好的理解和消化。

【管理实践】

（一）IBM 个人绩效承诺（PBC）绩效结果激励矩阵（摘要）

等级	定义	强制比例	奖金浮动
PBC1 级	优：出色完成任务，并大大超出预期目标	15%	150%
PBC2 级	良：员工完成或部分超过了承诺的要求	70%	100%
PBC3 级	中：员工完成了多数目标要求，但仍需改善		80%
PBC4 级	差：员工距离既定目标相去甚远，急需改善	15%	0

（二）华为个人绩效承诺（PBC）绩效等级矩阵（摘要）

等级	定义	评价等级及说明	强制比例
A	杰出	实际绩效经常显著超过预期计划 / 目标或岗位职责 / 分工要求，在计划 / 目标或岗位职责 / 分工要求所涉及的各个方面都取得特别出色的成绩	10%
B	良好	实际绩效达到或部分超过预期计划 / 目标或岗位职责 / 分工要求，在计划 / 目标或岗位职责 / 分工要求所涉及的主要方面取得比较突出的成绩	40%
C	正常	实际绩效基本达到预期计划 / 目标或岗位职责 / 分工要求，无明显的失误	45%
D	需改进	实际绩效未达到预期计划 / 目标或岗位职责 / 分工要求，在很多方面或主要方面存在明显的不足或失误	5%

（三）德邦个人绩效承诺（PBC）绩效等级矩阵（摘要）

绩效等级	定义	描述	强制比例	结果确认
P1	杰出	取得杰出的成果；业绩明显高于其他（同级别 / 工作性质）人；超出或有时远远超出绩效目标；为他人提供极大的支持和帮助并表现出其职能岗位所需具备的各项能力素质	0 ~ 30%	直接上级评估 隔级上级 绩效审核
P2	良好	工作范围和影响力超越其工作职责；绩效表现超过大多数同事，有发展的眼光及影响力；总是能达到或有时超出绩效目标；为他人提供有力的支持和帮助并表现出其职能岗位所需具备的各项典型能力素质	30% ~ 40%	直接上级评估 隔级上级 绩效审核
P3	胜任	始终如一地实现工作职责；具有适当的知识、技能、工作有效性和积极性水平；能达到或有时超出绩效目标；为他人提供相应的支持和帮助并表现出其职能岗位所需具备的各项技能	30% ~ 40%	直接上级评估 隔级上级 绩效审核
P4	略需改进	与他人相比，不能充分执行所有的工作职责，或者虽执行了职责但水平较低或成果较差；并且 / 或者不能证明具有一定水平的知识、技能、工作有效性和积极性；连续取得 P4 绩效等级是不可接受的，需要提高	0 ~ 20%	直接上级评估 隔级上级 绩效审核

【实践点评】

实施 PBC 时应遵守三个“一切”：一切以解决问题为原则，一切以实际行动为根本，一切以团队利益为导向。

企业应对 PBC 的实施过程进行动态过程管理，定期回顾重点工作的进度并进行绩效辅导。IBM 公司的 PBC 绩效辅导原则如下。

（1）了解现状与问题。与上年度相比有哪些变化？这些变化对员工的业务提出了哪些要求？员工是怎么考虑的？

（2）澄清目标。本年度要达成什么目标？为什么要达成这些目标？

（3）聚焦独特价值。哪些事情是员工必须花很大精力去完成的？对于这些事情，哪些是主管需要做的？哪些是下属需要做的？哪些是员工需要做的？为什么必须做？不做行不行？做好的关键是什么？

（4）强调结果导向。强调必须明确真正成功的标准是什么？工作怎么样才算落地了？做到什么程度主管（或客户）会很满意，或者体现了员工的价值？

（5）回顾目标与问题。做到相关的努力，目标就可以实现了吗？问题就可以解决了吗？主管（或客户）就满意了吗？管理者只有学会“复制”自己，才能培养出高绩效的团队。

IBM、华为、德邦的 PBC 绩效对比分析如表 3-14 所示。

表 3-14 IBM、华为、德邦的 PBC 绩效对比分析

对比分析	IBM	华为	德邦
绩效结构	公司业绩 + 个人绩效	部门 / 项目绩效 + 个人绩效	部门绩效 + 个人绩效
绩效管理工具	PBC	PBC	PBC
绩效评价规则	强制分布	强制分布	强制分布
绩效过程控制	述职报告	述职报告 + 月度总结	述职报告 + 月度总结
绩效结果应用	奖金、加薪、晋升、调岗	奖金、加薪、调岗	奖金、加薪、调岗

对管理者而言，个人绩效不等于团队绩效。个人绩效是团队绩效中最重要的、能够体现个人独特价值的绩效。团队绩效是通过团队的日常运作能够完成的绩效。PBC 应包含这两个部分，并重点突出个人绩效，这样才更能牵引被辅导人向独特价值聚焦。管理者在 PBC 管理过程中需要做到：实现上下对齐，管理者要深入了解其下属的业务领域，在互动中理清业务思路，减少沟通成本；为下属赋能，管理者不能轻易下结论，要不断地启发、促进员工开拓思路，做到“授之以渔”；明确下属所在岗位的独特价值，把每一位下属最主要的精力都聚焦在最关键的事情上，最终实现“让主管、下属、主管的主管都做他们最应该做的事情”，只有这样才能提升团队的战斗力和实现高绩效。

管理中应用广泛的或者流行的工具有很多，KPI 等工具大多是基于目标制定的考核标准，期初制定目标，而期末的完成情况可能与期初的目标相差甚远。PBC 在一定程度上解决了这一问题，其优势显而易见：专注于业务的完成，重点放在目标与业务的紧密结合上；计划绝非一成不变的，员工通过与管理者的协商，获取帮助，不断修正、完善个人计划；员工在自我制定目标时会找到较为适合自己的方式，能更好地探索更有挑战性的目标。事物都是有两面性的，PBC 也不例外，也存在一定的劣势：PBC 评价过程中依然会存在主观性；对管理者的要求很高，不仅要求其能够在日常工作中对员工的关键事件进行观察记录，而且对其沟通能力、随时随地地对员工进行绩效辅导的能力等提出了较高要求。

【管理实践】

（一）华为 PBC 宣贯问答（摘要）

［问题 1］

问：PBC 是不是一张考核表？

答：这种观点不完全对。

1. PBC 的表现形式虽然是通过一张表格来体现的，但它有自己的精神和内涵。

2. PBC 的内涵：一方面指的是其内容，包括结果、执行和团队，这三部分内容存在一定的逻辑关系；另一方面，PBC 本身就体现了公司的价值观和企业文化，如强调团队合作；同时，PBC 强调承诺和共同参与的重要性，体现了绩效管理的核心思想。

［问题 2］

问：IBM 用的就是 PBC，我们是不是在照搬它们的东西？

答：这种想法也不是完全正确！

1. 首先，PBC 是 IBM 绩效管理的重要表现形式，其三部分内容也是 IBM 倡导的。

2. 华为引入 PBC 的主要目的在于：

（1）从华为考核工作的演变来讲，目前已经处在绩效管理阶段，强调管理而不是考核，强调主管与其下属共同参与而不是单向命令，强调双向沟通而不是“一言堂”；

（2）PBC 强调的不仅是做什么，也要清楚如何做，这在整体思路和衔接上与公司的高层述职考核是一致的；

（3）PBC 关注的三个方面，与公司原先关注的个人绩效、对上级部门的贡献、对相关部门的贡献，几乎是一致的。

（4）从试点的情况看，PBC 考核是可行的。

［问题 3］

问：PBC 是不是只在 IPD、ISC、PDT 中使用？

答：不是的。

1. 在 IBM，无论是高层管理者还是基层员工，都在使用 PBC。

2. PBC 在各公司中也有很长的一段试点经验：采购部、管理工程部、研发部和试点 PDT，从试点情况来看，它适合公司的所有人员。

3. 为了谨慎起见，人力资源部目前主要在跨部门团队项目组中使用 PBC，以后再全面推开。

［问题 4］

问：如何确定和分配各项承诺目标的权重？

答：公司绩效考核的原则是以责任结果为导向，同时关注关键行为（过程）。因此，结果目标所占的权重相对较大，比例在 70% 左右，执行目标是过程性的，比例一般为 20% 左右，团队目标的比例一般为 10% 左右。以上比例仅作为参考，应视部门的业务特点和性质，由管理者与员工共同确定。

（二）华为 PBC 案例点评（摘要）

<table>
<tr><th colspan="3">目标承诺</th><th>权重</th><th>点评</th></tr>
<tr><td rowspan="9">结果目标承诺</td><td rowspan="3">季度目标承诺</td><td>1. 录入门禁系统数据，使之正常使用，10 月完成</td><td rowspan="3">20%</td><td></td></tr>
<tr><td>……</td><td></td></tr>
<tr><td>3. 起草《卡证科相关工作接口人协调处理暂行办法》</td><td>没有衡量指标（完成时间）</td></tr>
<tr><td rowspan="3">服务承诺</td><td>……</td><td rowspan="3">40%</td><td></td></tr>
<tr><td>……</td><td></td></tr>
<tr><td>……</td><td></td></tr>
<tr><td rowspan="3">改进承诺</td><td>1. 清理、整理卡证科全部文档</td><td rowspan="3">10%</td><td>11 月底完成，合格率达到 100%</td></tr>
<tr><td>……</td><td></td></tr>
<tr><td>……</td><td></td></tr>
<tr><td colspan="2" rowspan="3">执行措施承诺</td><td>1. 选型、采购新的摄影设备及后备电源</td><td rowspan="3">20%</td><td>没有衡量指标（完成时间）</td></tr>
<tr><td>……</td><td></td></tr>
<tr><td>……</td><td></td></tr>
<tr><td colspan="2">团队承诺</td><td>……</td><td>10%</td><td></td></tr>
<tr><td colspan="2">总体评价</td><td colspan="3">1. 结果目标与执行目标的对应关系不清晰
2. 有的目标承诺没有衡量指标，不知道应该做到什么程度，如何衡量做得好或不好</td></tr>
</table>

（三）某制造企业的年度个人绩效承诺（PBC）表（摘要）

2021 年度个人绩效承诺（PBC）表

<table>
<tr><td>姓名</td><td></td><td>岗位名称</td><td></td><td>岗位层级</td><td></td></tr>
<tr><td>部门</td><td></td><td>直接上级</td><td></td><td>填表时间</td><td></td></tr>
<tr><td colspan="6">1. 业务目标—70%
业务目标必须与企业战略及本部门目标直接相关，同时保证与企业所倡导的核心价值观保持一致，要求指标总数不超过 10 个，5 ~ 7 个为宜；权重设定由员工和直接上级协商决定，本部分权重总值为 100%（组织绩效目标 + 个人绩效目标总权重为 100%）</td></tr>
<tr><td colspan="6">业务目标—50%</td></tr>
<tr><td>序号</td><td>业务目标</td><td>目标定义</td><td>目标值</td><td>权重</td><td>数据来源 / 支持文件</td></tr>
<tr><td>1</td><td></td><td></td><td></td><td></td><td></td></tr>
<tr><td>…</td><td></td><td></td><td></td><td></td><td></td></tr>
</table>

（续表）

关键任务（支持业务目标）—20%					
序号	关键任务	目标定义	衡量标准	权重	数据来源 / 支持文件
1					
…					

2. 员工管理目标—20%

设定 1 ~ 3 个支持部门绩效提高的目标，可以是员工管理、团队发展和团队建设等内容；权重的设定由员工和其直接上级协商决定，本部分权重总值为 100%

员工管理目标—20%					
序号	员工管理目标	衡量标准	目标值	权重	数据来源 / 支持文件
1					
…					

3. 个人发展目标—10%

设定 1 ~ 3 个支持业务目标的需要提高的个人能力，个人发展目标应该支持“个人发展计划”和其他有关学习培养计划、职业发展计划、岗位升迁等；权重的设定由员工和其直接上级协商决定，本部分权重总值为 100%

个人发展目标—10%					
序号	个人发展目标	衡量标准	目标值	权重	数据来源 / 支持文件
1					
…					
任职者签字：　　　　时间：			直接上级签字：　　　　时间：		

（四）某制造企业管理岗位年度个人业绩承诺（PBC）合同（摘要）

管理岗位年度个人业绩承诺（PBC）合同

岗位名称		岗位层级			任职者姓名	
岗位职责						
岗位三年战略目标						
绩效领域	考核指标	定义	第 1 年	第 2 年	第 3 年	数据来源
财务						
客户						
内部流程						
学习与成长						

（续表）

年度主要绩效目标分解（70%）

编号	考核指标	目标值		1M	2M	3M	4M	5M	6M	7M	8M	9M	10M	11M	12M
1		预算线													
		生存线													
…		预算线													
		生存线													

年度支持战略目标的关键项目及流程平台

编号	项目名称	项目目标	项目里程碑				权重	项目团队		
			1Q	2Q	3Q	4Q		1	2	…

年度个人绩效承诺（PBC）

业务目标（70%）：本人的业务目标必须与企业战略以及本部门的目标有效连接，同时保证与企业所倡导的核心价值观保持一致，要求指标总数不超过10个，5 ~ 7个为宜

绩效领域	考核指标	年度目标值	实际值	权重	评价得分
财务					
客户					
内部流程					
学习与成长					

员工管理目标（20%）：设定3 ~ 5个支持组织绩效提高的目标，应包括员工管理、下属发展和团队建设等内容

序号	员工管理项目	权重	目标值	自我评价	直接上级评价	评价说明

个人发展目标（10%）：设定3 ~ 5个支持业务目标的需要提高的个人能力，个人发展目标应该支持“个人发展计划”和其他有关学习培养计划、职业发展计划、岗位升迁等

序号	个人发展目标	权重	年度行动计划	自我评价	直接上级评价	评价说明

年度PBC绩效激励方案

指标类型	指标	目标	实际值	结论	激励标准

原则说明	1. 财务类、客户类指标是硬性结果指标，若达不到则无奖励 2. 内部流程类指标则是取得财务类、客户类指标的保障指标，内部流程类指标的完成说明财务类、客户类指标的取得是有流程支持的，两者需要同时达成 3. 月度考核，季度兑现

【实践点评】

在PBC的应用过程中，业务目标必须和企业文化、价值观及组织战略保持一致，员工管理和个人发展目标一定要切合团队及个人发展的实际。

在IBM，无论是高层管理者，还是基层员工，都在使用PBC。企业在引进PBC模式时，最好先进行试点，因为PBC不像KPI那样能马上推行至整体，毕竟“承诺”会给员工带来压力感，若团队还处于磨合期就会提出硬性要求，这有可能导致分崩离析或事与愿违的情况。在引进PBC初期，华为人力资源部主要在跨部门团队项目组中使用PBC。PBC关注的“结果、执行、团队”三个层面，与华为当时所关注的个人绩效、对上级部门的贡献、对相关部门的贡献几乎是一致的。PBC不仅强调“我要做什么”，也强调“我应该如何做”，这与华为实施的高层述职考核在整体思路和衔接上是一致的。华为在引进PBC时，其绩效管理的理念是强调管理而不是考核，强调主管与下属共同参与而不是单向命令，强调双向沟通而不是“一言堂”，这也与PBC的管理理念是高度吻合的。

华为每年从10月开始到第二年的2月要做战略解码，形成目标及指标集，2—4月完成全员PBC签署。华为PBC的个人目标承诺包括个人业务目标承诺、与个人重点关注的项目相关的KPI、年度组织建设与管理改进目标。在华为，PBC的个人目标承诺适用于管理者的人员管理目标承诺，管理者需要根据组织的目标设定人员管理目标，包括人才培养、人才引入，知识共享、知识建设等。对于个人能力提升目标，用PBC的模式，把个人需要成长的方面列出来。华为绩效管理从早期的月度考核，变成季度考核，再变成半年度和年度考核，趋势是不断拉长目标责任制员工的考核周期，从一个较长时间内去度量它的过程和结果。在实施PBC时，华为为其配套了绩效评价环节——个人自评、主管评价和集体评议；每个管理者都要层层述职，形成了“人人有目标，人人有压力，人人要考核，人人要汇报”的机制。但华为各层级PBC考核的侧重点和方向是有差异的，总监及以上管理层的PBC考核重点是基于BSC的财务、客户、内部流程、学习与成长四个维度的相关事件结果；经理及以下员工的PBC考核重点是基于PSC的力争取胜、快速执行、团队协同三个基础原则的相关活动成果，如图3-13所示。

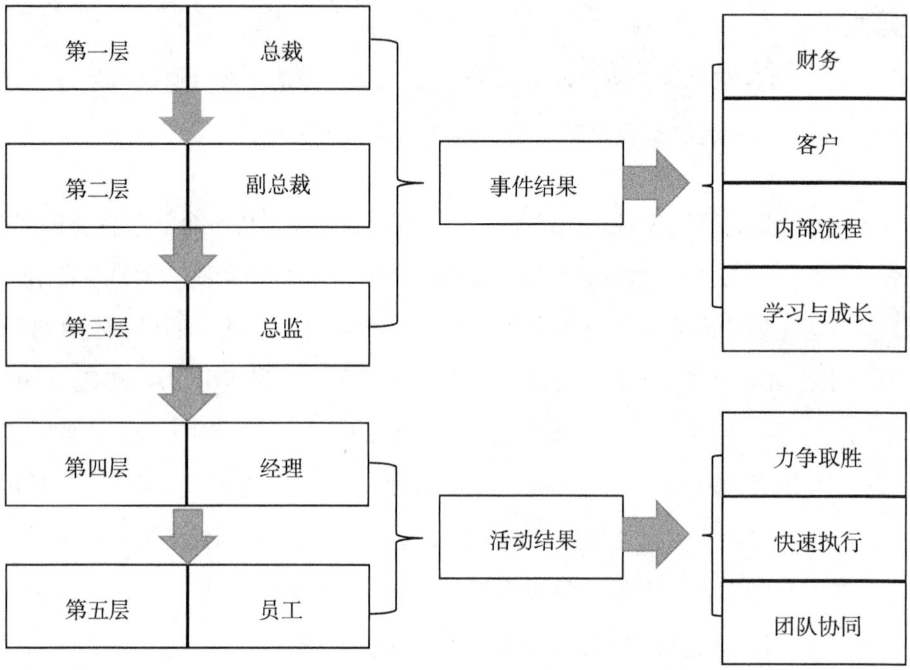

图 3-13 华为各层级 PBC 考核的重点

PBC 的制定是一个互动的过程，是在员工个人与其直属上级不断的沟通过程中制定的，不是简单的任务分解和对上级命令的执行。PBC 可以使员工个人的业务目标与整个部门的业绩目标相融合，进而与企业业务目标紧密结合，提高员工个人的参与感和方向感。

【管理知识】

绩效管理的最终目标并非仅使员工达到期望的绩效，还要使他们出于自身意愿而付出超越职责的努力。构建基于管理情景的人力资源管理系统是绩效管理所必需的。

第八节 其他绩效管理工具应用实践

在选择企业绩效考核方法的时候，不仅要注重方法的实用性、适用性、先进性、经济性和科学性，还要考虑与企业发展阶段、规模、人员结构及企业文化是否匹配。KPI、360

度反馈、MBO、BSC、OKR、PBC、EVA 等绩效管理模式都是为组织战略绩效服务的，不同规模、不同发展阶段的企业应建立合适的绩效管理体系模式，照搬照套其他企业的成功模式、追求形式的完美而忽视实效性的做法所造成的结果往往事与愿违，其最终会导致绩效管理体系流于形式。绩效管理不但要考察衡量员工的最终劳动成果，还要重视员工在劳动过程中的表现；不但要考察员工的态度、行为和表现，还要考察员工的潜质，即心理品质和能力素质。

除了前文介绍的绩效管理工具之外，目前 KSF 法、PK 机制也被各企业广泛应用到绩效管理中。

一、KSF 的应用

KSF 即关键成功因素法（Key Success Factors），也称作 CSF（Core Success Factors），是信息系统开发规划方法之一，1970 年由哈佛大学教授 William Zani 提出。该方法是在探讨产业特性与企业战略之间的关系时常使用的观念，是结合本身的特殊能力，对应环境中重要的要求条件，以获得良好的绩效。

关键成功因素指的是对企业成功起关键作用的因素，是通过分析找出使企业获得成功的关键因素，然后再围绕这些关键因素确定系统的需求并进行规划。在进行总体规划时，一个完整的 KSF 主要有五个步骤：企业定位、识别 KSF、收集 KSF 情报、比较评估 KSF 和制订行动计划。KSF 后来经常被用于绩效管理的绩效指标提取中，在提取绩效指标时自上而下地探讨可以从哪些关键成功因素进行。所以 KSF 法也是战略型方法之一。

随着管理实践的不断丰富，KSF 被部分企业和管理者拿来应用到绩效管理当中。决定岗位绩效的只有少数的关键因素，而这些因素对绩效的实现具有决定性、成长性、关联性和规律性，可以说每一个因素都代表一个特定的价值，如果将这些特定的价值与薪酬激励、职业发展等结合在一起，在一定程度下会起到很好的效果。KSF 与 KPI 在逻辑上基本一致，但在实际操作中，二者有一定的区别。当 KSF 应用于绩效管理时，KSF 其实就是指决定岗位价值的最有代表性、影响力的关键性指标；可以将 KSF 作为绩效管理工具并直接与薪酬挂钩，采取非传统绩效管理结果应用的方式来驱动员工的积极性和能动性。因此，KSF 又被称为薪酬全绩效管理模式，也称员工价值管理工具，就是将员工的薪酬与企业的绩效进行全面融合，寻找两者关注内容中的平衡点，从而形成利益共同体，实现共创共赢。其目的是希望KSF不仅着眼于绩效优化，更致力于同步提升员工收入，激发员工的士气和创造力。

事实上，从目前KSF的实施情况来看，所谓的KSF（薪酬全绩效管理模式）与哈佛教授研发的KSF有一定关系，但只是利用了其中一小部分原理，远非KSF工具本身。KSF（薪酬全绩效管理模式）实际上只是基于KSF（关键成功因素法）以及价值管理工具的原理，挂上了关键成功因子与价值管理工具这两个“帽子”，武断地直接将薪酬设计和绩效管理融为一体，利用KSF原理，拆解出每个岗位“影响成功方向的关键指标”然后将绩效指标直接与薪酬相关结构挂钩，让薪酬与绩效相关的部分直接变成浮动薪酬。这些浮动薪酬的浮动是根据每个月与绩效相关的薪酬项目的盈亏平衡点（Break Even Point，BEP）决定的。

盈亏平衡点又称为零利润点、保本点、盈亏临界点、损益分歧点、收益转折点，是指全部销售收入等于全部成本时（销售收入线与总成本线的交点）的产量。以盈亏平衡点为界限，当销售收入高于盈亏平衡点时企业盈利，反之，企业就亏损。盈亏平衡点可以用销售量来表示，即盈亏平衡点的销售量；也可以用销售额来表示，即盈亏平衡点的销售额。盈亏平衡分析如图3-14所示。

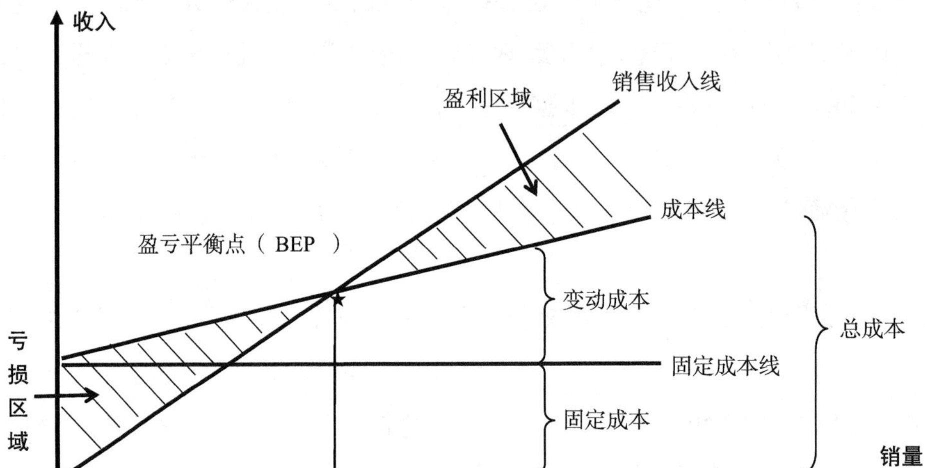

图3-14　盈亏平衡分析

在实践中，设计KSF（薪酬全绩效管理模式）应做到针对每个岗位分解出关键成功因素的方向与目标；找到这些键成功因素的方向与目标的盈亏平衡点；直接将奖金设计进薪酬标准中，做成关键成功方向或者目标达成后的激励标准，并根据员工的实际工作情况进行激励。

【管理实践】

（一）某企业生产部经理 KSF 方案（摘要）

项目		K1	K2	K3		K4	K5	K6		K7	K8	岗位工资（元）
		净产量	人均产能	交货延误		内返率	外返率	客户投诉		核心人员意愿流动	团队培训	
				a 线	b 线			一般	重大			
岗位工资薪酬结构	月薪权重	25%	14%	12%	6%	8%	10%	8%	6%	4%	7%	7000
	金额	1750	980	840	420	560	700	560	420	280	490	
	BEP	66000	175	20	68	0	0	10	2	12	8 小时	
	正激励	每多 1 加 0.8	每多 1 加 80	每多 1 加 100	每少 1 加 70	每少 0.01% 加 5	每少 0.01% 加 20	每少 1 加 100	每多 1 加 200	每少 1 加 40	——	
	负激励	每少 1 减 0.6	每少 1 减 60	每少 1 减 100	每少 1 减 70	每多 0.01% 减 6	每多 0.01% 减 25	每多 1 减 100	每多 1 减 200	每多 1 减 70	每少 1 小时减 100	
相关说明		（略）										

（二）某连锁企业岗位 KSF 方案（摘要）

被考核人		部门		岗位			考核人		
基础工资		岗位工资		绩效工资			填报时间		
指标		K1	K2	K3	K4	K5	K6	K7	K8
薪酬结构	薪酬权重								
	占比金额								
	盈亏平衡点（BEP）								
薪酬说明	正激励								
	负激励								
	说明								
	目标依据								
	计算公式								
	数据来源								
薪酬测算	最高数据								
	正激励金额								
	最低数据								
	负激励金额								

【实践点评】

盈亏平衡点（BEP）的寻找是 KSF 模式的一个难点，实施 KSF 模式的企业一定要投入大量的精力进行价值提取、数据分析、BEP 确认、激励设计、数据测算并达成共识。

通过研读上表，可以发现 KSF（薪酬全绩效管理模式）的一些特点。

（1）做好工作分析，结合岗位实际，合理分解绩效指标及设计标准，可以实现“同岗不同酬，多劳多得”。

（2）将绩效管理与薪酬管理融合在一起的前提是岗位价值评估过程及结果被员工所认可，并且薪酬等级标准及结构分解明晰，涉及岗位 KSF 绩效指标提取的过程、标准的确定、结果的透明、数据的真实等能够保证的话，是可以实现薪酬“不需要保密机制，公开、公平、透明”的。其实，有管理体系和企业文化做支撑的话，薪酬就无需保密——公开透明，这样做激励效果更佳。

（3）KSF（薪酬全绩效管理模式）在设计过程中应重点考量 BEP，如果企业有基础数据和管理标准化程度方面的支撑，那么可以通过绩效与薪酬的强融合，对绩效指标进行量化，不能量化的进行细化，基于 BEP 的绩效评价是可以实现业绩越高，薪酬越高，达到薪酬“强调高弹性，与绩效及价值直接相关”的效果的。BEP 的确定应该对企业历史及同期的数据做对比分析，取一个保证公司利润点以及员工能接受的目标是达成共识、实现双赢的关键。

（4）因为具有“高弹性”，所以员工实现的绩效越好，获得的薪酬就越多；如果企业能像海尔 OEC 管理模式“日清日高”进行数据沉淀和标准固化提升，那么单位时间内员工创造的价值会呈现螺旋上升的状态，薪酬自然就会进入自动增长的空间，实现“在机制框架内，薪酬有持续自动增长力”的状态。

（5）KSF（薪酬全绩效管理模式）改变了传统绩效管理的基本模式——将薪酬管理的“绩效工资”部分的浮动占比与绩效结果挂钩，而是直接采用 KSF 原理来分解与岗位工作相关的所有职责、动作、行为等标准，在有数据支撑的情况下，确定每个 KSF 的 BEP，更容易实现“员工收入、个人价值、企业效益保持平衡及一致”。

（6）员工如果认可了基于岗位 BEP 及 KSF 的绩效管理方法，在预算管理、数据应用及 K 值（业绩目标）都能实现的情况下，是可以实现“员工为自己而做，认可利他共赢”的。

KSF（薪酬全绩效管理模式）设计是基于 KSF 原理进行“价值分割，薪酬分块”，通过绩效指标实现的结果，分块给予正激励或负激励，合理调节薪酬收入。KSF 同样适用 SMART 原则，即 Specific（明确的）、Measurable（可测量的）、Relevant（相关联的）、Time-related（有时限的），但“A”不仅仅是“Attainable（可实现的）”，还包括“Aspirational（有挑战性的）”。KSF 的出发点是鼓励员工在 BEP 上设置有挑战甚至超出自己能力范围的目标。

KSF（薪酬全绩效管理模式）实施的步骤包括战略梳理、目标分解、工作分析、价值提取、数据分析、平衡点（BEP）确认、激励设计、数据测算、达成共识和自我核算等。设置 KSF 的周期时，要确保该周期与企业运营管理的节奏和企业文化相匹配。

KSF（薪酬全绩效管理模式）如果设计得当，准确找到平衡点（BEP），并将员工薪酬与 K 值（业绩目标）直接挂钩，并根据实际业绩完成情况分别给予正负激励，更容易让员工理解，这比大部分 KPI 考核只关注结果的激励性要高，而且更公平、合理。KSF 模式的实施环境与 KPI 实施环境是一样的，都需要有客观的工作分析、合理的业绩目标确定，都需要提取 K 值（业绩目标需要哪些 K，需要向哪些方向努力），无论是 KSF 还是 KPI，都要致力于岗位更聚焦的 K 值当中，过多、过滥以及拼凑的 K 值是没有意义的；其关键是 K 值要找得准，方向要找得对，一旦 K 值找错了，方向跑偏了，员工的努力就全部白费了，企业管理的预期效果就很难实现了。KSF 模式的根本核心类似将员工薪酬收入的 80% ~ 90% 设计成“浮动绩效工资”，使员工的薪酬浮动区间变得更大，干得好拿得更多，干得不好扣得也更多。但每一个 K 值奖多少、扣多少才能在这个平衡上实现企业与个人的双赢，必须要准确，并获得企业内部的一致认同，否则会流于形式，甚至适得其反。对企业而言，BEP 一定要找准，否则越奖企业越亏，实现不了激励效果。因此，企业一定要有全面预算管理系统做支撑，对企业基础财务数据、管理数据的收集、汇总和分析等的要求要高。

KSF（薪酬全绩效模式）比较适用于企业岗位对员工文化要求不高，除了初期设计之外无需和员工做太多解释性的服务类、零售类或者其他小微制造加工型等中小企业。

二、PK 机制

“PK”一词源于网络游戏中的“Player Killing”，后引申发展为“对决”“挑战”等含义，而后在企业管理中被广泛应用。从严格意义上说，PK 是绩效管理的一种思想，而不是工具。PK 的目的就是通过各种形式的 PK 活动来挖掘员工的潜能，让员工发自内心地去主动实现业绩目标。电商企业和连锁企业纷纷引入 PK 机制，都取得了良好的激励效果。

PK 机制或 PK 文化的建立就是让所有员工用结果去证明自己的能力，是一个让强者更强、弱者变强的过程。让员工参与内部竞争并关注荣誉的过程，其核心不在于输赢而在于成长。在企业日常管理活动中，目标经量化后都可以导入 PK 机制，采用各种形式进行

PK，驱动团队成长。

建立 PK 机制时要做到四点：① PK 规则要简单，其指标应尽可能量化，不能量化的要细化；PK 时需要签订 PK 合约，约定 PK 周期、PK 指标及 PK 激励措施；②要有明确的激励措施，激励奖励要及时兑现，奖励方式可以是多样化的，如现金、荣誉证书、奖杯、实物、就餐等；③参加 PK 的人员或团队的条件要对等，应相对公平；④ PK 周期不宜太长，基层以周度或月度为主，中层以月度或季度为主，高层以季度为主，PK 周期过长时要对其进行分解。

PK 的方式分为：正 PK，即业绩低的人或团队挑战业绩高的人或团队，PK 内容多为名次上升、递增比率，以及买码；反 PK，即业绩高的人或团队挑战业绩低的人或团队，PK 内容多为名次不变或上升、递增水平的保持。需要注意的是，涉及现金赔付时，若在反 PK 中输了，一般会加大赔付比例。另外，还有团队 PK、抱团 PK 及对赌式 PK 等，PK 时要注意 PK 的指标和激励标准。

实施 PK 机制时，企业一定要注意营造 PK 的氛围。

（1）定期公布业绩、关键指标完成情况，特别是在进行销售团队 PK 时，每天或每周公布 PK 结果，上看板，比如电商企业在“双十一”期间可以采用小时制进行数据公布。

（2）标语激励。制作和张贴各种标语口号，宣传是组织管理不可缺少的手段。

（3）召开 PK 启动大会，做好预热工作，做好培训和宣传工作，尤其是管理人员和重点岗位员工。避免 PK 只停留在团队负责人层面，否则就失去 PK 的意义了。

（4）晨会宣传，晚会总结。团队负责人要不断地进行引导和灌输，围绕 PK 目标进行每日宣传和总结。

（5）进行 PK 复盘，也就是很多企业做的总结会。总结分为部门总结、小组总结、个人自我总结、每月绩效总结、每周绩效总结等，总结时要用数据说话，分析出数据背后的因果关系。

（6）建立心理激励机制、文化机制，注意冠军情结，要用感恩的思想不断引导团队成长。

选择 PK 种子选手时要做到：找到业绩排名第一的员工，要求其他员工挑战他；找出企业最具代表性的几组员工或团队，安排其互相 PK，并要求其他员工参与 PK；说服业绩排名后三名的员工挑战业绩排名前三名的员工（注意，排名后三名的员工只要有进步，企业都要在整体业绩激励上给予补偿或激励）；企业一把手要亲自参与 PK，与全企业同比业绩进行 PK。最终的 PK 机制的形成一定是天天 PK 士气、业绩和成长；周周 PK 士气和业绩；

月月 PK 业绩和组织氛围。

绩效管理不是一份考卷，而是一种管理理念、管理思想与管理哲学，它所包含的各种考核方法和配套措施是很好的管理工具，最终受益的是企业和员工。企业必须营造一个管理者与员工学绩效、懂绩效，自觉使用绩效管理工具，企业上下积极倡导绩效文化的氛围。

三、绩效管理工具对比

无论是 BSC、KPI、OKR、PBC 还是 360 度反馈等，每个绩效管理工具都有其独特的管理理论，其本质上都是相接近的，只是有的绩效管理工具偏向于促进员工行为，有的绩效管理工具偏向于促进工作产出。我们在此将相关绩效管理工具做一下总结对比，相关对比仅仅是企业在实践过程中存在的一些特征或表现，特别是在应用方面，只是体现了目前相关绩效管理工具正在实施的一些企业或行业的状况，并不是工具本身的状况。绩效管理工具的应用范围不应受到限制，之所以有所谓的行业限制，只是因为还没有真正弄清工具本身的内涵，未能真正认识工具。例如，大部分人都认为 OKR 适用于互联网企业，而 OKR 之所以在互联网企业风靡，不外乎是行业相通、人才流动导致的跟风局面，绝不是 OKR 自身如此。其他绩效管理工具也一样，只要回归常识，重新定义，每一个绩效管理工具都会为企业的发展做出应有的价值。各绩效管理工具的对比如表 3-15 所示。

其他诸如红绿灯考核法、葡萄图考核法基本上都是用颜色来表示工作目标或工作业绩的完成情况。例如，红绿灯考核法规定，红色为超过规定时间没有按规定要求、标准完成工作任务；黄色为规定时间的进度（起止时间），表明工作任务在进行中；绿色为已按规定要求、标准完成该项工作任务。葡萄图上每颗葡萄的颜色由考核内容的完成情况决定，白色代表该员工当天休息或休假；红色代表工作绩效极差；黄色代表工作绩效不足；绿色代表工作绩效合格；蓝色代表工作绩效良好；紫色代表工作绩效出色。有些企业在实施 OKR 管理时，会以部门为单位每周进行 OKR 执行回顾（公司级 OKR 回顾周期是每两周）。OKR 执行回顾包括报告进展情况、识别障碍、改进关键结果（补救计划）等，同时还可用视觉辅助工具来显示目标和关键结果的进展，主要包括继续、更新、新增、停止四个选项，以及顺利（绿灯）、基本顺利（黄灯）、延迟（红灯）三种状态。

红绿灯考核法其实是个管控系统，是针对跟踪过程与结果的视觉管理模式，广泛应用于重点计划管理、项目进度管理、会议决议管理、费用预算管理及关键事件管理中。葡萄图考核法多用于生产看板管理中，其目标是使员工考核日常化、客观化、数字化、公开化

表 3-15 各绩效管理工具的对比

绩效管理工具	平衡计分卡	关键绩效指标	目标与关键成果	关键成功因子	经济增加值	全方位评价	个人业绩承诺	积分制
简称	BSC	KPI	OKR	KSF	EVA	360 度反馈	PBC	PS
定位	战略目标层层分解，转化为相互平衡驱动的指标体系	衡量绩效的关键的、具体的量化指标	目标管理工具，通过目标分解，驱动员工朝着共同的目标努力	员工价值管理工具，融合绩效与收益	从企业价值增值出发，度量的是“资本利润”，不是“会计利润”	基于胜任力的胜任能力评价	以战略和经营目标为基础而层层分解目标和工作的考核方式	进行全方位的量化考核，解决定性不可量化、量化不科学的问题
理念	从多维度对绩效进行测评	根据目标、预算、流程，确定具有挑战性的目标	着重管理而非考核，关注目标，关注重要的事情，强调驱动目标的关键结果	强调绩效改进，致力于员工收入的平衡	实现股东价值最大化	从多个角度对胜任能力进行评价	一种围绕业务进行的考核管理工具	用分值的形式对能力和综合表现进行全方位的量化考核
优点	强调维度动态平衡；目标间相的互联系；战略—计划—预算—考核无缝衔接	基于“20/80”法则，聚焦关键目标和指标；与战略、预算形成 PDCA 闭环系统	进行目标分解，形成计划；对重要目标、过程进行管控，充分调动员工的创造力，强调环境适应性	各级人员都参与到运营，实现绩效、利益、创造力的相互驱动	在衡量股东价值贡献时，充分考虑“资本成本”	全面的信息反馈有助于能力的提升，避免传统的考核误区	专注于业务的完成。重计划绝非一成不变。员工自我制定目标找到较为合适的方式	增强执行力，解决平均主义问题，规范定性评价标准
缺点	不能独立运行，必须与 KPI、KSF 等相结合	重考核，重激励，做减法，增压力，员工抵触，指标缺乏逻辑关系，数据易造假	焦点在过程和关键点，缺少激励；未解决战略与年度目标之间的逻辑问题，易造成“战略近视”	数据难清晰、大格局小心态，缺乏战略远见	没有提供战略管理平台；忽略利益相关者的平衡	成本高、难度大，必须与 KPI 相结合	对主管要求高，对员工的关键事件能够观察记录，对其沟通、绩效辅导能力要求高	需要信息化支撑，全面推行时评价分值量化困难，数据易造假
运用	适用于高层管理岗位、大型企业；中小型企业需简化	适用于以目标、结果为导向的强势企业	适用于以项目制、创新型为主的企业	适用于中小企业的中层以下岗位	适用于高层管理岗位	适用于胜任力模型、任职资格体系完善的企业的管理层	适用于强调团队的企业	适用于任何企业的中层以下岗位
贡献度	★★★★★	★★★	★★★	★★	★★	★★★	★★★★	★★

和可视化。

绩效管理能否发挥作用，关键在于是否能系统地思考企业的问题并帮助员工解决组织系统的缺陷，减少绩效目标的不可控性。如果仅强调员工对绩效指标的责任，而不能为员工提供资源，解决企业组织管理层面的问题，那么绩效管理就违背了初衷，将得不到员工的认可，更得不到预期效果。

绩效管理的根本目的是实现战略目标。在选择绩效管理方法时，需要对行业环境、组织战略、组织结构、团队特征、企业文化等各个方面进行综合考虑，选择适合企业的方法才是有效的，盲目追求流行的工具、方法将会为管理带来混乱，阻碍企业发展。

【管理知识】

在管理实践中，每一位管理者都无须纠结使用哪些绩效管理工具，更不能跟风追热，要回归管理的本质——基于组织战略、企业文化、管理流程、岗位分析及团队建设的实际，将每一个绩效管理工具的本质提炼出来，从实际出发，不断为工具赋能，实现组织的战略目标和高绩效。

第四章

绩效管理运行实践

绩效管理可以说是所有优秀的企业已经成功运用的一个有效的、科学的管理手段，其核心在于把企业战略目标分解到各个部门和岗位，并对每一个员工 / 团队的工作绩效进行管理、驱动和改进。很多管理者一直将绩效管理与绩效考核相混淆，提到绩效管理就认为是绩效考核，其实绩效考核只是绩效管理过程中的一个环节。绩效管理是一个战略解码—目标计划—过程监控—绩效考核—绩效应用—绩效改进的螺旋上升、持续改进的过程，绩效考核只是对于阶段性工作成果进行认定。认为绩效考核就是绩效管理的全部，必然会带来不理解、执行难，最终导致绩效考核流于形式，管理成本增加。绩效管理与绩效考核的对比如表 4-1 所示。

表 4-1　绩效管理与绩效考核的对比

绩效管理	绩效考核
绩效管理是一个完整的系统	绩效考核只是绩效管理系统中的一部分
绩效管理是一个过程，注重过程的管理	绩效考核是一个阶段性的总结，注重结果评价
绩效管理具有前瞻性，能够帮助企业前瞻性地看待问题，有效规划企业和员工的未来发展	绩效考核是回顾过去某一个阶段的成果，不具有前瞻性
绩效管理有着完善的计划、监督和控制的手段和方法	绩效考核只是提取绩效信息的一个手段
绩效管理注重能力的培养	绩效考核只注重绩效的好坏
绩效管理能够建立管理者与员工之间的绩效合作伙伴关系	绩效考核使管理者与员工站到了对立面，距离越来越远，甚至会制造紧张气氛和关系

绩效管理的最终目标是改进组织绩效，而不是为了控制而考核，更不是为了激励而考核。每一位管理者都应当遵循完整的绩效管理动态过程。

绩效管理是一个循环的动态的系统，各环节紧密联系、环环相扣，任何一个环节的脱节都将导致绩效管理的失败，所以在绩效管理过程中应重视每个环节的工作，并将各个环节有效地整合在一起，力求做到完美。哈罗德 · 杰宁曾说："我相信商业世界中有一条亘古不变的真理，文字只是文字，解释只是解释，承诺只是承诺，唯有绩效才是现实……只有绩效才能让你自由发展。"

企业过去是靠什么取得成功的，决定它成功的核心能力因素是什么？使企业过去成功的核心因素是否会持续地使我们走向成功？是否其中的一些因素已经成为我们进一步走向成功的障碍？当我们审视未来成功的影响因素时，我们还缺乏什么？我们有可能具备吗？

以上这些问题是进行绩效管理时必须回答的问题。要想有效地回答这些问题，就必须客观地认识绩效管理是“管理过程”的观点。这是因为在企业管理过程中，许多绩效并不一定是由员工的行为直接产生的，也可能有与工作没有紧密关系的其他影响因素存在；对绩效的一味追求可能会忽略产生业绩的过程中某些个体无法控制的原因……因此，绩效管理的有效运行是每个管理者和每个员工在绩效管理体系中必须承担的责任和义务，也是绩效管理体系（见图 4-1）成功的关键。

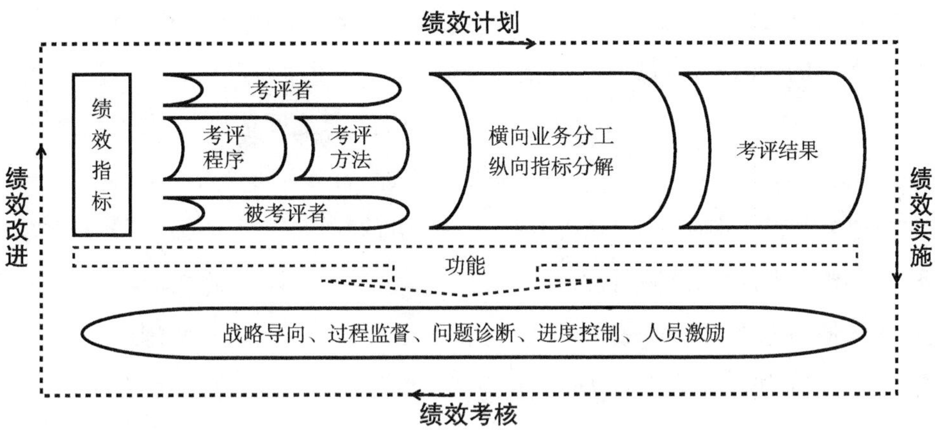

图 4-1　绩效管理体系

绩效管理系统不仅仅是战略解码和流程再造，更不仅仅是指标提取、体系设计和工具选择，还包括如何运行好上述内容，最终实现组织战略及绩效目标。在绩效管理过程中，很多企业容易忽视绩效管理的运行，导致绩效管理不理想，甚至是走形式。如果说战略解码、指标提取、工具选择是绩效管理的制度保障的话，那么绩效管理运行就是绩效管理的流程保障。从法律的角度看，实体法的主要功能在于规定和确认权利和职权以及义务和责任。程序法的主要功能在于及时、恰当地为实现权利和行使职权提供必要的规则、方式和秩序。实体法和程序法在整个制度体系中缺一不可。绩效管理运行就是绩效管理的程序法。

第一节　绩效沟通实践

一、绩效沟通

绩效管理成功与否，关键在于过程管理能否发挥效用。绩效沟通是实现战略目标、进行有效激励和能力提升以及绩效改进的有效手段，如果企业没有进行绩效沟通，那么将直接影响绩效管理的效果。良好的绩效沟通能够及时排除障碍，最大限度地提高组织绩效。绩效沟通可以使目标更加明确，少走弯路；可以使上下级之间达成共识，减少猜忌；可以增进彼此的理解，改善人际关系；可以获取更多的信息，寻求支持。

绩效沟通分为正式沟通和非正式沟通，以及上行沟通和下行沟通。正式沟通包括书面报告、电子文档、文件资料等间接方式，以及口头汇报、会议交流、座谈、面谈等直接方式。非正式沟通的方式相对随意和灵活，包括走动式管理、开放式管理、工作间歇沟通、非正式会议或场所沟通等。上行沟通多采用“门户开放政策”、意见建议箱、工作汇报等方式，自下而上地进行沟通。下行沟通多采用命令、文件、指示等方式，自上而下地进行沟通。

绩效沟通常用技巧主要有：建立和维护沟通频次；清楚地说明沟通的目的；实施双向沟通（很多时候企业采取文件、通知的方式进行沟通，这看似是双向沟通，其实是单向沟通，一定要打通向上沟通渠道，比如制度文件征求意见稿、制度文件实施过程中的问题收集和反馈等）；适当做好沟通记录，尽量针对相关问题制定有效的措施；避免对立和冲突；集中在绩效上而不是性格上（虽然现实中有管理者喜欢用九型人格、MBTI 及 DISC 等测评工具去判断员工的性格类型，但要注意，性格测评结果只能作为辅助和参考）；不能仅谈过去的绩效，更要着眼于未来的发展；对管理系统和员工的评价要优缺点并重，不能刻意回避缺点；问题诊断和辅导改进并重（针对绩效管理系统，在改进时，可以借助第三方机构参与改进和再设计；针对员工制定有针对性的辅导措施，如培训、资源支持、指定导师等）；沟通时还要注意情绪和态度，这是所有沟通的前提和关键。

【管理实践】

某多元化企业集团绩效管理体系（摘要）

……

（二）绩效面谈要求

绩效面谈是考核主体与被考核人就绩效改进和能力提升所进行的沟通，沟通时应做到：

（1）让被考核人了解自身工作的优点、缺点；

（2）让被考核人发现自己在上一阶段工作中的不足，确立下一阶段工作的绩效改进点，并对下一阶段工作的期望达成一致意见；

（3）讨论制定双方都能接受的书面绩效改进和培训计划。

管理人员下一考核周期的考核内容由公司绩效与薪酬管理委员会审定，交考核主管部门存档；其他员工下一考核周期的考核内容由员工所在部门审核，报人力资源部备案。

（三）绩效面谈实施细则

绩效面谈是绩效考核过程中的重要环节，通过绩效面谈可实现考核主体与被考核人之间的有效沟通，便于被考核人了解自身不足、考核主体表达业绩期望，最终促进被考核人绩效的提高，实现绩效考核的目的。

1. 绩效面谈原则

（1）S（Specific）：直接而具体。

（2）M（Motivate）：双向沟通，鼓励员工多说。

（3）A（Action）：仅涉及工作绩效，不涉及员工个人性格。

（4）R（Reason）：指出员工不足之处，不需要批评。

（5）T（Trust）：建立信任，没有信任就没有交流。

2. 绩效面谈目的

（1）通过绩效面谈使员工了解自己在本绩效周期内的绩效是否达成预定目标，行为态度是否合格，并使双方对评估结果达成一致看法。

（2）考核主体与被考核人探讨绩效未合格的原因所在，并制订绩效改进计划。

（3）通过绩效面谈，管理者向员工传递组织的期望。

（4）双方对下一个绩效周期的绩效目标进行协商，形成个人绩效共识。

3. 绩效面谈准备

（1）考核主体应做的准备如下。

① 选择适当的面谈时间和地点。

② 熟悉被考核人的评估资料。

③ 确定面谈的程序和进度。

（2）被考核人应做的准备如下。

① 对自己在本绩效周期内的工作业绩进行回顾，准备好证明自己绩效的证据。

② 对自己的职业发展有一个初步的规划，并客观分析自己的优缺点和能力素质。

③ 准备好向管理者提问，解决自己工作过程中的疑惑和障碍。

4. 绩效面谈实施

（1）初始性目标沟通的步骤如下。

① 营造一个和谐的沟通氛围。

② 说明沟通的目的。

③ 逐个沟通所有工作目标。

④ 要求对方做出对于目标的判断和认同。

⑤ 对方就实现目标提出设想及资源需求。

⑥ 约定第一次检查的时间。

⑦ 双方达成一致并签字确认。

（2）目标检查沟通步骤如下。

① 营造一个和谐的沟通氛围。

② 说明沟通的目的、步骤和时间长度。

③ 根据每一个工作目标，评价完成情况。

④ 分析成功或失败的原因，指出改进方向。

⑤ 讨论具体的改进方法及新的阶段目标。

⑥ 约定再检查、评估的时间。

⑦ 双方达成一致并签字确认。

（3）绩效反馈面谈步骤如下。

① 营造一个和谐的氛围。

② 说明沟通的目的、步骤和时间长度。

③ 讨论每项工作目标的考核结果。

④ 分析成功或失败的原因。

⑤ 与被考核人讨论考核结果。

⑥ 与被考核人围绕培训开发、个人发展进行专题讨论。

⑦ 对被考核人提出的需要上级给予支持和帮助的问题进行讨论，提出具体的建议。

⑧ 双方达成一致并签字确认。

5.GROW 绩效辅导

（1）目标（G：Goal）——建立目标

① 今天主要想谈些什么？

② 你希望谈出什么样的结果？

③ 我们应该如何确定目标？你怎么看？

④ 目标是积极、有挑战性而且可达成的吗？你会如何衡量？

⑤ 你想何时达成目标？

⑥ 你对目标的个人控制力有多大？

⑦ 有什么样的里程碑？

（2）现实（R：Reality）——了解现状

① 现在情况怎么样？发生了什么？

② 为解决问题，你采取了哪些措施？结果怎么样？

③ 请举例证明你的判断、想法。

④ 还有谁也涉及了？

⑤ 你如何评价现状？你会给出多少分？

（3）选择（O：Options）——讨论沟通

① 我们该怎么解决这个问题？

② 有什么选择吗？还有其他选择吗？

③ 你觉得别人会怎么做？

④ 我可以提个建议吗？

⑤ 我以前见过别人在这种情况下……，你觉得对你有启发吗？

⑥ 还有谁能帮忙？

（4）意愿（W：Will）——达成意见

① 接下来你打算怎么办？

② 在这些方法中，你倾向于哪一种？

③ 什么时候开始？什么时候做完？

④ 除了你以外，还需要谁的帮助？

⑤ 你觉得会有什么样的困难和阻力？你打算如何面对？

⑥ 我们之间需要如何沟通跟进？

6. 绩效面谈注意事项

（1）双方应营造一个良好的沟通氛围。

（2）在每次绩效面谈之前应让被考核人对个人的绩效进行正式的自我评价。

（3）考核主体应明确指出被考核人的成绩、不足及需要改进之处，并关注被考核人的意见，进行详细记录，鼓励被考核人主动提出建议。

（4）考核主体不应吝啬赞扬，通过赞扬肯定员工的业绩是重要的精神激励。

（5）对于被考核人提出的问题应坦诚解答。

（6）对于被考核人在实现工作目标过程中的疑惑和障碍应该积极解决。

（7）讨论每个具体的目标、任务，达成一致。

（8）就行动计划和所需要的资源、支持达成共识，双向承诺，实现双赢。

（9）绩效面谈的重点在于解决问题、提高绩效，应尽量少批评，多鼓励。

（10）避开无关的话题和情绪化题目。

（11）双方应协商制定具体的绩效改善目标，然后确定检查改善进度的日期。

（12）面谈结束后双方应填写“员工绩效面谈表”，并且上级应协助直接下级制定《绩效改进计划书》，并就下期应实现的业绩目标达成一致。

（四）员工绩效面谈表

<table>
<tr><td>姓名</td><td></td><td>部门</td><td></td><td>岗位</td><td></td><td>面谈人</td><td></td></tr>
<tr><td colspan="8">一、绩效回顾</td></tr>
<tr><td colspan="8">（请简要回顾此次考核周期员工所完成的重要工作或项目）</td></tr>
<tr><td colspan="8">二、绩效达成</td></tr>
<tr><td colspan="8">（请说明员工绩效达成状况及影响因素）</td></tr>
<tr><td colspan="8">三、能力评价</td></tr>
<tr><td colspan="8">（请说明员工的能力状况）</td></tr>
</table>

（续表）

<table>
<tr><td colspan="6">四、绩效提升计划</td></tr>
<tr><td colspan="6">（请在此处中填写员工下阶段的绩效提升计划及支持共识）</td></tr>
<tr><td colspan="6">五、面谈人意见</td></tr>
<tr><td colspan="6">（请在此处填写面谈人对本次评价的总体意见）</td></tr>
<tr><td colspan="6">六、员工意见</td></tr>
<tr><td colspan="6">（请在此处填写员工对本次评价的总体意见）</td></tr>
<tr><td>员工签字</td><td></td><td>面谈人签字</td><td></td><td>面谈时间</td><td></td></tr>
</table>

【管理实践】

某地产企业集团绩效管理制度（摘要）

1. 甄别和申诉

（1）为保证考核的公正性，人力资源部对各部门提交的考核结果做有效甄别，重点是对各部门的绩效分为1.2分和0.8分的员工进行确定。对考核等级比例没有做到强制排序要求的应进行强制调整。

（2）员工对绩效考核结果或执行过程有异议的，可与其考核人沟通解决，若经沟通仍有异议者，可越级申诉或向人力资源部经理申诉。申诉一经确认有效，公司可根据具体情况调整申诉人及被申诉人的考核结果。

（3）申诉内容包括不与员工进行应有的绩效面谈；未事前明确目标和标准；未将考核结果及时反馈给被考核人；拖延考核；考核结果缺乏客观性、公正性，等等。

2. 跟踪和评估

（1）人力资源部设绩效考核主管，由其对考核过程进行督导，帮助员工解答考核过程中的疑问，对管理人员的考核提供技术方面的支持，必要时对考核的指标、标准进行调整。

同时，对各部门的考核情况进行评估，评估结果作为部门考核的指标之一。

（2）考核评估的依据和手段包括考核质量、申诉情况、调查问卷结果、员工访谈以及员工提交的“绩效面谈纪要”等。

3. 绩效面谈

（1）绩效面谈的目的：通过坦诚的沟通，让被考核人了解自己工作的目标和标准，消除对考核的误解；让考核人了解下属的需求和困难，以便正确有效地引导员工。

（2）绩效面谈的频率：考核人与被考核人应每月进行至少两次详细的绩效面谈。因各种原因不能及时进行绩效面谈的要使用其他形式沟通，务必明确目标，消除分歧。

（3）面谈内容：对被考核人上月工作、行为的评价以及考核的标准，未来公司、部门以及被考核人的工作目标；肯定过去的成绩，指出员工工作中出现的问题以及改进的方法；了解被考核人的困难及其对上级、公司的支持性需求。

（4）面谈记录：绩效面谈结束后，考核双方须向人力资源部提交简要的面谈纪要，说明面谈的内容、效果。纪要内容将作为评估考核人以及相应部门成绩的依据。

【管理实践】

某制造企业绩效管理手册（摘要）

……

5.2　绩效沟通辅导

5.2.1　绩效沟通辅导的工作方式

（1）绩效沟通辅导不应限于在一些正式的会议上，要强调工作中的直接交流。

（2）随着目标的实现过程，绩效沟通辅导应该是连续的。

（3）明确并加强对实现目标的期望。

（4）在辅导过程中既要对员工的成绩予以认可，又要对员工施加推动力。

（5）从员工处获得反馈并直接参与。

（6）针对结果目标和行为目标进行辅导。

5.2.2　绩效沟通辅导应达到的效果

（1）员工能够描述自己所要达成的目标（或实现的业绩）。

（2）员工能够对自己所要达成的目标进行评估，明确实现目标所需要付出的努力。

（3）管理者为员工对所要达成的目标提供支援，帮助其实现目标。

（4）双方根据现实情况及时修正目标，朝着实现目标发展。

5.3 绩效指标调整

（1）绩效指标和目标一经确定后，原则上一般不予调整，当公司经营内外部环境发生重大变化以及公司出现重要的临时性工作任务时，绩效合约的内容可进行相应调整。

（2）部门经理绩效指标调整：部门经理填写“绩效指标调整申请表”，向主管领导提出绩效目标调整申请，主管领导审核通过后，提交绩效考核委员会审批，确定调整范围，对原“绩效考核表”进行调整，由人力资源部备案。

（3）一般员工绩效指标调整：员工填写“绩效指标调整申请表”，部门经理审核通过后对原“绩效考核表”进行调整，人力资源部备案。

【实践点评】

管理者与员工在共同工作的过程中，应围绕绩效目标、绩效标准、绩效管理全过程、绩效改进和提高等与绩效管理有关的信息进行频繁沟通。

进行绩效沟通时，针对不同的人群，所采用的沟通方式是有差异的：对优秀的员工，以鼓励为主，但不可轻易承诺；对一直无明显进步的员工，以分析原因为主，深入剖析；对绩效差的员工，要具体问题具体分析；对资深员工，以肯定其过去的成绩为主，鼓励其适应公司发展；对雄心勃勃的员工，要适当地泼冷水；对不善于沟通、内心沉默的员工，以开放式问题为主，引导其参与沟通；对脾气暴躁、容易发火的员工，尽量回避争辩，鼓励其寻找自己的不足，等等。绩效面谈是绩效沟通过程中一个重要的环节，对诊断绩效管理流程、绩效指标、绩效标准、绩效结果应用，甚至是绩效改进都起着至关重要的作用。

在进行绩效面谈时要注意遵守SMART原则：S（specific），即直接而具体；M（motivate），即双向沟通，鼓励员工多说；A（action），即仅涉及工作绩效，不涉及员工个人性格；R（reason），即指出员工不足之处，不需要批评；T（trust），即信任，没有信任，就没有交流。SMART原则在不同的场景下内容是有差异的。

沟通贯穿于绩效管理的全过程，除了要进行目标计划及过程跟踪沟通，还要重视绩效申诉沟通机制的构建。绩效管理必须构建两个沟通机制：一个是绩效管理诊断机制，不断检核企业绩效管理系统存在的问题，对系统进行改进和优化；另一个是绩效管理沟通机制，从战略解码、指标提取、标准设计、数据来源、考核流程、考核结果、绩效改进、绩效应用、绩效申诉等方面进行持续不断的沟通，其中最关键是绩效申诉。

【管理实践】

某多元化企业集团绩效管理体系（摘要）

1. 绩效申诉

被考核人若对考核结果有异议，双方应沟通解决；不能妥善解决的，被考核人应在收到反馈后3个工作日内对考核结果提出异议，并按绩效申诉流程要求向人力资源部书面提交“员工绩效评估申诉表”。

2. 申诉受理

人力资源部接到员工申诉后，应对申诉内容进行调查，并在3个工作日内做出是否受理的答复。经调查，对于申诉事项无客观事实依据，仅凭主观臆断的申诉不予受理。

对于人力资源部受理的申诉事件，由人力资源部对员工申诉内容进行调查，并与相关人员进行协调、沟通，填写“员工绩效评估申诉表”。不能协调、沟通的，由人力资源部提出处理意见，并上报绩效与薪酬管理委员会进行审查，做出最终决定，然后由人力资源部负责将结果反馈至申诉人。

3. 员工绩效评估申诉表

<table>
<tr><td>申诉人</td><td></td><td>部门</td><td></td><td>岗位</td><td></td><td>直接上级</td><td></td></tr>
<tr><td colspan="8">一、申诉内容</td></tr>
<tr><td colspan="8">

</td></tr>
<tr><td colspan="8">二、申诉理由</td></tr>
<tr><td colspan="8">

</td></tr>
<tr><td colspan="8">注：以上部分由申诉人填写，以下由申诉受理人等填写</td></tr>
<tr><td colspan="8">三、申诉调查情况</td></tr>
<tr><td colspan="8">

人力资源部调查人签字：</td></tr>
<tr><td colspan="8">四、申诉处理结果</td></tr>
<tr><td colspan="8">

</td></tr>
<tr><td colspan="8">五、申诉人部门负责人意见</td></tr>
<tr><td colspan="8">

</td></tr>
</table>

（续表）

六、人力资源部意见					
七、绩效与薪酬管理委员会意见					
八、绩效申诉反馈					
申诉人		反馈人		反馈时间	

4. 绩效考核申诉流程

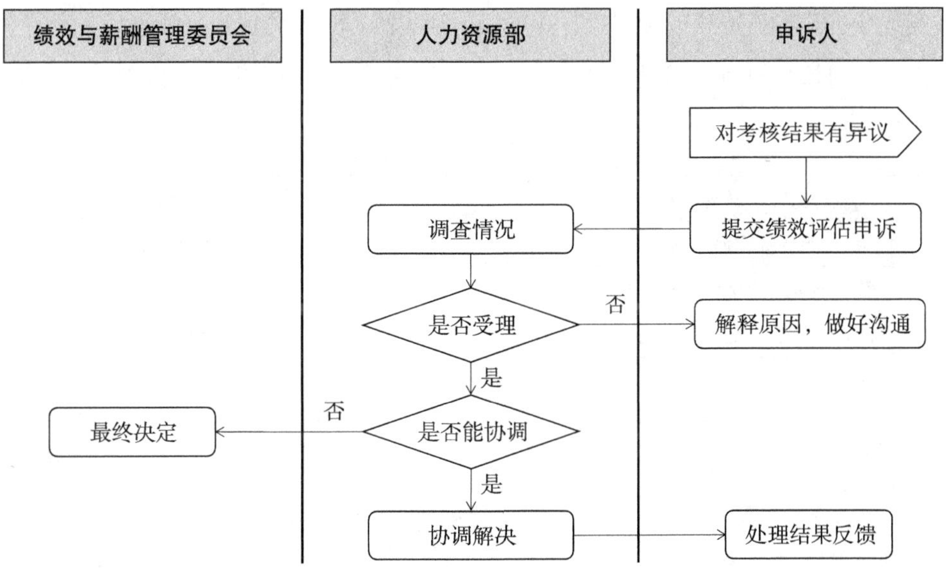

【实践点评】

优秀的绩效管理强调的是企业内部必须实施双向沟通机制。绩效沟通是绩效管理的灵魂与核心，是绩效管理过程中耗时最长、最关键、最能促进工作开展、最能产生效果的环节。

二、绩效沟通 CFR

沟通是企业管理过程中解决一切矛盾和纠纷的重要途径。任何一个团队都会存在组织冲突，有冲突就要解决。解决冲突最有效的方法之一就是沟通。持续性绩效管理是通过一种叫作 CFR 的管理工具来实现的：C（Conversation）代表对话，即管理者与员工之间进行真实的、高质量的交流，旨在对绩效提升起到驱动作用；F（Feedback）代表反馈，即团队之间面对面地进行双向沟通或通过媒介进行交流，以评估工作绩效进展情况并探讨未来的改进方向；R（Recognition）代表认可，即根据个体所做贡献的大小施以对等的激励。CFR 真实涵盖了绩效管理沟通的全部内容。在建设性绩效管理沟通中需要使用 BEST 模型：B（Behavior description）代表行为描述；E（Express consequence）代表表达后果；S（Solicit input）代表征求意见；T（Talk about positive outcome）代表着眼未来。

在实践中，沟通存在一个逻辑和八个问题。一个逻辑涉及事理与情理的关系；八个问题涵盖沟通的对象、时机、目的、方式、信息、观点、情绪和反馈八个方面（见表 4-2）。

表 4-2　沟通中的八个问题

是否已经了解沟通对象	是否整理完所需信息
是否能准确把握沟通时机	是否做到清晰地表达观点
是否确定了明确的沟通目的	是否仔细体察对方的情绪
是否选择了正确的沟通方式	是否引导对方有效反馈

【管理实践】

（一）某能源企业绩效管理手册——绩效面谈“FOSS”原则七步法

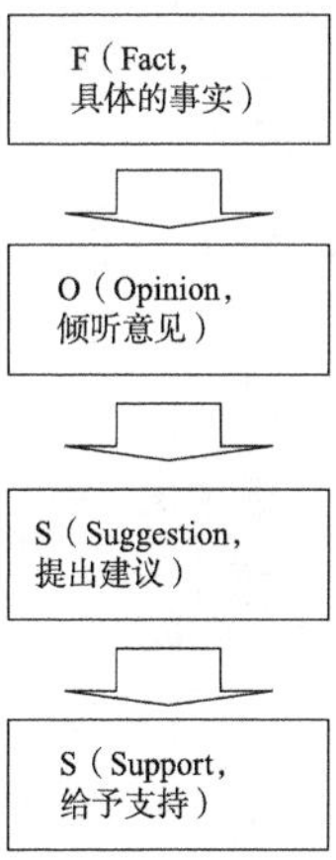

面谈准备	•使员工可以预先了解评价结果并予消化 •双方在资料、情绪和理性上做更多的准备
多问少讲	•80% 的时间留给员工，20% 留给自己 •在自己的时间内80% 用来发问，20% 用来“指导”
沟通多用“我们”	•明确记住，员工是在你的领导下而没有完成目标的 •让员工清楚他们在企业中的重要性，而并非没有思想
强调具体行为	•尽量客观陈述事实及自己的感受，而不是妄加评价 •明确指出错在哪里，好在哪里
对事不对人	•批评的目的在于指出错在哪里而不是谁出错了
集中在未来	•牢记绩效考评的目的主要是为了改善将来的业绩表现
积极结束	•让员工满怀积极信念地离开

绩效面谈“FOSS”原则七步法

（二）某制造企业集团绩效面谈指导手册（摘要）

1. 提问的方式

（1）开放式提问

开放式提问迫使管理者非回答不可，如“领导，如何提升我的绩效呢”“我想听一下你的意见”。开放式提问是最正确、应用最多的提问方式。

（2）封闭式提问

封闭式提问就是只允许回答“是”或者“不是”，如“领导，不知道我这样对不对”“领导，这个月的业绩受影响只是我的原因吗”。封闭式提问能够确认被考核者对某一事件的态度和看法。明确的提问，必然需要明确的回答。

（3）限定式提问

限定式提问是限定问题、限定问题的条件、限定问题的答案、限定时间、限定地点、限定员工的思维等。限定式提问在绩效面谈中比较常用。

2. 回答的方式

（1）直接式回答

有很多问题本身很简单，如果继续用简单的回答就解决了，就会缩短原本对面谈时间的计划。这种情况需要我们有积极的参与意识和努力提高面谈质量的意识及能力。直接式回答也就是直言不讳，比如下属问上级领导“我不知道这样做得对不对”，上级领导很明确地告诉他不赞成或赞成这样做。

（2）反问式回答

当有的问题你本身还没有结论或者你不愿意回答时，将问题反问回去是最好的方法。

（3）报告式回答

有很多问题的内容很大，一两句话回答不了，有的甚至需要长篇大论。

我们要问问题，就要弄清楚需要怎样回答。要回答，就要弄清楚对方问话的目的。

（三）某能源企业绩效管理指导手册（摘要）

……

5. 面谈技巧

技巧一：以友善的态度指出问题所在。

——态度要诚恳且心存善意。

——清楚明确地举证你所观察到的行为。

——清楚地说明你的见解并倾听对方的说明。

——对事不对人，以界定问题。

——取得共识。

技巧二：请员工协助解决问题。

——尊重个人。

——设身处地地为员工着想。

——打开心结，以取得共识。

技巧三：讨论问题产生的原因。

——征询员工意见，不可强迫认错。

——采用开放式问题来探究原因。

——总结与确认原因。

技巧四：研究解决方案。

——请员工自行设想解决方案。

——提供必要的支援与协助。

——提出建议并达成共识。

——取得书面承诺。

技巧五：拟订具体的行动计划。

——共同参与并以员工正确的意见为主。

——确认衡量指标与反馈方式。

——承诺奖惩方式。

技巧六：启发式工作。

——问题是什么，有何不利影响，不处理会如何。

——你打算怎么做，有什么计划方案，行动步骤如何。

——为什么这样做，是什么原因支持你采用这种方案。

——条件是否成熟，限制因素有哪些。

——有没有更好的做法。

——给予肯定或赞赏。

——请其补充说明。

——引导其说出正确的做法，取得承诺。

——激励士气。

技巧七：促成行动。

——明确下次讨论的时间。

——表示期待并进行激励。

——总结与再确认。

（四）某重工企业绩效面谈指导手册（摘要）

绩效面谈的整个流程可简单地概括为“一约二评三计划”。

第一步，约定面谈时间。

第二步，员工自评与上级评价。

第三步，制订改善计划与下个周期的工作计划。

1. 约定面谈时间，至少提前 1 日通知员工做好准备。员工上级提前确定面谈目的，规划员工下个周期的工作内容。员工准备面谈所需要的绩效合约、工作完成资料与其他辅助材料，并明确需要上级在哪些方面予以支持。

2. 进行员工自评与上级评价时，建议在安静、不易被人打扰的环境下开展。

2.1 开场。营造和寻求舒适的、开放的氛围，使被考核者心情放松，保证双方进行自由轻松的交流。

2.2 员工自评。简要汇报自己在评估周期的工作完成情况和能力素质提高情况，并对自评得分和自评依据进行说明。员工自评时上级要注意倾听，对不清楚之处及时发问，但不做任何评价。

2.3 上级评价。业绩评价：指出成绩和不足。能力评价：指出优势和劣势。根据事先设定的目标衡量标准进行评价，成绩和不足方面要呈现事实依据，先说成绩再说不足。

2.4 确认评估结果。经沟通后确定员工本周期的绩效结果。

3. 制订改善计划与下个周期的工作计划。

3.1 探讨业绩不足产生的原因并制订改善计划。

3.2 制订下个周期的工作计划。将部门任务分解至个人，并确定工作完成标准。

对公司和员工来说，员工能力的不断提升以及绩效的持续改进是绩效管理的根本目的。因此，绩效改进计划与执行的好坏将直接影响面谈的效果。在绩效改进的过程中应关注以下两点。

（1）绩效改进计划一定要具有实操性，要有“行动步骤”。如果只停留在理论上，那么改进计划根本没有存在的必要。

（2）绩效改进计划要符合 SMART 原则，即绩效改进计划应是具体的（Specific）、可衡量的（Measurable）、可达到的（Attainable）、相关的（Relevant）和有时限的（Time-Bound）。

【实践点评】

绩效沟通就是借助组织管理沟通机制进行绩效管理问题查找、探讨解决问题的对策和机制、明确资源配置、进行绩效改进和实现组织绩效。

绩效沟通贯穿于绩效管理的整个过程，在不同的管理阶段，沟通的重点也有所不同。在计划阶段，沟通的主要目的是对工作目标和标准达成一致。在绩效辅导阶段，沟通的目的主要有两个：一个是员工汇报工作进展，或就工作中遇到的障碍向管理者寻求帮助和解决办法；另一个是管理者对员工的工作与目标计划之间出现的偏差进行及时纠正。在绩效评价和反馈阶段，管理者与员工进行沟通主要是为了对员工在考核期内的工作进行合理、公正和全面的评价；同时，管理者还应当就员工出现的问题的产生原因与员工进行沟通分析，并共同确定下一周期的改进重点。

无论采取什么样的组织结构，都要在纵向控制（实现组织绩效）和横向沟通（促进学习成长）之间取得一定的互动与平衡。事实上，绩效管理的过程就是管理者和员工就绩效问题进行充分沟通，达成一致理解并充分执行的过程。在这个过程中，管理者要与员工一起确立目标，一起清除障碍，一起完成并超越目标。要做到这一切，绩效沟通就必须有效。而只有做到沟通有效果、有效率、有笑声，才是有效的绩效沟通。

在对绩效管理系统进行评价的时候，不能只看它的硬件是否具备，更要看软件，比如绩效沟通的环境是否良好、绩效沟通的渠道是否顺畅、绩效沟通的习惯是否已经建立等。

【管理知识】

企业未来的竞争是管理的竞争，竞争的焦点在于每个组织内部成员之间及其与外部组织之间的有效沟通。

第二节　绩效激励实践

一、激励机制的价值

员工为什么不能积极主动、全力以赴地工作？员工的工作热情为什么难以持久？弗朗西斯说："你可以买到一个人的时间，你可以雇一个人到固定的工作岗位，你可以买到按时或按日计算的技术操作，但你买不到热情，你买不到创造性，你买不到全身心的投入，你不得不设法争取这些。"

怎样争取这些呢？有效激励才是"灵丹妙药"。人是需要激励的，人的工作积极性来自激励。正所谓"矢不激不远，人不励不奋"，有无激励结果大不一样。

哈佛大学的威廉·詹姆士调查发现，按时计酬的员工仅能发挥其能力的 20% ~ 30%，如果受到充分的激励，那么员工的能力可以发挥到 80% ~ 90%，甚至更高。这种差距系激励所致。也就是说，同样一个人在通过充分激励后所发挥的能力相当于激励前的 3 ~ 4 倍。由此他得出一个公式，即"工作绩效 = 能力 × 动机激发"。也就是说，在个体能力不变的条件下，工作绩效的大小取决于激励程度的高低。激励程度越高，工作绩效越大；反之，激励程度越低，工作绩效越小。

企业不能强迫员工做事，只能让他们自己心甘情愿地做。而唯有激励才能让员工激情起来；唯有激励才能使员工的潜力得到最大限度的发挥。如果管理者希望员工付出最大的努力，就应该通过激励满足员工的需求和愿望。然而，现实存在的问题是，很多管理者不是在激励员工，而是在打击员工，这不得不说是一件很悲哀的事情。

松下幸之助说："管理的最高境界是让人拼命工作而无怨无悔。"有效激励的最高境界是喜出望外！什么是激励？美国管理学家贝雷尔森和斯坦尼尔给激励下了一个定义：“一切内心要争取的条件、希望、愿望、动力都构成了对人的激励。它是人类活动的一种内心状态。”从心理学的角度讲，激励是指激发人的内在动机，鼓励人朝着所期望的目标采取行动的过程。

综合来讲，激励作为管理的一项职能，是根据某个具体目标，为满足人们生理、情感、兴趣、心里的愿望等方面的需求，通过有效的启迪和引导，激发人的动机，挖掘人的潜能，使之充满内在的活力，朝着所期望（或规定）的目标努力的一种目的性十分明确的管理活动。

心理学家一般认为，人的一切行为都是由某种动机引起的。动机是任何行为发生的内部动力，动机对行为有激发、引导和维持的作用，没有动机就没有行为。动机的性质不同、强度不同，对行为的影响也不同。有个小故事很形象地说明了这一点。一条猎狗将兔子赶出了窝，一直追赶它，追了很久仍没有捉到。牧羊犬看到此种情景，讥笑猎狗说：“你们两个之间小的反而跑得快得多。”猎狗回答说：“你不知道我们两个的跑是完全不同的！我仅仅为了一顿饭而跑（行为表现为尽力而为），他却是为了性命而跑呀（行为表现为全力以赴）！”

动机是驱使人产生某种行为的内在力量。因此，一个人愿不愿意从事某项工作，工作积极性是高还是低，干劲是大还是小，完全取决于他是否有进行这项工作的动机和动机的强弱。而形成动机的条件是内在的需求和外部的诱导、刺激。其中，内在的需求是促使人产生某种动机的根本原因。综合起来讲，就是“需求产生动机，动机引发行为”。因此，激励的本质就是满足需求，激励研究应从了解人的需求入手。

真正的管理，本质上就是管理员工的源动力。员工源动力没有解决，一切都没有意义。众所周知，马斯洛的需求理论对人的需求的分析最为透彻。需求是指人们对某种目标的渴求和欲望，它能使某种结果变得有吸引力，是人们行为积极性的源泉。马斯洛将人们复杂多样的需求归纳为图 4-2 所示的五种。

因此，企业应对员工采取有针对性的激励措施，只有这样才能确保激励的效果。一个层次的需求相对满足了，就会向高一层次发展。人的需求是多种多样的，多数人的需求结构是很复杂的，在每个时刻都会同时有许多需求在影响着人们的行动。人的需求是不断在变化的，已经满足的需求很难起到激励作用，因此不再是激励因素，只有尚未满足的需求才能够影响人的行为。物质激励最直接，是基础，精神激励是根本。精神激励并不需要花费太多的心思，但却往往被管理者所忽视。“改变一个人要花费太多的时间和精力，而激励一个人有时候也许只需要一句话。”绩效管理作为企业常用的激励手段，其激励的效度是评价绩效管理是否成功的标志。

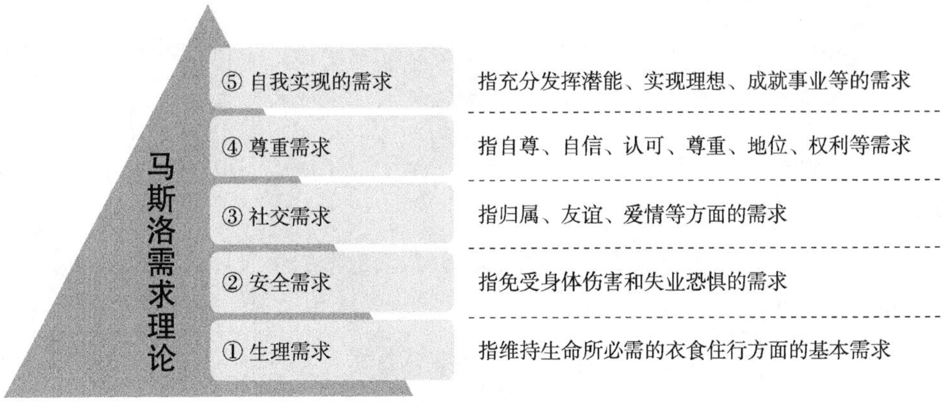

图 4-2　马斯洛需求理论

二、绩效激励趋势

绩效激励常表现为绩效结果的应用。绩效与激励是紧密相连的，绩效激励是绩效管理过程中最重要的、最具有挑战性的管理机制之一。

海康威视的胡扬忠指出，在创新过程中，海康威视遇到的最大挑战是员工能否持续保持激情，持续性的激励措施是所有企业必须正视的管理问题。

任正非指出，让高层有使命感，高层财富自由后，激励的主要方式不是金钱，而是要有更高的追求和使命感，个人价值与成就感得到实现和尊重；让中层有危机感，采用竞争淘汰机制，如果懈怠了，有“饿狼”在虎视眈眈地惦记你的职位，职位随时有人替代，有可能马上不保，可谓危机四伏；让基层有饥饿感，基层员工还没“吃饱”，财富积累还没有达到一定程度，只有不断提升能力，不断拼命干，才能获得更多的报酬。

【管理实践】

（一）某多元化企业集团绩效管理体系（摘要）

……

4. 结果应用

季度绩效考核结果主要作为绩效工资发放的依据。

年度绩效考核结果主要作为薪酬等级调整、职务等级调整、年度奖金分配、动态培训、职业生涯开发等的依据。

依据考核结果的不同，年度绩效考核结果应用如下。

（1）薪酬等级调整

年度绩效考核结果为 A 的员工，岗位工资等级晋升一档，若已达到本岗位最高档次工资水平，则不再上调；年度绩效考核结果为 E 的员工，岗位工资等级下降一档，若已达到本岗位最低档次工资水平，则不再下调。

（2）职务等级调整

绩效优异是职务晋升的必备条件。年度绩效考核结果为 A 的员工，列为人才梯队的后备人选及职务晋升对象。

年度绩效考核结果为 E 的员工或连续两年考核结果为 D 的员工，给予岗位降级调整；两次年度考核结果为 E 的员工，将被解除劳动合同。

（3）年度奖金分配

在分配年度奖金时，不同的考核结果对应不同的考核系数，具体按奖金分配有关规定执行。

（4）动态培训

针对考核成绩，公司提供不同的培训。年度绩效考核结果为 A 的员工，优先列为深造培训的对象。年度绩效考核结果为 D 和 E 的员工，由人力资源部结合部门负责人意见对其进行针对性强化培训，帮助员工改善绩效。

（5）职业生涯开发

结合绩效考核结果和员工意愿，可向员工提供岗位轮换、学习与发展等职业生涯开发方面的指导意见或策略。

（二）某科技企业绩效管理制度（摘要）

1. 考核结果的应用

（1）考核结果的划分

员工考核结果根据其考核实得分数划分为 A、B、C、D、E 五个等级，每个等级对应的考核实得分数如下表所示。

考核等级	A	B	C	D	E
实得分数 F	F ≥ 90	90 ＞ F ≥ 80	80 ＞ F ≥ 70	70 ＞ F ≥ 60	F ＜ 60
月实得绩效工资 = 月本人绩效工资基数 × 月考核系数（分数）					

（2）月度（季度）考核结果的应用

月度（季度）考核结果与员工的月度（季度）工资收入挂钩，具体挂钩办法详见《公司薪酬管理制度》。

（3）年度考核结果的应用

① 年度考核结果与年薪制员工的年终效益奖金挂钩。

② 年度考核结果与员工的薪资调整挂钩。

③ 年度考核结果与员工的年度评选先进挂钩，年度考核结果在 C 等及以下的员工，不具备评选先进的资格。

④ 年度考核结果与员工职务晋升挂钩，年度考核结果在 C 等及以下的员工，不具备职务晋升的资格。

⑤ 员工的年度考核结果为 E 等的，公司可视需要调整其岗位；连续两年的年度考核结果为 E 等的，公司可视情况决定是否解聘。

⑥ 在年度考核中，按职级将被考核对象划分为高层管理人员、部门级管理人员（包括部门主任和副主任）、主管级管理人员、基层员工四大类，在每个大类中，以该类员工总数 5% 的比例实行末位诫勉（不足 1 人时，取最后 1 名，下同），被末位诫勉的员工需进行岗位培训，或重新竞聘上岗，或调整岗位。重新上岗者给予三个月的考察期，享受试用期员工待遇，考察期满且考核合格后转为正式员工，享受正式员工待遇；考察期满且考核不合格者，按相关法定程序与其解除劳动合同。

⑦ 公司各部门的年度绩效考核结果作为先进部门评选的重要依据，绩效考核分值在评先综合考核中所占的比例为 70%。

（4）考核结果应用的权限

① 绩效与薪酬管理委员会决定员工考核结果与薪资收入挂钩的处理意见。

② 根据员工考核结果而进行的岗位调整、职务升降的处理意见，由办公室提出建议，报绩效与薪酬管理委员会审批确认后予以落实。

2. 考核结果的管理

（1）考核结果的修正

当考核的客观环境发生重大改变而严重影响到对员工的正确评价时，由办公室人力资源岗提出，经公司绩效与薪酬管理委员会决定，可对员工考核结果进行调整和修正，但依据绩效考核的刚性原则，此项修正必须严格控制。

（2）考核结果的抽查

每个月办公室针对各部门的考核情况进行抽查，抽查范围不低于被考核员工总量的10%，不低于执考者数量的20%。在抽查过程中，主要检查各执考者对员工的考核评价是否具有客观依据，评价各执考者对员工考核的客观性、公正性。对在抽查中发现的执考者不严肃认真履行考核职责的问题，由办公室提交绩效与薪酬管理委员会处理。

（3）考核结果的申诉

被考核者对考核结果有异议的，先与执考者进行沟通。沟通不成或沟通后仍存在异议的，向办公室人力资源岗申诉。办公室人力资源岗在受理申诉的1日内进行调查处理，并给申诉者以处理意见。申诉者对办公室的处理意见仍有异议的，可向公司绩效与薪酬管理委员会进行申诉，办公室人力资源岗此时应将申诉者的申诉意见及相关调查材料递交绩效与薪酬管理委员会进行裁决。

（4）考核结果的信息管理

办公室人力资源岗负责对考核结果信息进行汇总及综合运用，并对原始的考核记录进行归档管理。

（三）某能源企业全员绩效管理工作指南（摘要）

……

5.5 构建绩效考核的应用机制

绩效考核的结果包括绩效考核分值或绩效考核等级及其成因。这些结果如果不被应用，那么绩效考核只是发现了差距、找出了短板，并没有形成提升的动力、明确改进的方向。绩效考核结果务必要得到应用！而应用在哪里？怎么应用？应用的力度有多大？这些是基层企业要研究探索的问题。一般说来，绩效考核的结果可应用于薪酬荣誉激励、岗位优化配置、能力素质开发、职业生涯规划等方面。

5.5.1 薪酬荣誉激励

在薪酬分配方面，基层企业及其各级组织可以根据员工绩效考核维度分别设立相应的薪酬项目，也可以设立一个整合的绩效奖酬项目，打通绩效考核结果的应用通道。例如，设立任务绩效奖，把任务绩效的统计量值、考核分值或等级赋值作为该奖酬的核算因子；设立岗位责任奖，把岗位行为禁忌、履职品行考核分值或等级赋值作为该奖酬的核算因子；设立能力素质津贴，把工作态度、技能评价分值或等级赋值作为该奖酬的核算因子。一般而言，绩效统计量值、考核分值或等级赋值的准确度、公信度高，其调整薪酬的力度就大，基层企业要循序渐进地调整薪酬差距的幅度。在绩效考核初期，将薪酬差距幅度控制在20%以内为宜，并随绩效统计考核机制的改善逐步加大调整薪酬的力度。由上级组织对下级组织实施薪酬总额管控的，应该把组织绩效考核或考核等级作为组织薪酬的核算因子，并保证组织绩效薪酬比例不低于薪酬总额的30%。

在推先评优方面，基层企业应把组织、干部、员工的年度绩效考核分值归级在良好以上作为评选表彰先进部门、先进车间、先进班组和优秀干部、优秀员工的必要条件。

5.5.2 岗位优化配置

岗位优化配置是当前企业人力资源管理的难点，绩效管理为之提供了契机，绩效考核结果应作为岗位优化配置的重要依据。各基层企业要建立一套岗位配置机制，把绩效考核一贯优秀的员工配置到更高职级或更重要的职位上；对绩效考核“基本称职”或“基本合格”的员工提出诸如诫勉谈话等职位危机警示；对绩效考核连续“不称职”或“不合格”的员工，应将其调整到职级较低或责任较轻的岗位上，或对其进行待岗培训。

5.5.3 能力素质开发

“高意愿 × 高技能＝高绩效”，能力素质是实现员工岗位绩效或任务绩效的基础。员工岗位绩效或任务绩效的高低实际上是员工的态度、意愿、知识、技能等能力素质状况在岗位上表现的结果。因此，绩效考核也是职业能力素质培训开发的导向，各基层企业要针对导致绩效不佳的能力素质短板，设计员工培训课程，制订能力素质开发计划，不断改善员工的工作态度，强化员工的工作意愿，丰富员工的知识、经验，提升员工的岗位技能。

5.5.4 职业生涯规划

常态、连续的员工绩效考核、沟通必然会增进组织对员工的认知和促进员工的自我认知，基层企业应综合考虑员工的内质、兴趣、志向、优势、劣势，帮助员工确立职业生涯发展目标，为员工量身定制岗位成长路径和职业生涯发展通道，并据此为员工创造在职培训、轮岗交流的机会。

（四）某医疗企业绩效管理手册（摘要）

……

第六十六条 结果应用

一、绩效评估结果保密

绩效评估结果由部门负责人与员工双方确认后，交由人才中心存档备案，不对外进行公布。

二、低绩效员工管理

员工在评估周期内绩效评估结果为D与E的，由部门负责人对该员工予以邮件通知，与员工面谈制订绩效改进、提高计划，填写《员工绩效改进计划书》，并随时评估其改进状况，对低绩效员工进行管理。

三、绩效工资发放

1. 高管岗位

薪酬构成	月度固定薪酬	半年度绩效工资	年度绩效工资
比例	50%	20%	30%
年薪为360000元	360000×50%=180000元（平均到每个月发放15000元）	360000×20%=72000元，上半年的业绩完成比例为30%，则预发72000×30%=21600元	360000×30%×个人年度绩效考核系数×公司经营目标达成系数 个人年度绩效考核系数=1 公司经营目标达成系数=1.2 则年度绩效工资=108000×1×1.2=129600元

高管半年度绩效按照半年的业绩完成比例进行半年度绩效考核工资预发；年度绩效考核系数依据董事会下达的年度经营业绩目标（经营指标）、管理性指标和个人工作态度指标确定。

2. 各部门负责人岗位

薪酬构成	月度固定薪酬	季度绩效工资	年度绩效工资
比例	60%	20%	20%
年薪为240000元	240000×60%=144000元（平均到每个月发放，每个月发12000元）	240000×20%÷4×个人季度绩效考核系数 第一季度绩效考核系数为1.2，则季度绩效工资=12000×1.2=14400元 第二季度绩效考核系数为1，则12000×1=12000元 第三季度绩效考核系数为0.9，则季度绩效工资=12000×0.9=10800元 第四季度绩效考核系数为1.1，则季度绩效工资=12000×1.1=13200元	240000×20%×个人年度绩效考核系数×部门年度绩效系数×公司经营目标达成系数 个人年度绩效考核系数=1 部门年度绩效系数=1 公司经营目标达成系数=1.2 则年度绩效工资=48000×1×1×1.2=57600元

（1）季度绩效评估结果与季度绩效工资挂钩。

季度绩效工资=年薪×个人季度绩效考核系数÷4×季度绩效工资基数

个人季度绩效考核系数=季度绩效考核得分÷100

若季度绩效考核得分＜60分，则没有季度绩效工资。

（2）年度绩效评估结果与年度绩效工资挂钩。

年度绩效工资=年薪×年度绩效工资系数×个人年度绩效考核系数×部门年度绩

效系数 × 公司经营目标达成系数

个人年度绩效考核系数 = 年度绩效评估结果 ÷100

若年度绩效评估结果< 60 分，则没有年度绩效工资。

3. 员工岗位

月度固定薪酬	季度绩效工资	年度绩效工资
月薪基数	月薪基数 ×2÷4× 个人季度绩效考核系数	月薪基数 ×4× 个人年度绩效考核系数 × 部门年度绩效系数 × 公司经营目标达成系数
月薪基数为 7000 元	7000×2÷4× 个人季度绩效考核系数 第一季度绩效考核系数 1.2，则季度绩效工资 = 3500×1.2 = 4200 第二季度绩效考核系数 1，则季度绩效工资 = 3500×1 = 3500 第三季度绩效考核系数 0.8，则季度绩效工资 = 3500×0.8 = 2800 第四季度绩效考核系数 0.59，则季度绩效工资为 0	个人年度绩效考核系数 = 1 部门年度绩效系数 = 1.2 公司经营目标达成系数 = 1.3 则年度绩效工资 = 7000×4×1×1.2×1.3 = 43680

（1）季度绩效考核结果与季度绩效工资挂钩。

季度绩效工资 = 月薪基数 ×2÷4× 个人季度绩效考核系数

个人季度绩效考核系数 = 季度绩效考核得分 ÷100

若季度绩效考核得分< 60 分，则没有季度绩效工资。

（2）年度绩效考核结果与年度绩效工资挂钩。

年度绩效工资 = 月薪基数 ×4× 个人年度绩效考核系数 × 部门年度绩效系数 × 公司经营目标达成系数

个人年度绩效考核系数 = 年度绩效考核得分 ÷100

若年度绩效考核得分< 60 分，则没有年度绩效工资。

个人年度绩效考核系数区间如下。

个人年度绩效考核分数（X）	X < 60	60≤X < 70	70≤X < 80	80≤X < 90	90≤X < 100	100≤X
个人年度绩效考核等级	E（不胜任）	D（需改进）	C（合格）	B（良好）	A（优秀）	
个人年度绩效考核系数	0	0.8	0.9	1	1.1	1.2

公司年度经营目标达成系数区间如下。

公司年度经营目标达成率（X）	X ≤ 80%	80% < X ≤ 90%	90% < X ≤ 100%	100% < X ≤ 120%	X > 120%
公司年度经营目标达成系数	0	0.5	1	1.2	1.5

四、综合评估调薪

综合评估调薪是指采用年度绩效评估、素质能力评价及部门评议相结合的方式进行评估，按照评估的分值并结合公司年度经营目标达成率进行薪酬调整的方式。

其中，绩效考核得分按不同层级、不同考核周期进行核算，素质能力评价及部门评议于年底统一进行，并核算结果，结合三者的综合成绩，确定调薪人员及调薪比例。

建议采用强制分布的方式，具体详情见“员工考核结果等级分配比例表”。

员工考核结果等级分配比例表

<table>
<tr><td colspan="2">员工考核结果等级</td><td>A
（卓越）</td><td>B
（优秀）</td><td>C
（良好）</td><td>D
（胜任）</td><td>E
（基本胜任）</td><td>F
（不胜任）</td></tr>
<tr><td rowspan="5">绩效考核得分</td><td>P ≥ 90 分</td><td>10%</td><td>25%</td><td>50%</td><td>10%</td><td colspan="2">5%</td></tr>
<tr><td>90 分> P ≥ 80 分</td><td>5%</td><td>20%</td><td>50%</td><td>15%</td><td colspan="2">10%</td></tr>
<tr><td>80 分> P ≥ 70 分</td><td>——</td><td>10%</td><td>50%</td><td>15%</td><td>15%</td><td>10%</td></tr>
<tr><td>70 分> P ≥ 60 分</td><td>——</td><td>——</td><td>40%</td><td>20%</td><td>20%</td><td>20%</td></tr>
<tr><td>P < 60 分</td><td>——</td><td>——</td><td>30%</td><td>10%</td><td>30%</td><td>30%</td></tr>
</table>

五、职务升降

绩效优异是职务晋升的必备条件。人才中心结合年度绩效得分对员工进行年度综合测评，测评得分为优秀（≥ 80 分）的员工，列入核心人才库；排名末尾的员工将予以观察，视情况对其进行调岗、降薪或淘汰处理。

六、员工培养发展

根据员工年度评估结果、个人能力优缺点和公司发展的要求，对于优秀员工，公司人才中心将制订相关员工培养发展计划。

（五）某上市制造企业岗位考核等级确定（摘要）

<table>
<tr><td colspan="2">员工考核等级</td><td>卓越</td><td>优秀</td><td>良好</td><td>合格</td><td>需改进</td></tr>
<tr><td colspan="2">考核等级代号</td><td>S</td><td>A</td><td>B</td><td>C</td><td>D</td></tr>
<tr><td colspan="2">员工考核分数</td><td>≥ 120 分</td><td>100 ~ 119 分</td><td>90 ~ 99 分</td><td>70 ~ 89 分</td><td>60 ~ 69 分</td></tr>
<tr><td rowspan="5">员工年度考核系数</td><td>高管人员</td><td>1.6</td><td>1.4</td><td>1.0</td><td>0.7</td><td>0</td></tr>
<tr><td>部门经理</td><td>1.3</td><td>1.2</td><td>1.1</td><td>1.0</td><td>0</td></tr>
<tr><td>副经理</td><td>1.3</td><td>1.2</td><td>1.1</td><td>1.0</td><td>0</td></tr>
<tr><td>部门主管</td><td>1.3</td><td>1.2</td><td>1.1</td><td>1.0</td><td>0.6</td></tr>
<tr><td>基层员工</td><td>1.3</td><td>1.2</td><td>1.1</td><td>1.0</td><td>0.6</td></tr>
</table>

（六）某制造企业绩效管理手册（摘要）

……

7.1 绩效结果的应用范围

（1）为员工绩效工资计算提供依据。

（2）为员工职级晋升提供依据。

（3）为公司确定员工培训需求提供依据。

（4）为员工的岗位调整提供依据。

7.2 绩效考核结果的其他应用

（1）员工晋升

对年度考核成绩为A级及以上的员工，综合管理部根据公司的用人需求和员工职业生涯发展规划，将其列入职位晋升候选人名单，并组织相关人员进行综合评议，最后做出职位晋升决策。

（2）工作调动

根据员工年度考核结果，对于考核等级为C级或以下的员工，公司可考虑调整其岗位。如果被考核者认为在其他岗位更能发挥其能力并能提高工作业绩，该员工可在绩效考核结束后1个月内向部门负责人提出工作调动申请。

（3）降职

对于年度考核等级连续两年为不合格或极差的员工，公司有权予以降职、辞退处理。

（4）评优资格

对于年度考核等级为不合格及较差的员工，不能够参与公司各项评先评优活动。

（5）员工培训

公司全体员工的考核结果，以及员工绩效改进建议中员工的培训计划需求，是综合管理部制订下年度员工培训计划的重要依据。综合管理部根据员工绩效反馈信息，对员工年度培训方案的具体实施情况进行总结并不断调整，以达到挖掘、提升员工能力的目的。

（6）薪酬调整

年度考核结果应用于员工岗位工资等级的调整，具体见《薪酬管理手册》。

【实践点评】

在绩效考核结束后，企业一定要按照绩效管理及激励相关制度的规定，对绩效结果进行多元化运用，使绩效管理朝着良性循环的方向发展。

人、目标、让人达成目标的激励方法是激励体系的三个基本要素。

绩效产出 = 个人素质能力 × 平台土壤环境（激励机制 + 团队协作度 + 管理文化）。绩效管理系统落地过程有三个要点：①抓关键，即明确制约企业发展的核心障碍点；②重激励，即重视激励，激励要及时、公平、公正；③树标杆，即将积极推行绩效的部门树立为标杆，以点带面，推动全员绩效落地。企业利益最大化的基础是员工价值最大化。要充分挖掘员工的价值，不能靠压力而是要靠动力，要靠强大的激励机制。在激励机制中，非物质激励与物质激励同样重要。物质激励是必要的基础，但它是刚性的，会惰化，产生沉淀；物质激励与非物质激励相结合，犹如核裂变，会产生出巨大的能量。不管是物质激励还是非物质激励，都应力出一孔，导向员工的活力激发、潜力挖掘和持续创新，只有这样才能起作用。

【管理知识】

企业一定要通过绩效管理系统的实施，科学准确地评价各部门、各岗位的真实贡献，据此确定薪酬分配和激励措施，完善人力资源管理中的“选、用、育、留、流”机制，实现企业与优秀员工的双赢。

第三节　绩效改进实践

一、组织绩效改进

绩效改进是一个用来发现和分析绩效差距，制定未来绩效改进目标，设计、开发和实施高性价比的措施或方案来消除、降低绩效差距，并评估财务及非财务上的收益的系统性过程。彼得·德鲁克指出，组织的重点必须放在绩效上。对团队和每一个团队成员来说，组织的第一个要求就是较高的绩效标准。但绩效并不意味着“每次都能获得成功”，而是一种“平均成功率”，其中允许有而且必须有错误，甚至是失败。绩效所不能允许的，是自满与低标准。改变企业绩效自满与低标准的最好办法就是改进绩效。

“问对问题，才能找到正确答案。”绩效改进是以问题为导向的。绩效改进在本质上是让组织中承担组织绩效的所有管理者，在面对绩效偏差时，能够以问题为导向，快速找出有效的方法和制定出有效的对策，以弥补绩效差距，实现组织绩效（见图 4-3）。这里的方法和对策可能是培训，也可能不是培训。在绩效管理出现问题时，许多组织管理者可能会更倾向于通过培训解决问题，但是培训不能解决所有的绩效问题，而绩效问题的解决并没有一个一劳永逸的方法。

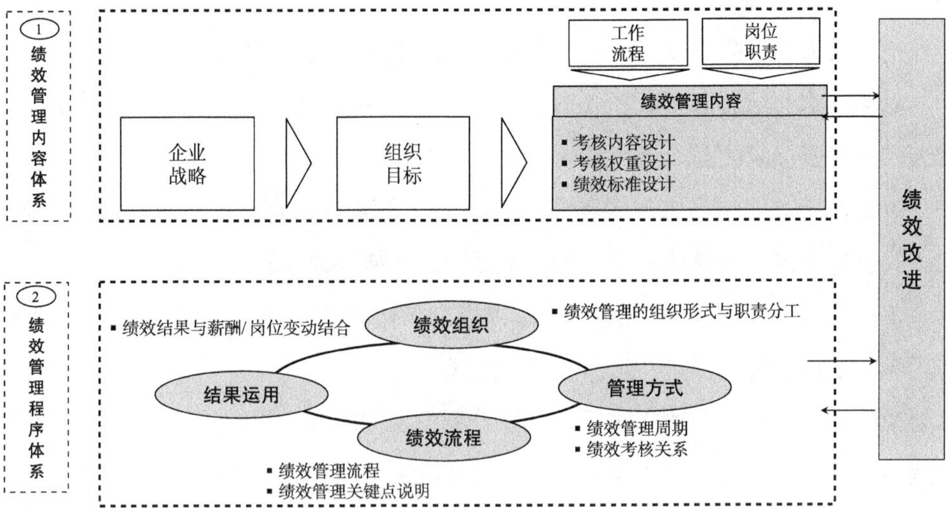

图 4-3 绩效改进过程

绩效改进是绩效管理系统能否有效运行的关键环节，通过在绩效改进中运用绩效技术，可以将分散的、孤立的绩效管理过程，如绩效目标的制定、绩效结果的评估、差距分析、原因分析、培训、激励等加以整合，在各影响因素的动态联系中把握影响个人或组织绩效的因素及结构，从而制定全面、有效的改进策略，科学地加以实施，以实现组织绩效的改进和提高，从而提升企业的核心竞争能力，使企业在激烈的竞争环境中得以生存和发展。

组织管理的核心是研究组织及组织中人的行为，通过一系列管理措施和机制，引导组织成员的行为，达成既定的战略目标。这种基本的假设是“行为”与“绩效”之间存在“种瓜得瓜，种豆得豆”的因果联系。组织及组织成员的行为决定其动作，一系列的动作将组合成为组织管理的一个个活动，而每个活动都会对应一个产出或结果，这个产出或结果就是“绩效”。这符合大多数绩效定义中的产出或结果。换言之，如果组织的绩效管理系统存在问题，那么必然会对其成员产生的行为产生某种程度上的影响，造成其行为的缺失、不足、过度或不当。改变行为不一定会实现高绩效，但要实现高绩效，就必须改变行为——组织及组织成员的行为。

改变组织或组织成员行为的方式通常包括以下几个方面。

（1）改变使命和愿景：组织和组织成员都渴望承担责任，希望对要实现的使命和愿景有新的认识，进而产生对行为的改变和进化。

（2）革新技术 / 模式：随着管理的发展，管理的新技术、新模式层出不穷，组织在进行管理过程中要不断地进行革新。革新在一定程度上能改变和提升组织绩效，当然不能盲目进行革新，一定要结合组织实际。

（3）改变工作场地 / 环境：工作场地 / 环境的改变会使团队成员的行为产生改变。《哈佛商业评论》认为“办公室设计”是提升绩效与员工学习能力的战略工具。

（4）隔离人群：将拥有不同价值观甚至不同业务的人群隔离开来，减少冲突和破坏行为；或者将导致干扰的人群隔离开来，以保证组织绩效。

（5）改变激励方式：组织的激励方式的改变，会影响产生绩效的行为。组织要将单一的激励方式改变成组合型激励方式，将物质激励和精神激励等进行组合。

（6）工作再设计：对工作职责、工作内容、工作方式等进行再设计，采用工作轮换、工作扩大化、工作丰富化、弹性工作时间等方式。

需要说明的一点是，上述方式只是管理过程中常用的改变组织或组织成员行为的方法，而在实践中，单一方法很难改变组织或组织成员行为，需要综合运用。

国际绩效改进协会（ISPI）曾提出一个绩效改进标杆和共同行为规则的 RSVP 原则。

R——专注结果（Focus on Result or Outcomes），即自始至终聚焦于结果，不会预先倾向于某个特定的解决方案；将解决方案变成最终的结果。这里所说的是结果，而非产出。

S——系统思维（Take a Systemic View），即从系统的角度看问题，思考解决方案；了解不同组织之间的相互影响关系，能够区别现象和原因，并对各种影响因素进行综合考量；实现在一定的约束条件下，取得一个可持续的绩效结果。

V——增加价值（Value Add），即过程导向与结果导向并重，其中价值是针对客户而言的；思考需要增加什么价值，由谁来增加价值，在什么环境下增加价值，增加的价值如何评价，增加的价值要对谁交代等问题。

P——伙伴关系（Partnership）。创造价值的过程需要多个利益相关者共同参与，因此需要明确有哪些利益相关者，如何与他们建立起合作伙伴关系，如何长期保持合作伙伴关系，如何让合作双方彼此增值。

分析是绩效改进的重要组成部分。但分析并不是提高绩效的唯一重要技能。绩效改进是确定并探索提高组织绩效方法的重要过程。为了提高效率，实现组织绩效，在运营管理过程中，组织必须配置专业团队负责绩效改进——“越专注于业务重点，就越有可能真正持久地献身于解决方案”。

通过斯托洛维奇模型（见图 4-4），可以更直观、清晰地认识绩效改进：组织绩效的实现受组织环境和外部环境的影响，绩效改进需要从组织和组织成员行为以及绩效本身进行，而组织和组织成员行为最终会影响绩效。该模型的逻辑及理念是符合本书关于组织绩效管理诊断的思维的——要实现和改进组织绩效，就必须持续地对组织的内外部环境因素进行分析，并针对分析结果制定科学的方案对策，选择合适的工具和方法。

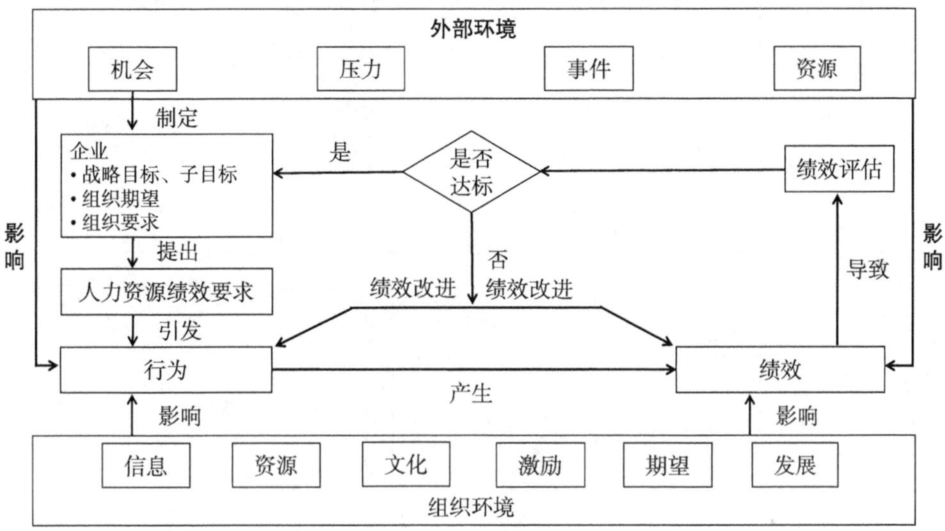

图 4-4 斯托洛维奇模型

朗姆勒绩效系统简称“最简绩效系统”（见图 4-5），该系统着眼于组织成员的一般工作流程，即“工作者、输出、评价、反馈、输入”等，围绕“流程”进行针对性分析，列出各个关注要项，查找原因，进而制定改进措施。

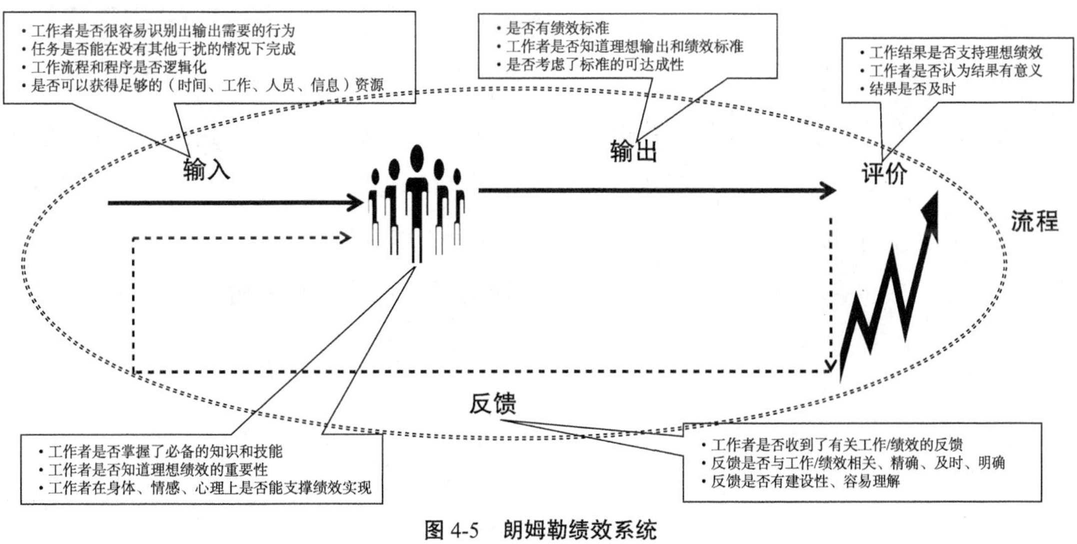

图 4-5 朗姆勒绩效系统

作为绩效改进领域全球顶级的学术机构，国际绩效改进协会（ISPI）于1992年发布了绩效改进模型，经过20年的实践、反馈，于2012年进行了改进。就模型的科学性、逻辑性、实践性而言，绩效改进模型应该是目前全世界关于绩效改进最完整、最科学的模型（见图4-6）。绩效改进模型的流程如下。

（1）绩效分析：找到组织的绩效问题，分析问题发生的根本原因。

（2）选择、设计和开发干预措施：思考出一个基于组织实际的、系统的干预措施集合。

（3）实施和维护干预措施：将解决方案一步步推行到组织中，获得相应的结果。这里所说的“干预措施”就是我们讲的绩效改进措施、方法等。

（4）评估：对过程和结果进行评估，并反省评估方法是否存在问题。

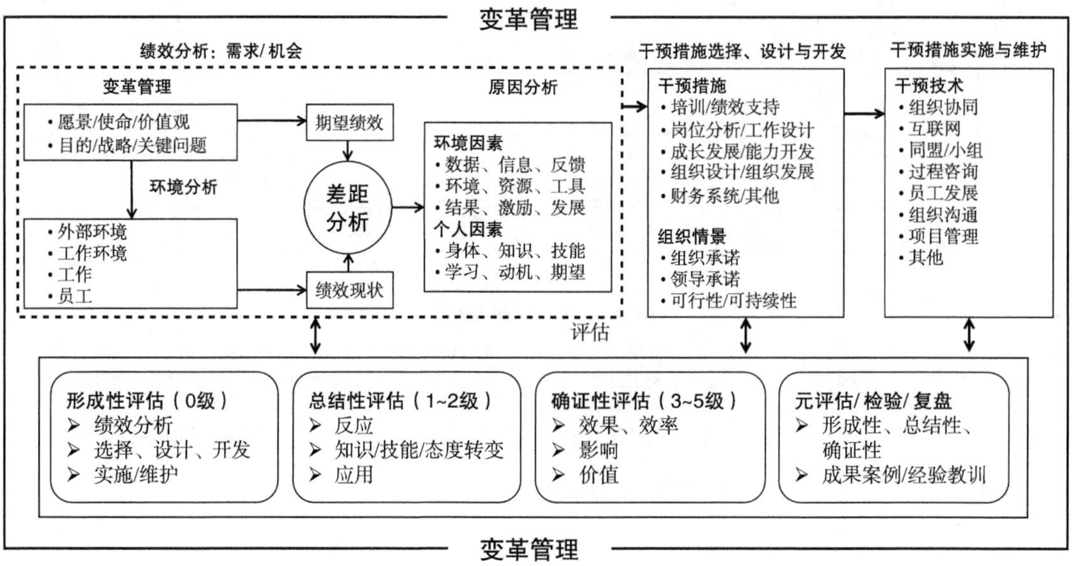

图4-6 绩效改进模型

从绩效改进模型来看，评估至关重要，它是绩效改进以及绩效技术选择的前提。管理过程中常用的访谈、问卷调查、德尔菲法以及数据分析等都属于评估方式。评估在管理环节中起到监控作用，持续的监控可以降低评估的难度，能有效地找到合适而有价值的干预措施。通过绩效金字塔模型（见图4-7），能清晰地发现评估在整个绩效管理系统中的重要性。

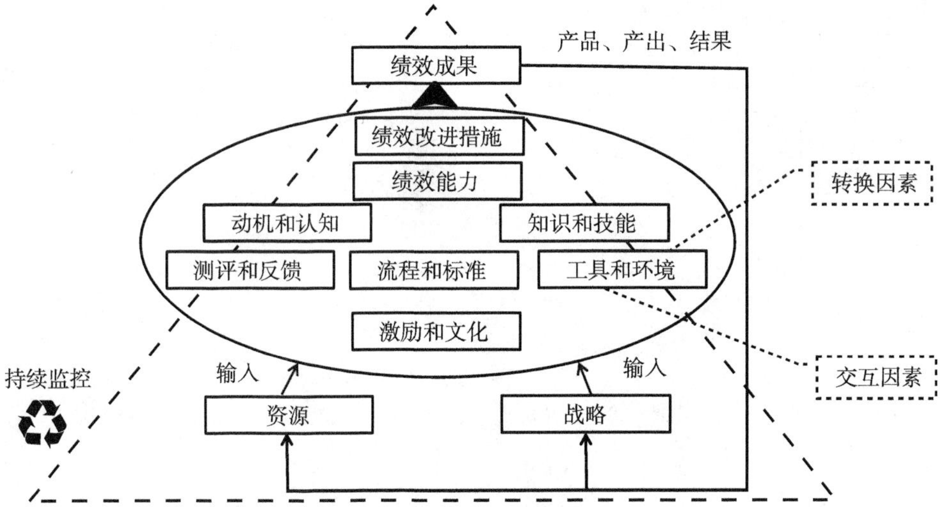

图 4-7　绩效金字塔模型

企业要定期对企业整个绩效管理系统进行评估和诊断，从中发现存在的问题和不足，然后加以改进，使其不断得到改善和提高。

二、个人绩效改进

任何方案都需要付诸实施，绩效改进工作可以有各种各样的计划，但是改进的过程只有一个。绩效改进能否成功，关键就在于是否能控制改进的过程。

【管理实践】

（一）某多元化企业集团绩效管理体系（摘要）

1. 绩效改进

对于在考核中问题比较突出或重复出现的问题，由主管领导协助直接下级制定《员工绩效改进计划书》，并指导、监督直接下级的绩效改进工作，双方就改进计划签字确认，并报人力资源部备案，由人力资源部跟踪绩效改进计划。

2. 员工绩效改进计划书

____同志：

在____年__月__日至____年__月__日的考核周期中，你的考核结果未能达到任职岗位的要求。根据公司绩效管理相关规定，并基于你能正确认识到工作业绩与表现中存在的不足及有改进的愿望，经公司批准，给予你绩效及行为改进的机会。

（续表）

<table>
<tr><td colspan="9">一、绩效改进内容：</td></tr>
<tr><td>序号</td><td>内容</td><td>计划目标</td><td>实际目标</td><td>不足分析</td><td>改进措施</td><td>预期目标</td><td>衡量标准</td><td>权重</td></tr>
<tr><td>1</td><td></td><td></td><td></td><td></td><td></td><td></td><td></td><td></td></tr>
<tr><td>2</td><td></td><td></td><td></td><td></td><td></td><td></td><td></td><td></td></tr>
<tr><td>…</td><td></td><td></td><td></td><td></td><td></td><td></td><td></td><td></td></tr>
<tr><td colspan="9">二、绩效改进周期：____年__月__日—____年__月__日</td></tr>
<tr><td colspan="9">三、改进结果应用：若绩效改进考核合格，则公司继续履行与你的劳动关系；否则，公司将根据相关制度，为你安排培训或调整岗位；若连续两个周期绩效改进不合格，公司将按照规定与你解除劳动关系</td></tr>
<tr><td>绩效改进人</td><td></td><td>绩效改进人的直接上级</td><td></td><td>人力资源部</td><td></td></tr>
<tr><td colspan="9">四、改进期末评价：
□优秀：出色完成改进计划　　□符合要求：完成改进计划
□尚待改进：与计划目标相比有差距</td></tr>
<tr><td colspan="9">五、改进评价说明：</td></tr>
<tr><td colspan="9">六、绩效改进人意见：</td></tr>
<tr><td>绩效改进人</td><td></td><td>绩效改进人的直接上级</td><td></td><td>人力资源部</td><td></td></tr>
</table>

（二）某信息化公司绩效改进计划（摘要）

<table>
<tr><td>部门</td><td></td><td>时间</td><td>____年__月__日</td></tr>
<tr><td>被考核人</td><td colspan="3">姓名：　　　　职位：</td></tr>
<tr><td>直接上级</td><td colspan="3">姓名：　　　　职位：</td></tr>
<tr><td colspan="4">不良绩效描述（含业绩、行为表现和能力目标，请用数量、质量、时间、成本/费用、客户满意度等标准进行描述）</td></tr>
</table>

（续表）

原因分析：
绩效改进措施 / 计划： 直接上级：　　被考核人：　　____年__月__日
改进措施 / 计划实施记录： 直接上级：　　被考核人：　　____年__月__日
期末评价： □优秀：出色完成改进计划　　□符合要求：完成改进计划 □尚待改进：与计划目标相比有差距 **评价说明：** 直接上级：　　被考核人：　　____年__月__日

（三）某能源技术企业部门绩效改进计划与实施记录表（摘要）

被考核机构		**负责人**		**日期**	
不良绩效描述（请尽量用数量、质量、时间、成本 / 费用、客户满意度等标准进行描述）					
原因分析					

（续表）

<table>
<tr><td rowspan="2">绩效改进措施 / 计划</td><td>被考核机构填写</td><td colspan="2"></td></tr>
<tr><td>被考核机构主管领导填写</td><td colspan="2"></td></tr>
<tr><td colspan="4">改进措施 / 计划实施记录</td></tr>
<tr><td colspan="4">考核评价：
☐优秀：出色完成改进计划　☐符合要求：完成改进计划
☐尚待改进：与计划目标相比有差距
评价说明：</td></tr>
<tr><td>考核机构意见</td><td></td><td>考核机构负责人</td><td></td></tr>
</table>

（四）某汽车制造企业集团绩效分析与改进表（摘要）

<table>
<tr><td colspan="3">绩效受约人</td><td colspan="2">绩效发约人</td></tr>
<tr><td>姓名</td><td colspan="2"></td><td>姓名</td><td></td></tr>
<tr><td>部门</td><td colspan="2"></td><td>部门</td><td></td></tr>
<tr><td>岗位</td><td colspan="2"></td><td>岗位</td><td></td></tr>
<tr><td colspan="5">绩效分析与改进周期</td></tr>
<tr><td colspan="5">异常指标（绩劣指标）分析（受约人填写）</td></tr>
<tr><td>指标编码</td><td>指标名称</td><td>异动（绩劣）情况</td><td>原因分析</td><td>影响分析</td></tr>
<tr><td></td><td></td><td></td><td></td><td></td></tr>
<tr><td></td><td></td><td></td><td></td><td></td></tr>
<tr><td colspan="5">绩优指标分析（受约人填写）</td></tr>
<tr><td>指标编码</td><td>指标名称</td><td>绩优情况</td><td>原因分析</td><td>经验总结</td></tr>
<tr><td></td><td></td><td></td><td></td><td></td></tr>
<tr><td></td><td></td><td></td><td></td><td></td></tr>
<tr><td colspan="5">说明：异常指标为可能被评价低于 70 分的定量绩效指标，以及可能被评为 D 等绩效水平的定性绩效指标；绩劣指标为考核结果低于 70 分的定量绩效指标，以及考核结果为 D 等的定性绩效指标；绩优指标为绩效考核结果等于或超过 100 分的定量绩效指标，以及考核结果为 A 等的定性绩效指标</td></tr>
</table>

（续表）

<table>
<tr><td colspan="6">绩效改进计划（受约人填写）</td></tr>
<tr><td colspan="3">相关异常（绩劣）指标</td><td colspan="2">绩效改进计划</td><td>期望获得的支持</td></tr>
<tr><td colspan="3"></td><td colspan="2"></td><td></td></tr>
<tr><td colspan="3"></td><td colspan="2"></td><td></td></tr>
<tr><td colspan="6">绩效支持计划（发约人填写）</td></tr>
<tr><td colspan="3">相关异常（绩劣）指标</td><td colspan="3">绩效支持计划（含能力补充计划）</td></tr>
<tr><td colspan="3"></td><td colspan="3"></td></tr>
<tr><td colspan="3"></td><td colspan="3"></td></tr>
<tr><td colspan="6">备注（相关绩效工作会议对以上内容的变更、补充等）</td></tr>
<tr><td>受约人</td><td></td><td>发约人</td><td></td><td>时间</td><td></td></tr>
</table>

【实践点评】

绩效改进不仅对于识别绩效问题至关重要，对于找到问题产生的原因并确定解决方案同样关键，绩效改进是绩效管理的关键环节。企业应从组织层面进行绩效改进，如果组织层面不进行绩效改进，那么员工的绩效改进往往是不可实现或无效果的。

制定绩效改进计划和实施方案时要注意，绩效改进计划是指导绩效改进实施的标准，一定要具有可操作性，要有“行动路线图”，如果只停留在理论上，那么改进计划根本没有存在的必要性。必须根据员工现有发展水平制定改进计划和实施方案，方案的指导性一定要强，最好是能详细到具体的每一步骤；计划要符合 SMART 原则，这是制定任何一个方案都必须考虑的原则；绩效改进方案可以与计划目标制定相结合，也可以独立制定，目的都是为了员工绩效的持续提高和改进；方案的形式可以多样化或个性化，格式不重要，关键是要控制过程。

三、绩效管理偏误

在实践中，即使绩效管理系统设计得再好，由于绩效考核对象与考核方法的多样性，在绩效考核的过程中也会出现各种各样的问题。事实上，绩效考核的正确性、可靠性和有效性经常受到各种问题的制约与影响，各级管理者在进行绩效管理过程中会存在一些绩效管理上的偏误。

偏误一：晕轮效应

晕轮效应又称为“光环效应”“成见效应”“光晕现象”或“以点概面效应”，是指在人际相互作用过程中形成的一种夸大的社会印象，形成一种光环作用。晕轮效应常表现为一个人对另一个人（或事物）的最初印象决定了总体看法，而看不准其真实品质，形成一种好的或坏的“成见”，这是主观推断的泛化、定势的结果。

晕轮效应不但常表现在以貌取人上，还常表现在以服装定地位、定性格，以初次言谈定人的才能与品德等方面。在对不太熟悉的人进行考核时，这种效应体现得尤其明显。有时候，晕轮效应会对人际关系产生积极效应，比如某人对人诚恳，那么即使其能力较差，别人对其也会非常信任，因为对方只看见他的诚恳。

在绩效考核中，如果某员工在考核期内有什么非常显著的缺点，比如一个月内迟到了三次，那么主管一想起这个员工，就会想起他迟到的事情。这个缺点太突出，它就成了一个光晕，员工的优点，比如经常加班加点工作、开发了许多新客户、有很多创新等，都会被连续迟到这个晕环给罩住，主管在对其进行评价时就会产生偏差。反过来说，如果员工有什么优点太突出的话，也容易把其缺点罩住，主管给其的评分就会相应的提高。这也是晕轮效应。

偏误二：个人偏见定势

个人偏见定势也叫成见效应，是指考核者由于经验、教育、世界观、个人背景及人际关系等因素而形成的固定思维对考核评价结果的刻板化影响，通俗的说法就是有“偏见”“顽固”等。凭个人好恶判断是非，是绝大多数人难以察觉、不愿承认的弱点，甚至是一种本能。个人的价值观和偏见可能会代替组织已制定的考核标准，依据个人意愿和个人的理解随意地考核。在考核他人时，很多人都会受到个人好恶的影响。

个人偏见定势是绩效考核中的常见问题，因此，考核者在考核过程中应时刻注意自己的每一个判断是否因个人好恶而导致不公的结论。针对这种现象，企业在绩效管理过程中需要不断地对考核者进行培训与心理辅导，使考核者关注可能导致不正确结果的个人错误观念，从而加以纠正。另外，采用基于事实（如工作记录）的客观考核方法，由多人组成考核小组进行考核，这样也有助于减少个人好恶所导致的考核偏差。

偏误三：自我中心效应

自我中心效应分为对比偏差和相似偏差两种。

对比偏差是以自己为标准去衡量别人。如果自己有某个缺点，其下属也有同样的缺点，那么其就会把这个缺点淡化，甚至忽视。在招聘中是这样，在绩效考核中也会这样。例如，部门里有一个员工，他的缺点与其主管一模一样，主管粗心，员工也粗心，主管不守时，员工也不守时，所以该员工可能比较幸运，因为主管不会看重他的缺点，这就叫盲点。换过来讲，这样对其他员工就不公平了，所以盲点误区有很大的危害。有没有办法避免？要克服盲点，不论在招聘过程中，还是在绩效考核中，首先要做职位分析，看看这个职位中哪几项指标是最重要的，而不要跟自己比。每个职位有不同的要求，要用职位去衡量人，而不用人比人。这是克服盲点的一个关键。

相似偏差又叫类我效应。什么叫类我呢？在招聘过程中，有的管理者读着某人的简历会眼前一亮，因为他发现这个人与自己是同一所学校毕业的，跟自己有相关的地方。其实该应聘者与管理者没有什么关系，只是管理者脑子里在想：类我。在绩效考核过程中，给员工打分时，那些不像管理者的人会比较不幸，这可能会让管理者用比较严格的方法去考核；而类我的人，管理者自然而然地就会偏向他们，给其打很高的分数。这是绩效考核中一个很大的误区。

企业可以采用关键事件法记录员工的真实情况。对于有自我中心效应的对比偏差和相似偏差两种误差，可以采用 360 度反馈进行弥补。

偏误四：皮格马利翁效应（暗示）

皮格马利翁效应是由美国著名心理学家罗森塔尔和雅克布森在小学教学中予以验证提出的，亦称“罗森塔尔效应”或“期待效应”。在本质上，人的情感和观念会不同程度地受到别人下意识的影响，人们会不自觉地接受自己喜欢、钦佩、信任和崇拜的人的影响和暗示。

1968 年，两位美国心理学家来到一所小学，他们在一至六年级中各选三个班，在学生中进行了一次煞有介事的“发展测验”。然后，他们以赞美的口吻将有优异发展可能的学生名单通知有关老师。8 个月后，他们又来到这所学校进行复试，结果名单上的学生的成绩有了显著进步，而且情感、性格更为开朗，求知欲望强，敢于发表意见，与老师的关系也特别融洽。

实际上，这是心理学家进行的一次期望心理实验。他们提供的名单是随机抽取的。他们通过“权威性的谎言”暗示老师，坚定老师对名单上学生的信心，虽然老师始终把这些名单藏在内心深处，但掩饰不住的热情仍然通过眼神、笑貌、音调滋润着这些学生的心田，实际上他们扮演了皮格马利翁的角色。学生潜移默化地受到影响，因此变得更加自信、奋发向上，于是他们在行动上就会不知不觉地更加努力学习，于是有了飞速的进步。这个令人赞叹不已的实验，后来被称为“皮格马利翁效应”。

心理暗示发挥作用的前提是“自我”的不完善和缺陷，那么如果一个人的“自我”非常虚弱、幼稚，那么这个人的“自我”很容易被别人的“暗示”占领和统治。暗示也有消极的方面，那就是容易受人操纵、控制。这种人本身就存在着严重的依赖倾向。

偏误五：优先效应或近期效应

所谓优先效应，就是考核者根据其下属最初的绩效信息，对其考核周期内的全部表现做出的总评价，以前期的部分信息代替了周期内的全部信息，出现“以偏概全”的误差。所谓近期效应，就是考核者根据其下属最近的绩效信息，对其考核周期内的全部表现做出的总评价，以近期的部分信息代替了周期内全部信息，出现“以近代远”的误差。其实这也是晕轮效应的体现，只是表现形式不一样。这两类效应导致的误差，主要是缺乏对被考核者全部信息数据的掌握或了解，信息数据具有局部性、片面性，制约和影响了考核的准确性。

企业可采用关键事件法或进行更频繁的考核，甚至采取相关机制，要求考核者必须全面收集和掌握数据信息，并将考核结果的准确性与考核者的绩效挂钩。

偏误六：分布误差

分布误差分为：宽厚误差（好的多），即负偏态分布，产生原因是正激励；苛严误差（差的多），即负偏态分布，产生原因是负激励；集中趋势和中间倾向（中间的多），即居中趋势，“和事佬，你好我好大家好”。相比误区，企业可以采用强制分布法，用正态曲线找出最好的和最差的绩效，以避免分布误差。

偏误七：后继效应

后继效应又称记录效益，即被考核者在上一个考核周期内评价结果的记录，对考核者在下个考核周期内的评价产生影响和作用。其原因在于考核者未能认真按照考核标准进行考核，而是受到上个周期考核记录或结果的影响。可以采取分指标进行考核，即先考核某一部分指标，再考核另一部分指标，必要时可以增加考核者上级审核机制。

在绩效考核过程中会同时存在各种误差，要规避误差、改进误差，就要做到尽量不采用人与人比的绩效考核方式，而要采用人与目标比、人与过去比的绩效考核方式。如果必须采用人与人比的方式，可实行标杆法或 PK 机制。总的来说就是先比目标，再比个体；先比自己，再比别人！

【管理实践】

（一）某能源企业全员绩效管理工作指南（摘要）

实施绩效管理的误区

在建设绩效管理体系、推进全员绩效管理的过程中，企业会不同程度地走入了一些误区。自觉辨识、警惕、预防这些误区，吸取他人教训，避免重蹈覆辙是非常有益的。这些误区归纳如下。

（1）绩效管理是人力资源部的事。人力资源部虽然是企业绩效管理的归口部门，但它只能是绩效管理的组织者、咨询指导者，建设绩效管理体系的责任主体是各级管理者，是各级组织的直线经理。企业主要负责人只要存在这种认识误区，各级直线经理一旦放弃自己“确立愿景、衡量绩效、激励部属”的管理责任，绩效管理必然会陷入尴尬的状态。

（2）绩效管理就是绩效考核。绩效考核只是绩效管理 PDCA 循环中的一个环节，其本质是衡量和评价绩效计划的达成情况。如果抛开双方认可的绩效计划或共同期望的改善、提升目标，绩效考核就很容易沦落为处罚的大棒，就会被视为“扣分数、罚奖金”的手段。这样一来，下级组织或员工就会产生消极、抵制、反对等情绪，绩效管理也必然会陷入误区。

（3）好人心态与形式主义。主要是各级管理者囿于人情，抹不开面子，不愿实事求是、公正客观地行使考核权利和责任，“报喜不报忧”，更不愿公正地指出、真诚地帮助员工认识绩效不良的症结；绩效计划制订、绩效考核、绩效结果应用、绩效沟通走形式。

（4）关键绩效指标不关键。一是对绩效考核期望值过高，指望以绩效考核解决企业所有问题，于是眉毛胡子都想抓，设置的指标不能很好地契合公司战略和经营目标，太多太滥，横向相互交叉，纵向没有层级，稀释了核心指标及目标的导向性和牵引性，未能清晰明确地传递公司改善、提升的战略愿景。二是下级组织实际未被赋予改善、提升该指标的职能、权力和资源，却被设置了拥有这些职能、权力和资源才能改变的指标，或者只要是上级组织下达给本级组织的考核指标，不做本级组织的因果驱动因素分析就简单机械地“二传手”到下级组织，导致绩效指标、目标不可为。

（5）绩效目标的确定缺失科学的态度和方法。发约、受约双方参与目标确定的诚意和深度不够，双方在目标制定上不合作，或上级依靠行政权力独自确定目标，降低了双方对目标的认同度，增加了双方的不信任；误把某项业务的最高理想追求或最低行为禁忌当作关键绩效目标值，目标值不是太低就是太高；缺乏保证不低于历史水平或上级要求、略高于组织或员工的当前能力、瞄准同业标杆、经过努力可以实现的目标值确定方法或机制。

（6）指标考核缺失有效的量化技术。一是事先未制定指标的度量规则；二是指标量化缺乏数据来源、统计基础；三是无法针对指标的实际达成值与目标值的偏差程度进行量化评价，经常只有“0”“1”两种极端评价结果。

（7）忽略沟通反馈和分析辅导。发约、受约双方，绩效考核主体、客体之间缺乏深度沟通，直线经理不能帮助绩效受约人、员工分析绩效成因，不能指导绩效受约人、员工进行绩效改善。

（8）绩效考核结果应用范围狭窄。只把绩效考核结果应用于薪酬分配和推优评先活动，未应用到岗位优化配置、能力素质开发和员工职业生涯设计中。

（二）某能源企业绩效管理指导手册（摘要）

绩效考核

在绩效考核阶段，管理者要依据绩效计划阶段所确立的标准和辅导阶段收集到的数据，对员工在考核期内的绩效进行评价。在绩效考核阶段，管理者一定要承担起相关责任，坚持诚实正直的品格，对员工的绩效进行公正的评价，尤其是对于绩效差的员工要敢于承担起管理责任，给出正确的评价。

但是，由于绩效评价结果往往与员工的利益及发展等密切相关，管理者在进行评价时应尽量避免由于个人原因造成评价的失误。

1. 绩效考核的误区和解决方法

（1）平均趋势（中庸之道），指考核者不愿或无法明确区分被考核者之间的实质差异，体现不出差异性，也就无法进行绩效改进。改进方法：强制比例法和对比法。

（2）晕轮效应，指考核者对被考核者的某项工作进行考核时受被考核者过去业绩的影响，若以往工作表现好，就给予其较高的评价。改进办法：增加评核次数或做不定期的评核。

（3）刻板影响，指考核者对被考核者的考核，受到被考核者所属社会团队性质的影响。改进办法：实施交叉考核或参考同事考核。

（4）极端倾向，指考核者将业绩评价定在两个极端的倾向，不是失之过宽就是评定太严。改进办法：统一标准，设定唯一考核者，考核比例分布与团队业绩挂钩，采用强制比例法和对比法。

（5）类似误差，指考核者对和自己具有相似特征和专长的被考核者给予较高评价，即同我者必佳心态。改进办法：交叉考核或加大客观性指标（如财务指标）的权重。

（6）膨胀压力，指随着时间的推移，考核者对被考核者的考核分数有逐步提高的趋势，但事实上不一定是由于员工能力提高，而是对该员工的考核标准降低了。改进方法：进行有效的考核结果综合应用（晋升、调配），确保不断有新标准来适合能力提高者。

（7）不适合替代，指考核者在考核过程中选择了不适合的考核标准，比如以热心程度、整洁等非关键因素作为考核标准，或以个人主观观点代替客观标准（记录、工作成果等）作为评价标准。改进办法：严格执行 KPI 考核和关键行为指标考核的考核方法。

（8）近期影响，指考核者在评估过程中受被考核者近期工作表现的左右，影响考核结果。改进方法：以客观事实作为考核依据，对考核过程进行记录，如关键事件法。

【实践点评】

在进行绩效管理时，除了构建绩效管理体系外，还必须进行相关的指导和宣贯，比如通过编纂学习手册、辅导手册、工作指引、操作规范等相关支持性文件进行学习指导。

只有当绩效管理循环是一个封闭的环时，绩效管理才是可靠的和可控的，才是不断提升和改善的。只有连续不断的控制才会有连续不断的反馈，只有连续不断的反馈才能保证连续不断的改进。选择绩效改进措施时要综合考虑每个拟定项目所需要的时间、精力和成本，选择用时较短、精力花费较少及成本较低的改进措施，同时要争取组织及员工的接受和认可。

【管理知识】

在进行绩效改进时，正常的实践是改进绩效，但这并不意味着相似的问题一定要采取相似的改进措施。每一种情境都要看到其价值，更要考虑到相关的情况。在情境中赋予价值才是绩效管理的正确思维。